記入に役立つ!

5歳児の指導計画

CD-ROM付き

横山洋子 編著

ナツメ社

はじめに

　指導計画を立てることは、若い保育者には難しいことかもしれません。今、目の前で泣いている子どもにどう対応すればよいのかで精一杯で、「何とか泣きやんで笑顔になってほしい」という願いはもつものの、そのためにはどのような経験がこの子には必要か、そのためにはどのような環境をつくり、どのような援助をしなければならないのか、などということは、なかなか考えられないでしょう。

　それでも、いやおうなしに指導計画を立てるという仕事は付いてまわります。保育は行き当たりばったりではなく、計画的でなければならないからです。計画を立てて環境を準備しなければ、子どもたちが発達に必要な経験を十分に積むことができないからです。そう、計画は大切なのです！

　では、どうすれば適切な計画を立てることができるのでしょうか。苦労に苦労を重ねなくても、「スルスルッと自分のクラスにピッタリの計画が魔法の箱から出てくればいいのに」「自分が担当してる子どもの個人案が、明日の朝、目覚めたら、枕元に置いてあればいいのに」と、誰もが一度や二度は思ったかもしれません。

　その願いにこたえて、本書は生まれました。どのように考えて書けばよいのか、文章はどう書くのか、個人差にはどう対応するのかなど、難しそうなことを簡単

に説明しています。年間指導計画から月案、保育日誌、防災・安全、食育計画などの実例を数多く載せました。また、それぞれのページに、「保育のヒント」や「記入のコツ」を付けました。さらに、文例集のページがあるので、自分のクラスにぴったり合う文を選べるようになっています。

　それから、大切にしたのは「子ども主体」の考え方です。これまで、保育園においては、「養護」は保育者の側から書くことになっていました。「養護」は「保育者がするもの」だったからです。けれども本書では、あえて「養護」も子ども主体で書きました。「快適に過ごす」のは子どもであり、子どもは自分の人生を主体的に生きているからです。子どもを「世話をされる存在」としてではなく「自らの生を能動的に生きる存在」としてとらえ、そのような子どもに、私たち保育者がどのように手を差しのべたら、その生を十分に輝かせられるのかと考えることが、これからの保育にふさわしいと確信するからです。また、このような記述により「教育」との統一が図れ、「ねらい」もすっきりと子ども主体で一本化できました。

　本書が、指導計画を立てることに喜びと手ごたえを感じて取り組める一助となることを願っております。

　　　　　　　　　　　　横山洋子

2018年実施 3法令改訂

幼児期の教育が未来の創り手を育てる

幼児教育施設として、未来を見据えて子どもの力を育む必要があります。幼児期での学びの連続性を考えていくことが重要です。

資質・能力の3つの柱とは

今回の改訂で、日本の幼児教育施設である幼稚園、保育園、認定こども園のどこに通っていても、同じ質やレベルの保育・幼児教育が受けられるよう整備されました。「資質・能力」の3つの柱は、小学校、中学校、高校での教育を通して伸びていくものです。幼児期には、その基礎を培います。

1．「知識及び技能の基礎」
豊かな体験を通じて、感じたり気付いたり分かったりできるようになる力です。

2．「思考力、判断力、表現力等の基礎」
1の力を使い、考えたり試したり工夫したり表現したりする力を育みます。

3．「学びに向かう力、人間性等」
心情・意欲・態度が育つ中で、学んだことを活かし、よりよい生活を目指す姿勢です。

● 幼児教育において育みたい資質・能力

【小学校以降】
- 知識及び技能
- 思考力、判断力、表現力等
- 学びに向かう力、人間性等

【保育・幼児教育】（幼稚園・保育園・認定こども園）
- 知識及び技能の基礎
- 思考力、判断力、表現力等の基礎
- 学びに向かう力、人間性等

「10の姿」を視野に入れて

「幼児期の終わりまでに育ってほしい姿」が提示されています。5領域の「ねらい」「内容」にも含まれていることですが、改めて先の「10の姿」と目の前の子どもを照らしてみると、もっとこの面を育てたいという方針が見えてくるでしょう。そこに、意味があるのです。

だからといって、子どもに欠けている部分を見つけて補強するという考え方は危険です。させられている活動では、身に付かないことが多いからです。子どもが自分からやりたくなるような環境や状況をつくって、発達に必要な経験が自ら積み重ねられるような援助が求められます。

「ねらい」を考える際、これは「10の姿」のどれに関連するのかということを意識しながら、計画を立てていきましょう。

●幼児期の終わりまでに育ってほしい姿

健康な心と体（健康）
充実感をもって自分のやりたいことに向かって心と体を十分に働かせ、見通しをもって行動し、自ら健康で安全な生活をつくり出せるようになる。

自立心（人間関係）
身近な環境に主体的に関わる活動の中で、しなければならないことを自覚し、自分の力で行うために考え、工夫し、やり遂げることで達成感を味わい、自信をもって行動する。

協同性（人間関係）
友達と関わる中で互いの思いや考えなどを共有し、共通の目的の実現に向けて、考えたり、工夫したり、協力したりし、充実感をもってやり遂げるようになる。

道徳性・規範意識の芽生え（人間関係）
してよいことや悪いことが分かり、自分の行動を振り返る。決まりを守る必要性が分かり、自分の気持ちを調整し、友達と折り合いを付けながら、決まりをつくり、守る。

社会生活との関わり（人間関係・環境）
家族を大切にしようとする気持ちをもつと共に、地域の人とも触れ合い、自分が役に立つ喜びを感じる。遊びや生活に必要な情報を取り入れ、判断し伝え合い役立てる。公共の施設の利用を通し、社会とつながる。

思考力の芽生え（環境）
物の性質や仕組みを感じ取り、多様な関わりを楽しむ。自分と異なる考えがあることに気付き、判断したり、考え直したりしてよりよい考えを生み出す。

自然との関わり・生命尊重（環境）
身近な事象への関心を高め、自然への愛情や畏敬の念をもつ。生命の不思議や尊さに気付き、身近な動植物を命あるものとして大切にする気持ちをもって関わる。

数量や図形、標識や文字などへの関心・感覚（環境）
数量や図形、標識や文字などに親しむ体験を重ねたり、標識や文字の役割に気付いたりし、自らの必要感に基づきこれらを活用し、興味や関心、感覚をもつようになる。

言葉による伝え合い（言葉）
絵本や物語に親しみ、豊かな言葉や表現を身に付け、経験したことや考えたことを言葉で伝え、相手の話を注意して聞き、言葉による伝え合いを楽しむ。

豊かな感性と表現（表現）
様々な素材の特徴や表現の仕方に気付き、感じたことや考えたことを自分で表現したり、友達と表現する過程を楽しんだりする。表現する喜びを味わい、意欲をもつ。

アクティブ・ラーニングの視点を

小学校以降の学校教育で、座ったままで教員の説明を聞くというスタイルから抜け出した**子ども主体型の「アクティブ・ラーニング」**が注目されています。保育の場では、子どもは動き回り、遊びの中から学んでいるのですから、十分「アクティブ・ラーニング」をしているといえます。

ただ、自分たちで遊びを見つけて活動しているから放っておいてよいわけではありません。そこでどのように心を動かし、何を感じているかを読み取らなければなりません。その子にとって発達に必要な経験ができているかを確かめなければならないのです。

まず、主体的に関わっているかを確認します。いやいやしているのでは、意味がないからです。誘われた活動でも、そこでおもしろさを見つけて目を輝かせていれば、主体的な取り組みといえるでしょう。積極的に働きかけ、見通しをもって粘り強く取り組んでいれば、よい学びが得られているはずです。

次に、人との関わりを見てみましょう。自分の思いや考えを友達に伝えているでしょうか。相手の気持ちに気付き、話に耳を傾けているでしょうか。力を合わせて活動するよさに気付いたり、みんなでやり遂げた喜びを味わったりする場にしたいものです。さらに、うまくいかなかった場合の様子を見ましょう。すぐにあきらめるのではなく、違う方法を試しながら、遊びを意味あるものとしてとらえる姿勢が、深い学びにつながるのです。

積み木遊びの姿から

 主体的な学び

並べたり積んだりして、形をつくるおもしろさを味わっている。「並べたら電車になったぞ」「周りを囲って家にしよう」とイメージを膨らませ、自分の考えを友達に伝えている。

援助の例
積み木をいくつか出して、並べたり積んだりし、遊びかけの状態にしておく。触ってみたくなる環境にする。

 対話的な学び

「ここが玄関だよ」「うん、じゃあこっちにおふろをつくるね」など、何をイメージしてつくっているかを伝え合いながら遊ぶ。お母さん役、お姉さん役などが決まることもある。

援助の例
トントンとノックして、子どもがつくった家を訪ねて会話を引き出す。イメージを言語化し、両者へ伝える。

 深い学び

「角をぴったりくっつけると、高く積めるぞ」「三角の積み木を二つ合わせたら、四角の積み木と同じ形だ」、「あと四つ、四角の積み木をつなげれば最後までつながる」などと、自ら気付く。

援助の例
「どうして積み木は落ちちゃうのかな？」など、子どもに考えるきっかけを与え、気付きを促す。

小学校との連携

　今回の改訂では、小学校との連携・接続も強化されました。**小学校へ入学した子どもたちが、スムーズに小学校教育へと移行できるように、配慮する必要があります。**そのためには、保育者が小学校一年生の生活を理解していること、小学校一年生の教員が5歳児の生活を理解していることが望まれます。お互いに参観しながら、情報交換ができる環境をつくりましょう。「10の姿」の内容を示しながら伝えると、理解が深まります。

　また、子どもたちが小学校へ出かけ、児童と交流したり、校内を探検したりすることで不安が軽減され、小学校に親しみをもてるようにもなります。積極的に交流しましょう。

カリキュラム・マネジメント

　園では園長の方針の下に、全職員が役割を分担し、相互に連携しながら「全体的な計画」や**指導の改善を図るカリキュラム・マネジメントを進めます。**各種の指導計画も、Plan（計画）－Do（実施）－Check（評価）－Action（改善）という、「PDCAサイクル」を活用し常によりよいものを目指しましょう。

　また、「環境を通して行う教育」が基本ですから、人的・物的な環境をいつも吟味する必要があります。子どもたちが興味をもって関わりたくなる空間をつくりたいものです。さらに、園外の人材も積極的に活用し、新たな刺激や専門的な技術からの学びも得られるようにコーディネートします。

もくじ

はじめに ……………………………………… 2
2018年実施3法令改訂
幼児期の教育が未来の創り手を育てる ……… 4
本書の使い方 ………………………………… 10

第1章 指導計画の考え方 …………………… 11

- 5歳児の指導計画を立てるには ………… 12
- 指導計画はなぜ必要なのでしょう? …… 14
- 指導計画の項目を理解しよう …………… 20
- 年間指導計画の考え方 …………………… 24
- 月案の考え方 ……………………………… 25
- 週案・日案の考え方 ……………………… 26
- 保育日誌の考え方 ………………………… 27
- 小学校教育との接続の考え方 …………… 28
- 防災・安全計画の考え方 ………………… 30
- 保健計画の考え方 ………………………… 32
- 食育計画の考え方 ………………………… 34
- 特別な配慮を必要とする幼児への指導の考え方 … 36
- 異年齢児保育の指導計画の考え方 ……… 38
- 子育て支援の指導計画の考え方 ………… 40
- 指導計画の文章でおさえておきたいこと … 42
- 5歳児の環境構成 ………………………… 44
- 5歳児の発達を見てみよう ……………… 46
- 5歳児 保育者の援助の方針 …………… 48

第2章 年間指導計画の立て方 …………… 49

保育園
年間指導計画 ………………………………… 52

幼稚園・認定こども園
年間指導計画 ………………………………… 54

保育園
年間指導計画文例 …………………………… 56

幼稚園・認定こども園
年間指導計画文例 …………………………… 58

こんなときどうする? 年間指導計画 Q&A … 60

第3章 月案の立て方 ……………………… 61

保育園
- 4月月案 …………………………………… 64
- 5月月案 …………………………………… 66
- 6月月案 …………………………………… 68
- 7月月案 …………………………………… 70
- 8月月案 …………………………………… 72
- 9月月案 …………………………………… 74
- 10月月案 ………………………………… 76
- 11月月案 ………………………………… 78
- 12月月案 ………………………………… 80
- 1月月案 …………………………………… 82
- 2月月案 …………………………………… 84
- 3月月案 …………………………………… 86

幼稚園・認定こども園
- 4月月案 …………………………………… 88
- 5月月案 …………………………………… 90
- 6月月案 …………………………………… 92
- 7月月案 …………………………………… 94
- 8月月案 …………………………………… 96
- 9月月案 …………………………………… 98
- 10月月案 ………………………………… 100
- 11月月案 ………………………………… 102
- 12月月案 ………………………………… 104
- 1月月案 …………………………………… 106
- 2月月案 …………………………………… 108
- 3月月案 …………………………………… 110

保育園

4月月案文例	112
5月月案文例	114
6月月案文例	116
7月月案文例	118
8月月案文例	120
9月月案文例	122
10月月案文例	124
11月月案文例	126
12月月案文例	128
1月月案文例	130
2月月案文例	132
3月月案文例	134

幼稚園・認定こども園

4月月案文例	136
5月月案文例	138
6月月案文例	140
7月月案文例	142
8月月案文例	144
9月月案文例	146
10月月案文例	148
11月月案文例	150
12月月案文例	152
1月月案文例	154
2月月案文例	156
3月月案文例	158

こんなときどうする？　月案 Q&A ……… 160

第4章 保育日誌の書き方 … 161

4・5月保育日誌	164
6・7月保育日誌	165
8・9月保育日誌	166
10・11月保育日誌	167
12・1月保育日誌	168
2・3月保育日誌	169

こんなときどうする？　保育日誌 Q&A ……… 170

第5章 ニーズ対応 … 171

小学校教育との接続① 小学校との連携	174
小学校を体験する保育計画	175
小学校教育との接続② 保護者との連携	176
防災・安全計画① 避難訓練計画	180
防災・安全計画② リスクマネジメント計画	182
事故防止チェックリスト	183
防災・安全 ヒヤリ・ハット記入シート	184
保健計画	188
食育計画①	192
食育計画②	194
食育計画③	196
特別支援児の指導計画①	200
特別支援児の指導計画②	204
異年齢児保育の指導計画 3・4・5歳児混合	210
子育て支援の指導計画① 在園向け	214
子育て支援の指導計画② 地域向け	216

こんなときどうする？　ニーズ対応 Q&A ……… 218

CD-ROMの使い方 ……… 219

本書の使い方

1 カラーの解説ページで指導計画を理解

本書ではカラーページを使って、「指導計画の必要性」からはじまり、「年間指導計画」「月案」「防災・安全計画」などの考え方を説明しています。また「項目の理解」「文章の書き方」など、初めて指導計画を立てる保育者の方にも分かるように、イラストや図を使いながら丁寧に説明しています。

2 記入の前に計画のポイントを整理

それぞれの指導計画の前には、子どもの姿をどのように見て、それをどのように計画へ反映していけばいいのかを「おさえたい3つのポイント」として解説しています。さらに各項目に記入すべき内容を、分かりやすく説明しています。

3 「保育園」「幼稚園・認定こども園」別に紹介。CD-ROM付きで時間も短縮

「年間指導計画」「月案」(12か月分)は、「保育園」「幼稚園・認定こども園」に分けて指導計画を紹介しています。「年間指導計画」「月案」には、文例集も付けていますので、多くの文例の中から子どもに即した計画が立てられます。CD-ROM付きですのでパソコンでの作業も簡単。データを収録してあるフォルダ名は各ページに表記しています。

第1章

指導計画の考え方

ここでは「指導計画」が子どもにとってなぜ必要なのか、各項目にはどのように記入していけばいいのかについてまとめています。

5歳児の指導計画を立てるには

運動機能が発達し、細かい手作業や複雑な動きが楽しめるようになります。集団で遊ぶ機会を増やすことで、ルールの大切さや社会性を身に付けるだけでなく、自分で考えて判断し、行動できるようになります。保育者は子どもに寄り添いながら、自分の気持ちをうまく伝えられるよう援助することが大切です。

自分で判断して行動する

よいこと、悪いことなど、自分で考えて判断できるようになります。「ずるい」「おかしい」「だめだと思う」などと、不当なことについては自分の思いとして伝えることもできます。

自分が行動する際も、やってよいかダメか、やった結果どうなるのかを予測しています。好きではないことでも、やらなければならないと判断すると、少しは我慢して行うことができるようになります。

また、みんなで生活していくうえでは、決まりを守らなければならないことに気付き、進んで守ろうとします。うまくいかないことがあると、新しいルールを提案して秩序を保とうとします。ですから、自分で考えられたことを認めつつ、物事のルールや仕組み、それに関わる人たちの気持ちを分かりやすく説明することも、大切な保育者の援助となるでしょう。

挑戦する遊び

運動神経はますます伸び、運動を喜んで行い、なわとびや鉄棒、跳び箱などにも挑戦します。はじめはうまくいきませんが、何度もチャレンジするうちにコツをつかみ、段々と上達していきます。子ども自身も、前よりはうまくなってきたことを感じ、自分はやればできるんだという有能感が育つのです。

ここで大切なことは、**できたことを認めるよりも、「できるようになりたいと挑戦する気持ち」を支える**ことです。「あきらめないで努力し続けている姿がすばらしい」と認めたいものです。**この粘り強く取り組む力が、これから先の人生の「生きる力」**となるのです。

運動的な遊びばかりでなく、マフラー編み

や複雑な折り紙など、こつこつとやり続けることによって大きな達成感を味わえる活動は、5歳児にとって重要です。競争ではなく、励まし合いながら、みんなが喜びを味わえるように導きましょう。

協同的な遊び

みんなで集まると、大きな力になり、遊びもより楽しくなることが分かってきます。そして、仲間の存在が重要となり、同じ一つの目的に向かって遊びを進めるようになります。その中で、違う意見が出た際は話し合い、時には自分の意見を引っ込めたり、役割分担をしたりということも出てきます。遊びの共通意識も生まれ、勝手なことをすると非難されることもあります。

このような遊び集団の中で、言葉による伝達や対話の必要性は増大します。相手に分かる話し方を心がけ、新しい言葉も吸収していきます。

そのような集団づくりのためには、**子どもが**

興味をもった遊びがとことんできるように環境を整え、友達との話し合いの場をもち、対話を見守る援助が重要になるでしょう。

また、トラブルになっても、すぐに保育者を呼びに行くのではなく、自分たちで解決するように育てたいものです。お互いに相手の言い分を聞いたり、許したり、認めたりということを通して、社会生活に必要な「生きる力」を身に付けていくのです。

そして、**自分の気持ちをコントロールする力（自律性）**も育っていくでしょう。いつまでも嫌な気持ちを引きずっているのではなく、気分を切りかえたり、今回は友達にゆずろうと考えたりできるようになってほしいものです。人生は自分に都合のよいことばかりではありません。苦しい立場に立った際も、今の自分に何ができるのか、どうすることが自分にとっても周りの人にとってもよいことなのかを考えられるよう、子どもたちは今、その基礎となる体験を積んでいるのだと心得ましょう。

指導計画はなぜ必要なのでしょう？

指導計画とは？

園には、保育の方針や目標に基づき、保育の内容が発達を踏まえて総合的に展開されるよう作成された「全体的な計画」があります。これは、子どもや家庭の状況、地域の実態、保育時間などを考慮し、子どもの育ちに関する長期的な見通しをもって適切に作成されなければなりません。

また、その「全体的な計画」に基づき、具体的な保育が適切に展開されるよう、子どもの生活や発達を見通した「長期的な指導計画」と、より具体的な子どもの日々の生活に即した「短期的な指導計画」を作成することも必要です。さらに、保健計画や食育計画なども、各園が創意工夫して保育できるようにつくることになっています。

長期指導計画（年・期）は、年齢（学年）ごとに一つつくります。同じ年齢のクラスが複数ある場合でも、担任たちが集まって共同で作成します。ただし月案は、クラスごとに一つ作成します。

短期指導計画（週・日）は、同じ年齢のクラスが複数あればクラスごとに、異年齢児クラスでは各クラスに一つ作成します。クラス担任が一クラスに複数いる場合は、相談してつくります。

大切なのは、計画のできばえではありません。どんな「ねらい」がふさわしいか、その「ねらい」を達成するためには、どのような「内容」を設定するか、その「内容」を子どもたちが経験するためには、どのような環境を構成すればよいのか、もし子どもが嫌がったら、どのような言葉でどのように対応すればよいのかということを、悩みながら考え、書いては消すという作業をくり返す過程にこそ、計画を立てる意味があるのです。

経験年数の少ない保育者は、この指導計画作成の過程で、先輩保育者の「ねらい」の立て方や援助の仕方を知り、どのように文章に表現していくかを学ぶことができます。

ですから、急いでさっさとつくってしまおうという取り組み方ではなく、目の前の子どもの姿を

全体的な計画からの流れ

全体的な計画

園独自の全体計画。園の理念、方針、保育の目標などを一覧にしたもの。

長期指導計画（年・期・月）

「全体的な計画」を実現するために立案する年・期・月を単位とした指導計画。年・期の計画は年齢（学年）ごとに、月の計画はクラスごとに一つ作成する。

短期指導計画（週・日）

「全体的な計画」を実現するために立案する週・日を単位とした指導計画。クラスごとに作成する。

保育園では厚生労働省の「保育所保育指針」を基に、幼稚園は文部科学省の「幼稚園教育要領」を基に、認定こども園は、内閣府と前出2省の「幼保連携型認定こども園教育・保育要領」を基にすべての計画がつくられます。年間計画や月案など何種類もの計画が、なぜ必要なのでしょうか。それらの必要性について、もう一度考えてみます。

しっかりと見つめ、次にどのように援助をすることが、この子たちの成長につながるのかをよく考えることが望まれます。

個別の指導計画を作成する場合もあります。他にも、食育計画、保健計画など、テーマごとに作成する指導計画もあります。

保育園における「養護」と「教育」の一体化

保育園における「養護」とは、子どもの「生命の保持」および「情緒の安定」のために保育者などが行う援助や関わりです。**「生命の保持」「情緒の安定」**が「ねらい」となっています。一方「教育」とは、子どもが健やかに成長し、その活動がより豊かに展開されるために行う活動の援助です。「ねらい」は、**「健康」「人間関係」「環境」「言葉」「表現」**の5領域から構成されています。

「養護」の中身を一つ一つよく見てみると、「人間関係」の芽生えであったり、「健康」の領域の活動であったりします。ですから、目の前の子どもが今していること、今育っていることが、どの領域の出来事であるかを分類することに苦心する必要はありません。「養護」と「教育」を一体化したものとしてとらえ、相互に関連をもたせながら、「ねらい」や「内容」を考えていけばよいのです。

● 「養護」と「教育」の関わり

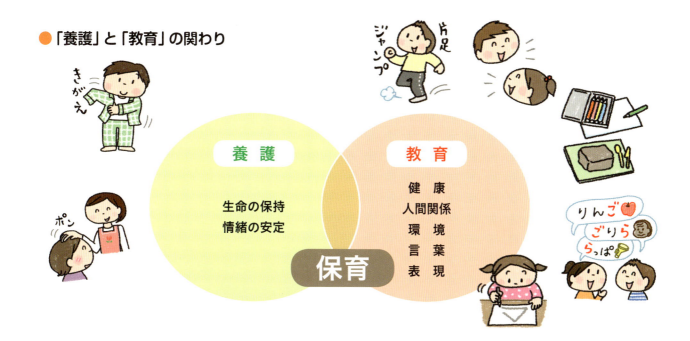

指導計画はなぜ必要なのでしょう？

遊びの中の「10の姿」

「幼児期の終わりまでに育ってほしい姿」は、5歳児後半になっていきなり表れるものではありません。そのようなことが身に付くまでには、ささやかだけれど確かな経験の積み重ねが必要なのです。

子どもが何気なくしている遊びの中から、今していることは一体、何の育ちにつながっているのだろうかと考える習慣を付けましょう。花壇のチューリップに関心をもっていたら、「『自然との関わり・生命尊重』の芽だな」ととらえればよいのです。二つ、三つに関連する場合もあるので、厳密に分ける必要はありません。

そろそろこの面にも気付いてほしいと感じたら、さり気なく環境の中にしのばせ、子どもがその経験ができるよう導きます。5領域を意識すると共に「10の姿」を念頭に置き、子どもの姿を見つめてください。

●幼児期の終わりまでに育ってほしい姿　（　）は対応する5領域

●健康な心と体（健康）

やりたいことに向かって心と体を十分に働かせ、自ら健康で安全な生活をつくり出す。

保育の場面　転がしドッジボールに自ら加わり、思い切り体を動かして楽しむ。ボールをよけて転び、ひざに血がにじむと、「手当てしてもらう」と言って、ひざを流水で洗ってから職員室へ行った。

●自立心（人間関係）

自分で行うために考え工夫し、やり遂げることで達成感を味わい、自信をもって行動する。

保育の場面　砂山にトンネルを掘る。途中、山が崩れてもあきらめず、「そうだ、水をかけて固くしよう」と言ってじょうろを使う。トンネルが貫通すると「やったー！」と満面の笑みで叫んだ。

●協同性（人間関係）

友達と思いや考えを共有し、共通の目的に向けて協力し、充実感をもってやり遂げる。

保育の場面　三人でペープサートを始める。「私はタヌキとウサギをやるね」と役割を決めた。中で歌を入れることも相談した。お客さんを呼んで演じ切り、三人で顔を見合わせて笑った。

●道徳性・規範意識の芽生え（人間関係）

自分の行動を振り返り、気持ちを調整し、友達と折り合いを付ける。決まりをつくり、守る。

保育の場面　おうちごっこで、お母さん役をしたい子が二人いた。自分もやりたかったが昨日やったことを思い出し、「いつもやってないAちゃんにさせてあげようよ」と提案した。

●社会生活との関わり（人間関係・環境）

役に立つ喜びを感じ、地域に親しみをもつ。必要な情報を取り入れ、判断し伝え合う。

保育の場面 近くの公園へドングリ拾いに出かける。道で出会う地域の人に「こんにちは」と元気にあいさつする。途中、落ちていた空き缶を進んで拾い、「きれいな町にしよう」と言い合う。

●思考力の芽生え（環境）

物の性質や仕組みを感じ取り、多様に関わる。異なる考えに気付き、よりよい考えを生み出す。

保育の場面 紙でつくった魚にクリップを付け、磁石を付けた竿で釣ることを楽しむ。クリップは磁石にくっつくことを実感。「クリップ二個ならもっと釣れる？」という友達の意見にうなずき、試してみる。

●自然との関わり・生命尊重（環境）

自然への愛情や畏敬の念をもつ。身近な動植物を命あるものとして大切に関わる。

保育の場面 保育者が抱っこしているウサギに、こわごわ触ってみる。「フワフワ」と言いながらなでる。「ここ、あったかいよ」と言われ手をずらすと、ウサギの体温を感じ、びっくりして保育者を見た。

●数量や図形、標識や文字などへの関心・感覚（環境）

数量や図形、標識や文字などに親しむ。それらの役割に気付き、活用し、興味や関心をもつ。

保育の場面 パズルに積極的に取り組み、三角を二つ合わせると真四角になることに気付く。近くにいる友達に「見ててね」と見せ、「ほら、こうするとうまくはまるよ」と嬉しそうに教える。

●言葉による伝え合い（言葉）

絵本や物語に親しみ、豊かな言葉や表現を身に付け、相手の話を聞き、伝え合いを楽しむ。

保育の場面 引っ張る子を見て、「おおきなかぶのまねだ」と言い、「私は、ネズミになる」「ぼくは、ゾウになる」と加わる。「重そうにやってね」と言われ、「うーんとこしょ」と大げさに動作し、笑い合う。

●豊かな感性と表現（表現）

様々な素材の特徴や表現の仕方に気付き、表現する喜びを味わい、意欲をもつ。

保育の場面 段ボール箱をつなげて電車をつくる。セロハンテープを持ってきた友達に、「ガムテープのほうが強いよ」と伝える。「ライトをつくるにはアルミホイルがいい」と提案し、取り掛かる。

指導計画はなぜ必要なのでしょう？

保育者の自己評価

「自己評価」とは、保育者が自分で立てた指導計画に沿って保育をした結果、**子どものどこが育ったのか、それにはどのような援助があったのかを振り返って洗い出してみること**です。よい姿が表れた場合は、援助が適切であったと評価できます。一方、援助が空振りに終わっている場合は、不適切だったと考えられます。

それらの評価を踏まえ、次の指導計画を立案する際に生かしていきます。

PDCAサイクルを確立しましょう。記録を書きながら反省することは、Check（評価）です。「次には、こうしたい」と新たな援助を考えられたら、すでにAction（改善）です。「あの遊具の置き方はよくなかった。他の遊びとの間にもっとスペースをとろう」と遊具を2m移動させるのも、Action（改善）です。さあ、次のPlan（計画）を立てましょう。今日を踏まえ、今週を踏まえ、今月を踏まえ、次からの子どもたちの「もっといい生活」のために、環境も援助も考え直すのです。そして、Do（実践）！ 何と楽しい営みでしょう。目の前の子どもたちにぴったり合う保育は、このようにしてつくられるのです。

☆記録を通して

一日、一週間、一か月などの計画に対応して、子どもの姿を思い浮かべ、そこで見られた成長や、これからしなければならないと気付いた援助などを具体的に記述します。保育者は一瞬一瞬、よかれと思う方向へ判断を下しながら保育していますが、そのすべてが最善であるとは限りません。「あのとき、別な判断をしていれば」と反省することもあるでしょう。そのようなことも、しっかり書き込み、**「次にそのような場面と出合った際には、このように援助したい」と明記しておくことで、援助の幅を広げられるのです。**

● PDCAサイクル

☆保育カンファレンスを通して

　気になる子どもへの援助や、保護者への対応など、クラス担任だけでは行き詰まってしまうことがあります。定期的に、あるいは必要に応じて、**問題や課題に関係する職員が集まって話し合うことが大切**です。

　期や年の評価の際は、同じ年齢を担当する保育者が集まり、計画したことが十分に行えたか、子どもの育ちが保障されたか、援助は適切だったかなどについて、一人一人が具体的に意見を述べ、評価につなげていく必要があります。

園としての自己評価

　園は、保育の質の向上を図るため、保育内容などについて自ら評価を行い、その結果を公表するよう努めなければなりません。その地域の人々から期待された保育ニーズを果たしているのか、保育者等の自己評価などで挙がった課題を把握し、期あるいは単年度から数年度の間で実現可能な計画の中で進めるようにしているかなどを、評価する必要があります。

　施設長のリーダーシップの下に、第三者評価などの外部評価も入れるなど、保育の質を高めると共に、職員一人一人の意欲の向上につながるようにしなければなりません。

　園の自己評価は、なるべく園だよりやホームページなどを利用して、保護者や地域の人々に公開します。そうした行為が、人々との対話や協力関係づくりに役立つでしょう。地域の力を借りながら、地域に愛される園になることが、お互いの生活を豊かにしていくことにつながります。

指導計画の項目を理解しよう

計画表には様々な項目が並んでいます。それぞれの欄に何を書けばいいのか正しく理解していますか？ ここでは各項目に何を書くのかを、イラスト付きで分かりやすく説明します。

　指導計画を書くには、一つ一つの項目を理解し、何のためにそれを書いているのかを意識しなくてはなりません。どこにでも同じようなことを書いていては、意味がありません。

　指導計画の項目は、目の前の子どもの姿をしっかりとらえることから始まります。医師が患者さんの治療方針を立てるときに、まず現在の症状を正しく理解し、それから治すための薬や治療の方法を選んでいく過程と同じです。私たちも目の前の子どもの現在の育ちを読み取り、今月はこのような「ねらい」を立てよう、と決めていくわけです。それぞれの項目は保育者の考えに沿ってビーズを糸に通し一本に流れていくように組み立てられています。月ごとに一つのストーリーを予測しながら記しましょう。

●月案の場合

保育園

幼稚園・認定こども園

① 前月末（今月初め）の子どもの姿には何を記入する？

現在の子どもの様子を知る

していたことを羅列するのではありません。子どもがどこまで育っているのかが分かる姿を事実として書きます。また、子どもが何に興味をもち、何を喜んでいるのかをとらえます。どのようなときにどのような行動をとるかも書くとよいでしょう。「ねらい」を立てるに当たり、その根拠となる姿であるべきです。
※4月は「今月初めの子どもの姿」となります。

📝 例文
友達とのつながりが深まり、遊びを誘い合ったり、互いを助け合ったりする。

② ねらいには何を記入する？

子どもの中に育つもの・育てたいもの

「ねらい」には、保育者が子どもの中に育つもの・育てたいものを子どもを主語にして記します。「前月末の子どもの姿」や「期のねらい」を踏まえて導き出します。こういう姿が見られるといいな、という保育者の願いをいくつか書いてみると、「ねらい」にしたくなる文が出てくるでしょう。

📝 例文
友達と一緒に考えを出し合って、自分たちで遊びを進める楽しさを味わう。

③ 内容には何を記入する？

「ねらい」を達成させるために経験させたいこと

「ねらい」を立てたなら、どうすればその「ねらい」を子どもが達成することができるかを考えます。具体的に日々の生活でこのような経験をさせたい、ということを挙げます。

生活と遊びの両面を見ていきますが、保育園では「養護」と「教育」にきっちりと線引きすることは難しいものです。総合的に考え、近いと思われるほうに書いておけばよいでしょう。

📝 例文
遊びの中で必要な物や役割に気付き、相談したり役割分担をする。

④ 環境構成には何を記入する？

やりたくなるような環境を準備する

「内容」に挙げたことを、子どもが経験できるよう環境を整えます。主体的に行動できるような物的環境や時間・空間的な雰囲気などを書きます。

📝 **例文**

拾ってきたドングリで遊べるよう、材料や道具を準備する。

⑤ 予想される子どもの姿には何を記入する？

「子どもたちは、どう動くかな」と考える

環境設定したところへ子どもが来た際、どのような動きをするかを予測します。喜んで入る子やためらう子もいるでしょう。「万一こうなったら」と想定して書くと、心の準備ができます。

📝 **例文**

みんなでアイデアを出しながら、コリントゲームをつくる。

⑥ 保育者の援助には何を記入する？

子どもたちに何を配慮して関わるか

子どもが「ねらい」を達成するように、「内容」で挙げた事柄がより経験できるための援助を考えます。予想される負の姿への対策など様々な想定をしておくと援助の幅が広がります。

📝 **例文**

一人一人のアイデアのよさを認め、自分たちで遊びを進められるように見守る。

⑦ 食育には何を記入する？

食に関わる援助を書く

食に対する取り組みは、今後の食習慣を形成していくために重要です。野菜を育てる、バランスよく食べるなどを発達に応じて促し、食は楽しいと感じられる援助を挙げます。

📝 **例文**

生き物の命をいただくということについて、考える時間をもつ。

⑧ 職員との連携には何を記入する？

今月、特に留意する連携について書く

保育はチームプレーです。他の職員との情報交換や仕事の引き継ぎ、分担など、円滑に保育が進むように配慮しなければなりません。通年で心がけることではなく、今月、特に留意する事柄について書きます。

例文
修了記念の色紙づくりでは、職員室に出入りする時間と人数を決めておく。

⑨ 小学校との連携には何を記入する？

小学校に親しみがもてる活動を考える

小学校は憧れでもあり、行くのがちょっぴり不安なところでもあります。小学校の様子が分かるように、出かけて交流活動をしたり、職員間で情報交換したりする内容を具体的に記しておきます。

例文
絵本を読んでくれる小学生を迎える際、まず一緒に歌を歌って、両方が和やかな雰囲気になるようにする。

⑩ 家庭との連携には何を記入する？

保護者と共に子育てをするために

保護者との情報交換や、園の行事などを積極的に行うために伝えておきたいこと、用意してほしい物などを記載します。

例文
参観日には、子どもの生活や遊びの様子を写真で展示し、製作の過程や子どもの成長に関心をもってもらう。

⑪ 評価・反省には何を記入する？

一か月の子どもの育ちと保育を振り返ろう

月案に基づいて保育を行ってきて、子どもの育ちを感じられたところ、変更した点やハプニングなど、いろいろなことがあったでしょう。それらを記して、今後の改善策を考えたり、来月の保育で心がけたいことを書いたりします。

例文
劇遊びでは対立することもあったが、保育者が入ることで、お互いに理解しようとする気持ちが芽生えた。

年間指導計画の考え方

「年間指導計画」は園で作成している「全体的な計画」に基づき、子どもの成長を踏まえて一年間の計画をつくります。各年齢で一つ作成します。

「全体的な計画」を軸に考える

年間指導計画は、それぞれの園の「全体的な計画」を基に、各年齢でその年度にどのような保育を行っていくのかを明記した計画表です。その年齢の発達を踏まえ、一年間の育ちを見通して、「子どもの姿」と「ねらい」「内容」などを記載します。同じ年齢が複数クラスあっても、担当する保育者全員で話し合い、各年齢で一つ立案します。

本書では、一年を4期に分けています。4～6月を1期、7～9月を2期、10～12月を3期、1～3月を4期とし、それぞれの期にふさわしい「ねらい」「内容」を挙げます。

「ねらい」を立てるには、まず目の前の子どもがどのような姿なのかを把握することから始まります。そのような子どもたちに、**一年後にはどのような姿に育っていることを期待するのかを明確**にし、期ごとにその過程となる「期のねらい」を挙げていきます。そして、その「期のねらい」の姿に近づくためには、どのような環境を設定し、どのような援助を心がけることが大切かを書いていきます。

「内容」のとらえ方

子どもが「ねらい」を達成するために「経験する必要があること・経験させたいこと」が「内容」です。本書では、保育園の計画に「養護」と「教育」の欄を設けて記載しています。従来は、「養護」は保育者が行うものとして、保育者の視点から書かれていましたが、**本書では子ども主体をポイントとし、「教育」と同様に子どもを主語とした文体で統一**しました。「快適に過ごす」ということも、子どもが能動的に生きている延長線上にあるからです。一年間の育ちの道筋を頭の中に入れて、月や日の保育に当たることが肝要なのです。

● 年間指導計画の流れ

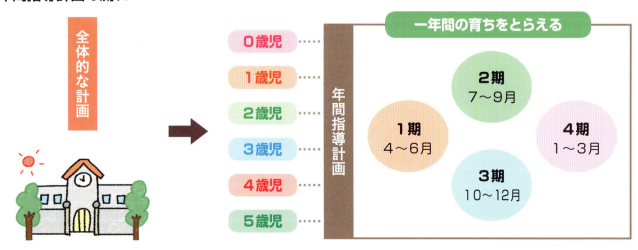

月案 の考え方

「年間指導計画」を基に、クラスごとに月単位で立案します。前月末の子どもの姿をとらえながら、今月の「ねらい」を立て、一か月の保育の展開を考えていきます。

■ そのクラスならではの月案を

月案は、年間指導計画を基にクラスごとに月単位で立案する指導計画です。クラスの実情に応じて作成するものですから、同じ園の同年齢クラスと違いがあっても当然です。クラスにいる子どもの一人一人の特徴やクラスの雰囲気なども考慮に入れ、クラスに応じた月案を作成することが望まれます。

月案の作成に当たっては、担任全員が話し合って、共通理解の下で立案することが重要です。その月の柱となるわけですから、知らないまま中身を理解しないで保育することは不可能です。同じ方針の下、同じ援助の仕方で子どもに対応しなければ、子どもたちが混乱してしまうでしょう。ですから、**立案の際には前月の気付きを全員が出し合い、情報を共有**して、最善の計画を作成するというチームワークが大切になります。

■「予想される子どもの姿」のとらえ方

本書では、まず「前月末の子どもの姿」を最初に挙げ、「ねらい」と「内容」を考えています。そして、その「内容」が経験できるように、「環境構成」を考えて設定します。次に、そのような環境の中で、子どもたちはどのように動き、どのような姿を見せるだろうかと予想します。同じ環境にあっても喜ぶ子もいれば、不安を示す子もいるからです。そして、そのような様々な姿を表す子どもたちに対して、どのように援助するかを記載しています。「予想される子どもの姿」は園の月案の形式により、書いても書かなくてもかまいません。予想に基づいた援助が書かれていればよいのです。

このような**流れで保育を考えることによって、保育者はより鮮明に子どもの動きがイメージでき、その際に必要な援助を考えやすくなる**のです。

● 月案の流れ

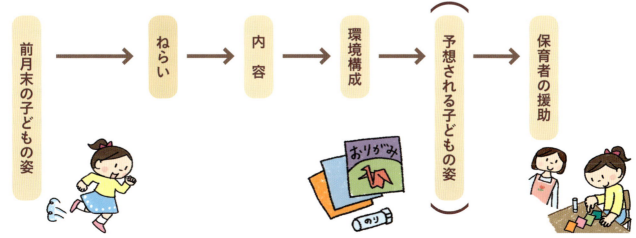

前月末の子どもの姿 → ねらい → 内容 → 環境構成 → 予想される子どもの姿 → 保育者の援助

週案・日案 の考え方

「月案」を基に週ごとにつくるのが「週案」、一日単位でつくるのが「日案」です。必要に応じて書きます。成長が著しい年齢ですから、計画ばかりにとらわれず、柔軟な対応も必要です。

週案

「環境構成」などを具体的に示す

週案とは、月案を基に週の単位で作成した指導計画です。「最近の子どもの姿」をまず把握し、「今週のねらい」を立てます。そして、それに近づく「内容」、「環境構成」、「保育者の援助」を書きます。クラスに一つ作成します。

週案の下半分を一週間分の保育日誌として活用している園もありますし、一週間の予定を日ごとに書いている園もあります。

園内の保育者同士で相談し、負担なく書けて役に立つスタイルを、独自に編み出していくとよいでしょう。週の「評価・反省」は、次週の「ねらい」の基となるので、具体的に書いておくことが望まれます。

日案

登園から降園までの流れをつくる

日案とは、月案や週案を基に作成する一日分の指導計画で、クラスごとに作成します。「予想される子どもの生活」では、登園から降園まで子どもたちがどのように一日を過ごすのかを記します。室内遊びではどのような遊びが予想されるのか、外遊びではどうかを考え、環境設定しなければならないことや用意しなければならない遊具を決定していきます。

一日のうちの部分案であることもありますが、どちらも子どもの動きを予想し、必要な援助を具体的に考えて記さなければなりません。時刻を書いたからといってその通りに子どもを動かすのではなく、あくまでも子どもの育ちや気持ちを優先します。

● 週案

月案 → 週案 ─ 今週のねらい / 今週の内容

こんな環境で

こんな経験ができるように

● 日案　・一日の流れの例

登園 → 室内遊び → 散歩 → 午睡 → 戸外遊び → 読み聞かせ → 降園

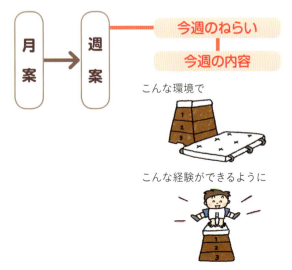

保育日誌の考え方

保育日誌は、保育後にその日一日を振り返りながら記入します。保育の内容はもちろん、子どもの姿を具体的に分かるよう記入することで、次の保育につながる新たな課題が見えてきます。

子どもと暮らす喜びをかみしめる

　子どもと一緒に一日を過ごすと、嬉しいこともあれば、思うようにいかず苦労することもあります。保育者の一日は、子どもたちの泣き笑いに彩られた小さな出来事の積み重ねです。てんやわんやで終えた一日も、子どもたちが帰った後で振り返ってみると、ちょっとした子どもの一言を思い出して吹き出したり、鉄棒の練習を何回もしている子どものエネルギーに脱帽したり、いろいろな場面がよみがえってくるでしょう。

子どもの姿と課題を具体的に考える

　一日のたくさんの出来事の中から、今日書いておくべきことを選び出します。「ねらい」を達成した嬉しい場面や、うまくいかなかったことで保育者が手立てを講じなければならない場面を、**子どもの表情やしぐさなども分かるように書く**のです。
　そして、そのような姿が表れたのは、**どのような要因があったのか、どのような援助や環境が有効だったか**を考察します。うまくいかなかった場合には、どうすればよかったのか別の援助の可能性を考えて記したり、明日からはどのように関わろうと思うのかを書いたりします。

保育者間での共通理解を図って

　保育日誌のスペースは限られています。複数の保育者がチームで保育をしている場合は、共通理解しておくべきことを中心に書きましょう。
　保育日誌は、計画が適当だったかを実施の結果から検証していくものです。子どもの実際の姿をとらえて考えることで、確かな保育となります。

● 保育日誌の流れ

今日の保育 → 保育後（振り返ってみる）

- 嬉しかった場面
- 育ちが見えた場面
- うまくいかなかった場面 　など

→ 子どもの言動・表情・しぐさなどが分かるように記入

子どもの実際の姿

ニーズ対応

小学校教育との接続の考え方

園から小学校へ入学した子どもたちが、円滑に移行できるようにすることが、今回の改訂では明確化されました。保育者は小学校との交流を意識した計画を立てていきます。

小学校教員とタッグを組もう

小学校へ入学した子どもが、システムや生活の違いに戸惑いを感じることがないように、なめらかに接続することが求められています。それには、小学校教員と保育者の連携が不可欠です。

まず、カリキュラムとして小学校の教育課程と園の「全体的な計画」を連続的なものにする必要があります。園では、「幼児期の終わりまでに育ってほしい姿」を基に、一人一人の子どもの育つ様子をとらえていますから、小学校側へそれをしっかりと伝えましょう。バトンを受け取った小学校は、その姿に即して、入学からの「スタートカリキュラム」やその先の低学年の教育へと無理のない指導を進めていくのです。ですから、よい面だけではなく、困っていることや課題なども、包み隠さずオープンに話し合い、情報を共有しておくべきです。問題点も共に引き継がれるのですから、両者で知恵を絞りながら乗り越えていくことが望まれます。

合同の研修や研究を通して、それぞれの教育方法や方針を知り、より接続がうまく進む方向で共に努力していきましょう。

子ども同士の交流で親しみをもつ

小学生と出会い、触れ合うことで、子どもは小学生に憧れをもち、自分も少し先にはこのような姿になるのだと見通しをもつことができます。また、小学校へ出かけていくことにより、教室や体育館、グラウンドなどを見て来春から自分の生活にイメージがもてるようになるでしょう。

来年6年生になる現在の5年生と交流することもあれば、年齢の近い1年生と活動する場合もあります。「小学生」と出会うのではなく、「小学生の〇〇さん」と顔なじみになれるほうが、子どもにとっては

●小学校教育への接続

| 幼児教育 | 接続期 | 小学校教育 |

遊びを通した学び ………▷ 教科を通した学び

ゆるやかに移行

より深いところでつながれる経験となります。「知っている〇〇さんがいる小学校」は、より身近に感じられるからです。交流活動では、小学生が世話をする人、幼児は世話をされる人、という構図になりがちです。けれども、主体的に園で生活を展開している子どもたちです。できることは自分たちでする、こちらから小学生に発信する、小学生に自分からあいさつするなど、赤ちゃん扱いをされない、りりしい5歳児として交流したいものです。

要録で育ちを伝える

5歳児の一年を振り返り、**一人一人について記す要録は、子どもの育ちのカルテです。保育者は何に力を入れて援助してきたのか、その援助によって、子どもはどのような姿に変容したのか、成長の節目をとらえて具体的に書きましょう。**その子を知らない人が読んでも、リアルに頭に映像が浮かぶような描写で書きたいものです。それは、小学校教員にも伝わる要録になるということです。

その際、「幼児期の終わりまでに育ってほしい姿」を意識することが大切です。どこまで近付いたのか、どこがまだ育っていないのかが分かるように、具体的なエピソードを入れます。そして、まだ力が足りない部分については、「小学校ではこのような経験を重ねてほしい」「このような援助を継続してほしい」ということを記します。これが指導の連続であり、接続ということです。園での指導の方針や、これまでの成長の過程を理解し、それらを踏まえて、小学校の教育がスタートします。

その責任の重さから、経験年数の浅い保育者は、要録を書くことに苦痛を感じる場合があるかもしれません。気負わず、自分のとらえた姿をありのままに記すうちに、保育力も書く力もアップしていくはずです。

●**小学校との交流**

保育者と小学校教員の交流をはかる

園児と小学生との交流

●**小学校へ育ちを伝える**

長所・短所ではなく、発達の過程を記す

ニーズ対応
防災・安全計画の考え方

園ごとに、火災や地震などの災害の発生に備え、緊急時の対応の具体的なマニュアルを作成しておきましょう。そして、子どもの命を守る安全対策を様々な角度から考えます。

避難の仕方を明確にする

地震や豪雨による土砂災害などは、いつ起きるのか分かりません。万一の場合に備えて、園の近辺で大きな災害が起こることを想定した備えや安全対策を考える必要があります。

まず、**どのような災害の危険があるか、洗い出しましょう**。異常な自然現象のほか、人為的原因によって受ける被害も含まれます。毎月、**避難訓練を実施する際、どのような想定でするかを吟味し、年間計画を立てておくことが望まれます**。同じように非常ベルが鳴ったとしても、保育者の指示により、いくつもの避難の仕方のうちの一つを迅速にとれるようにしておかなければならないのです。

必要以上に怖がらせる必要はありませんが、「大切な〇〇ちゃんの命を守るために、ちゃんと逃げる練習をしておこうね」と、子どもにも分かる言葉で伝えましょう。言われるがままに動くのではなく、子どもが自分の意志で危険から身を守れるようになる方向で働きかけるのです。避難した後は「上手に逃げられたね」とよい点を認め、自信がもてるようにしたいものです。

ヒヤリ・ハットを今後に生かす

どんなに安全な環境づくりを心がけていたとしても、保育中にヒヤリ・ハットすることはあるものです。それを大事に至らなかったからと、「なかったこと」にするのではなく、「一歩間違えたら危険に陥る出来事」として丁寧に記録する習慣を付けましょう。書いたことで非難される雰囲気をつくってはいけません。「あなたが不注意だったからでしょ」で済ますことも厳禁です。情報をオープンにして共有することで、危険を防ぐ対策がとれるのです。二重三重の対策を考え、子どもの安全を守っていきましょう。

園の安全対策

緊急時の行動手順、職員の役割分担、避難訓練計画等に関するマニュアルを作成したか。

ハザードマップで地域を知る

自治体が発表している、ハザードマップを見て、自分の園に必要な防災対策をしているか。

避難場所の確認

火災時、地震時、津波時など、場面に応じた避難場所を設定し、職員間、保護者へも周知しているか。

避難訓練

緊急の放送や保育者の声かけに対して、何のための訓練か、どう行動すべきか、子どもに伝えているか。

園の防災チェック

実際に火災や地震が起きた際に、安全に慌てず対処できるよう、日ごろから準備や訓練が必要です。

保護者との連携

災害発生時の連絡方法、および子どもの引き渡しを円滑に行えるよう確認しているか。

非常用品

薬品や絆創膏、タオル、クラス名簿や連絡先等の非常持ち出し用リュックは点検日を決めて確認しているか。

防災教育

子どもへ避難する大切さを伝え、頭を守るダンゴムシのポーズや防災頭巾のかぶり方などを知らせているか。

協力体制

地域（町内会、近隣の小・中学校、集合住宅等）や警察、消防の力を借りられるよう連携しているか。

ニーズ対応
保健計画の考え方

発達の著しい子どもたちの健康を支援するために、保健指導や各種検診など、看護師・家庭等と連携し、年間を通しての取り組みを計画しましょう。

季節に応じた活動を

　心身が健全に成長しているか、毎月の身体測定の他にも、各種の検診が予定されていることでしょう。同じ時期に重なり、子どもに負担をかけないよう、バランスに配慮しましょう。また、水遊びが始まる時期や蚊に刺されやすくなる時期、風邪が流行する時期など、**季節に応じて必要なことを適切に計画する必要**があります。

　園だけで行えないことは、家庭にも知らせ、同じ方針で子どものケアをしてもらえるようにしましょう。第一子などの場合、保護者が異常に気付かないことも多いもの。また、気付いてもどう対応すればよいのか分からないということもよくあります。"困ったことなどは何でも相談してください"のスタンスで、子どものために一番よい対応を、園と保護者で力を合わせて行います。

健康を自分で守るために

　いつも保育者にしてもらっている立場から、徐々に自立へ向かう大切な時期です。自分の体を病気やけがから守るのは、自分自身であることを知らせます。また体の仕組みと働きについても伝え、どのように生活することが健康でいられることかを、理解できるようにします。幼児の生活習慣が身に付くように、計画を位置付けましょう。

食に対する配慮を

　食中毒にならないよう、給食室の環境に留意することや給食を扱う保育者の手洗い、マスク着用は徹底したいもの。アレルギー児の食事は、他児と取り違えることのないよう注意が必要です。嘔吐や下痢の処理はどのように行うのか、全職員で共有し、すべての子どもの健康を守る意識をもちましょう。

子どもの健康支援

健康状態・発育及び発達状態の把握
- 身体測定
- 健康診断
- 配慮を必要とする子どもの把握

健康増進
- 手洗い・うがい
- 虫歯予防
- 生活リズム

疾病等への対応
- 予防接種の奨励
- 登園許可証の必要な病気の把握
- 与薬についての管理

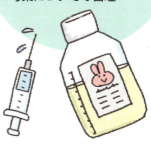

安心できる空間づくり

環境
- 適正な湿度・温度の管理
- 換気
- 掃除用具の整理

衛生管理
- 消毒薬の扱い
- 食事等の衛生的取り扱い

安全管理
- 園内の危険箇所の確認
- 遊具の安全
- 子どもの衣服等の安全確保

ニーズ対応
食育計画の考え方

園の「食育計画」は、生きることに直結する重要な計画の一つです。まずは、楽しくおいしく食べることを考えましょう。

食べることは楽しい

　園における食育は、健康な生活の基本としての「食を営む力」の育成に向け、その基礎を培うことが目標とされています。「保育所における食育に関する指針」では、「おなかがすくリズムのもてる子ども」、「食べ物を話題にする子ども」、「食べたい物、好きな物が増える子ども」、「一緒に食べたい人がいる子ども」「食事づくり、準備に関わる子ども」の5つの目標を掲げています。**子どもが主体的に食に取り組むことができ、食べることを楽しめるような計画**が望まれます。

食のマナーを楽しく身に付ける

　決まった時刻に食事をすることで、正しく成長スイッチが入ります。マナーは、「こうしなければならない」と押しつけるのではなく、困ったことが起こりそうなときに、「こうしたほうがかっこいいね」と知らせていきましょう。保育者が正しく箸を持ち、美しい姿勢で食べてみせることは、それだけで立派な食育。みんなが笑顔でおいしく食べられるよう、継続的に取り組みましょう。

野菜を育ててクッキング

　野菜嫌いな子どもでも、自分で育てた野菜なら、口にすることができたという事例もあります。毎日自分たちで水やりをし、世話をしてきた中での生長過程を見ていくと、野菜に興味がわいてきて「食べたい」「残したくない」という気持ちが出てきます。また育てた野菜で、カレーライスをつくったり、イモ料理に挑戦したりするのは、子どもたちにとっても楽しい活動でしょう。まな板や包丁などの調理用具を知り、使い方も学んでいきます。計画の中にもぜひ入れていきたいものです。

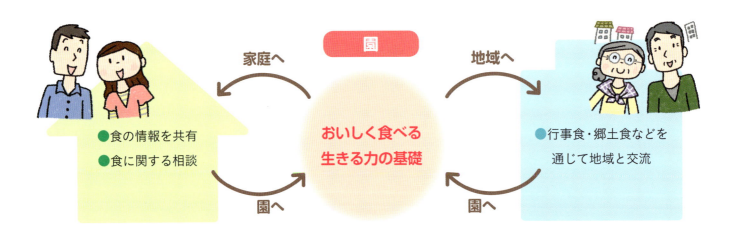

食育の目標

おなかがすくリズムのもてる子ども
食事の時間になったら「おなかがすいた」と感じられるような生活を送る。

食べ物を話題にする子ども
食べ物に対する関心が深まり、会話できるような体験をする。

食べたい物、好きな物が増える子ども
栽培・収穫した物を調埋する体験を行う。

一緒に食べたい人がいる子ども
みんなと一緒にいる楽しさを味わう経験をする。

食事づくり、準備に関わる子ども
食事づくりや準備に対して興味がもてる体験をする。

食育の5つの項目

食育のねらい及び内容はこの5つの項目ごとに挙げられています。

食と人間関係
食を通じて、他の人々と親しみ支え合うために、自立心を育て、人と関わる力を養う。

食と健康
食を通じて、健康な体と心を育て、自ら健康で安全な生活をつくり出す力を養う。

食と文化
食を通じて、人々が築き、継承してきた様々な文化を理解し、つくり出す力を養う。

いのちの育ちと食
食を通じて、自らも含めたすべてのいのちを大切にする力を養う。

料理と食
食を通じて、素材に目を向け、素材に関わり、素材を調理することに関心をもつ力を養う。

ニーズ対応

特別な配慮を必要とする幼児への指導の考え方

発達が気になる、日本語がよく分からないなど特別な配慮が必要な子どもには、個別の教育支援計画を作成しましょう。その子らしい成長が遂げられるよう、担任をはじめ、チームで取り組む姿勢が大切です。

援助に戸惑わないように

　成長の過程で、目が合わなかったり、落ち着きがなかったりすることから、何らかの障がいがある可能性を感じる場合があります。0～2歳児では障がいに関係なく、すべての子どもについて個人案を作成しますが、3歳児以上でも、**特別に配慮を要する場合には、個人案を作成することが望まれます**。障がいの有無や程度にかかわらず、一人一人の育ちを保障する保育の基本は、他の子どもたちと変わりはありません。けれども、保育形態が移行する際や新規の保育者が入った場合に、その子に対する援助の仕方で戸惑わないように、その子のための指導計画があったほうがよいのです。

チーム態勢での支援

　特別支援児の指導計画を作成するに当たっては、クラスの担任だけでなく、園の責任者、保護者、更に地域の専門家にも入ってもらい、チームで取り組むとよいでしょう。保護者がそれを望まない場合もありますが、子どもが抱える困難さと、これからの生活のしやすさを考え、できるだけ同意を得られるようにします。家庭でも、子どもへの対応に困る場合があるので、計画の内容を保護者も利用できるようにするとよいでしょう。

「子どもの姿」を記録する

　その子はどのようなときにどのように行動するのか、何が好きで何が嫌いなのか、ということを生活の中から読み取り、子どもが安心できる環境をつくることが重要です。そのためには、**行動をよく見て記録する**必要があります。この援助ではうまくいかなかったが別の援助では納得した、などということも書き留めておくと立案に役立ちます。

●障がいのある子どもへの対応

現在の姿をとらえる	戸惑わないようにする	適切な援助と環境を
どこにおくのか分からない	視覚的に分かりやすくしてみよう	あそこにおくんだ！

指導計画の形式は様々

　特別支援児の指導計画は、このように書かなければならないという決まった形式はありません。地域の専門家と相談しつつ、保育者が使いやすい形式であることが大切です。それはそのまま、他の保育者にとっても分かりやすいことにつながるでしょう。本書では、二つの計画を載せています。

　また、障がいのある子も、障がいのない子どもたちの中で教育を受ける「インクルーシブ教育（統合保育）」を進めていきたいものです。障がいもその子の個性ととらえ、助け合いながら生活することが当たり前になるよう、計画にも位置付けていきましょう。

日本語がよく分からない子への配慮

　海外から帰国したばかりの子や、外国から来日した子の場合、日本語で話しかけても意味が分からないことがあります。子どもだけではなく、保護者にも通じない場合もあるでしょう。家庭ではどのような言語で話しているのかを把握し、意思の疎通を図る必要があります。

　保育者も歩み寄る気持ちで、「おはよう」「こんにちは」「ありがとう」程度は、その言語で声をかけましょう。すると、子どもも保護者も嬉しさを感じ、より心を開いてくれるに違いありません。また、その子の国について、「パンダのふるさと」（中国）、「カレーの本場」（インド）など、親しみがもてるようなテーマで子どもたちに話します。困っている際に親切にした子どもを認め、クラスの大切な一員であることも伝えます。

　このような配慮点を、計画の中にしっかり記していきましょう。その子が臆することなく園生活で存分に自己発揮できるように、味方になって支え続けるのです。

●日本語がよく分からない子への対応

世界にはいろいろな国があることを知る

ニーズ対応

異年齢児保育 の指導計画の考え方

異年齢児との関わりを通して、互いを認め合い、主体的に生活できるような計画を立てましょう。発達段階が異なることを踏まえ、各年齢や子どもに合った援助を具体的に予想することが大切です。

異年齢児保育のよさを生かす

　一昔前はきょうだいがたくさんいたり、近所の子どもと集団で遊んだりと、異年齢児が関わる場面が多くありました。その中で、年上の子は年下の子を手助けしたり、下の子は上の子のまねをしたりしながら大切なことを学んでいました。現在は少子化の影響で、そのような関わりは期待できない状況です。そこで、3、4、5歳児が混在する異年齢児クラスをつくり、年上の子や年下の子との関係を日常的にもちながら生活することを目指したのです。

　上の子は、下の子の様子を見て必要なことを伝えながら、リーダーとしての役割を身に付けていきます。下の子はあこがれの気持ちを抱きつつ、それを見ていて、自分が大きくなった際には同じように下の子と接することができるのです。このようなよさを十分に生かしながら、それぞれが自信をもって生活できるように、指導計画を立てていきましょう。

生活の基地であることを中心に据える

　子どもたちは自分の興味や関心に基づいて、園庭や遊戯室などで様々な遊びを展開しますが、片付けた後にホッとして戻ってくるのが、自分たちの保育室です。そこにはいつものメンバーがいて、自分たちの暮らしがあります。「あの子は今日お休みなんだ」「この子は今日は張り切っているぞ」など、毎日顔を合わせる仲間だからこそ感じることがあります。「おもしろい遊びになったから誘ってあげよう」と思うこともあります。このクラスが、自分の生活の基地なのです。その所属感と安心感を中心に据え、計画を考えましょう。

異年齢児がどのように関わるか予想する

　いろいろな活動を計画する中で、3歳児はどのような動きをするか、それを見た5歳児はどのように関わるか、4歳児はどうか、一人一人の顔を思い浮

● 異年齢児保育での子どもの思い

かべて予想する必要があります。5歳児でも、年下の子に無関心な子もいるかもしれません。そのような子に、どのように気付かせていくのか、どのような方法で**異年齢児と活動を共にする喜びや満足感を味わえるようにするのか、その手立てを援助の欄に書いておかなければなりません**。環境を用意するだけでは、保育は成立しないのです。

　有機的な関わりを促すには、保育者の適切な働きかけが必要です。特定の子とペアにして活動する方法もあります。子どもの動きを予想しながら、よりよい関わりが生まれるような計画にしましょう。

　また、**発達段階が異なる子どもたちの集団ですから、それぞれへの援助も違ってきます**。「3歳児には〜する」というような年齢による援助や、「○○しない子には〜」「戸惑っている子には〜」など、子どもの姿を予想し、それに対応する援助が出てくるはずです。役に立つ計画、使える計画にするためには、そのような具体的な援助で記すことが大切なのです。

ハプニングを大切にする

　年齢の異なる子どもたちの集団では、同年齢のクラス以上にドラマチックなハプニングが起きるでしょう。それを困ったこととしてとらえるのではなく、おもしろいこと、それをどう子どもたちがとらえて対処するか、そこで何を学ぶのか見極めよう、と考えるとよいでしょう。突拍子もないことをしでかした3歳児に、周りの子はどのように言い、どのように行動するのか、じっくり観察しましょう。そして、3歳児は何を学んだのか、周りの子の何が育ったのか、考察してみましょう。計画通りに淡々と過ごす毎日よりも、いろいろなハプニングにびっくりしたり、ドキドキしたりという経験ができたほうが、豊かな生活といえます。ハプニングの後始末をみんなでしっかりすることにより、次に生かされ、また絆がつくられると心得ましょう。保育者自身が「しめた!」と思うことが肝要です。

●それぞれの年齢に合った活動

4歳児が手本を見せてから3歳児が跳ぶ

4、5歳児が大縄を跳んで、
3歳児は歌ったり、数を数えたりする

ニーズ対応

子育て支援の指導計画の考え方

園の特性を生かし、子どもも保護者も安心して楽しく遊べる場づくりを目指します。計画には「次回も行ってみたい」と感じられるよう、季節の行事や保護者同士が関われる活動を盛り込みましょう。

保護者同士のつながりを

親になると子どもと向き合う時間が増え、ストレスを抱えている保護者も少なくありません。園は在園向け、地域向け両方の保護者を支援していく必要があります。ここに来たら、保育者が子どもと関わってくれる、という安心感と、子どもから少し離れて客観的に子どもを見られるという解放感がうまれます。こうした時間も保護者には大切なことです。

また保護者同士をつなぐのも、保育者の役割です。「○くんと△くんは、同じ年齢ですね」「お住まいはお近くですね」などと、共通点を見付けながら、保護者同士が話をしやすい雰囲気をつくります。「うちもそうです」というように、話がはずんだら大成功！話すことで、心が軽くなることが多いからです。何度か会うと顔なじみになり、近くに座ることもあるかもしれません。そのきっかけを上手につくることも、大切な支援です。

相談には適切な対応を

「うちの子、こういうところが困るのです」。保育者と信頼関係ができると、心を開いて相談をもちかけられることがあります。**親身になって話を聞き、相づちを打ちながら悩みを共有**しましょう。そして「こういうことで、お悩みなのですね。よく分かりました」とまず受け止めます。そのうえでこれまで保育者として子どもと関わってきた経験から、自分の思いと、これからどのようにしていけばよいかという方向性を丁寧にアドバイスしたいものです。**経験が少なくて答えられない場合は、先輩保育者に引き継ぎます。**

これまでの保護者のやり方を否定せず、より子どものためになる対応を示唆します。そして、よい方向に向かったら、共に喜び合いましょう。

●子育て支援の役割

在園児の保護者のために

　登降園の際に、家庭での子どもの様子をたずねたり、園での様子を伝えたりなど、保護者と情報を共有することが大切です。引っ込み思案でなかなか保育者に話しかけられない保護者もいるので、こちらから積極的に声をかける必要があります。保育者を避けるタイプの保護者もいますから、子どもの嬉しい成長などを伝え、呼び止められることは喜びだと思ってもらえるようにしたいものです。

　園の行事も、子育て支援につながります。作品展や運動会、発表会などの姿を見てもらい、普段話せない父親などとも言葉を交わしましょう。園の活動を理解してもらうよい機会になるはずです。

　また、子どもの成長した姿を日々のおたよりで知らせるなど、保護者が子育てを楽しめるように、様々なサポートを計画に記していきましょう。

　もし保護者に不適切な養育等が疑われる場合は、市町村や関係機関と連携し、適切な対応を図る必要があります。虐待が疑われる場合には、速やかに市町村や児童相談所に通告しなければなりません。子どもたちを救う使命も、私たちに課せられているのです。あらゆることを想定し、計画に位置づけておくことが望まれます。

地域の保護者へ向けて

　園は、在籍していない地域の子どもたちの保護者へ対しても、保育の専門性を生かした子育て支援を積極的に行うことが義務付けられています。地域に開かれた支援が求められているのです。

　一時預かり事業を行う際は、一人一人の子どもの心身の状態などを考慮し、日常の保育に参加させることもできます。その子にとって質の高い保育環境となるよう配慮しましょう。

●在園児の保護者への対応

- **個別の支援**：保護者一人一人の状況を理解し、園全体でサポートする。
- **不適切な養育が疑われる家庭の支援**：児童虐待などの発見や抑制につなげる。
- **保護者との相互理解**：毎日のやりとりの中で園と家庭での子どもの様子を共有する。

●地域の保護者への対応

- **地域に開かれた支援**：一時預かりや子育て支援を行う。
- **地域との連携**：保護者と地域の人とのつながりをつくる。

指導計画の文章でおさえておきたいこと

ポイントは6つ!

指導計画は、他の保育者や主任・園長に伝わるように書かなければなりません。そのために、おさえておきたい6つのポイントを確認しましょう。

指導計画は、誰が読んでも分かりやすいということが大前提です。このクラスは現在、どのような発達の過程にあり、子どもたちは今、何に興味をもっているのか、保育者はこれからどのような環境を準備し、子どもたちの何を育てようとしているのか、子どもたちにどのような経験をさせたいと思っているのかが、一読して理解できなければなりません。毎日、生活を共にしている担任だけに分かるものでは、役に立たないのです。

そこで、**ここに気を付けたいこと6項目**を挙げました。前向きな保育観を出しながら、読みやすく伝わる書き方を目指しましょう。**書いた後にはもう一度読み返し、チェックする**ことも忘れないようにしましょう。

1 計画は現在形で書く

指導計画は、明日のこと、一週間先のことなど、未来に起こることを想定して書くものです。けれども、文章は未来形ではなく現在形で書きます。現在進行形にもなりがちですが、文が長くなるので、避けた方がすっきり読めます。

NG 栽培している野菜の生長に、関心をもつだろう。
▼
GOOD 栽培している野菜の生長に、関心をもつ。

2 子どもの姿が目に浮かぶように書く

書いている本人はいつも子どもを見ているので具体的な様子も分かりますが、主任や園長など、毎日接していない人には、どういう姿なのかイメージできないことがあります。リアルに様子が浮かぶような記述を心がけましょう。

NG 話し合って遊びを進めている。
▼
GOOD コリントゲームの釘の打ち方を相談し合う。

3 「〜させる」を控える

成長を促すために、様々な経験をさせたいと保育者は願いますが、「〜させる」という文が多いと、保育者が指示をして、子どもは従わされているような印象になります。「〜するよう促す」や「〜できるように配慮する」など主体的に行動する子どもを保育者がサポートするニュアンスを大切にしましょう。

NG お店屋さんに異年齢児を招待させる。

GOOD お店屋さんを、異年齢児がのぞきにきていたことを伝える。

4 「〜してあげる」を控える

保育者は子どもに様々な援助をしますが、それを、「〜してあげている」と思っているようでは困ります。子どものために保育するのが仕事ですから、恩着せがましい表現をせず、どちらかというと、「保育させていただいている」という謙虚な気持ちで書きましょう。

 楽器遊びが始まったら、ピアノを弾いてあげる。

 楽器遊びが始まったら、必要に応じてピアノを弾く。

5 「まだ〜できない」という見方でとらえない

子どもは常に成長の過程にいます。「まだ〜できない」という目で見ないで、ここまで発達したところだ、と肯定的に育ちをとらえましょう。そして、次の課題に向かおうとする子どもを温かい目で見つめ、立ち向かえるように陰ながら応援するのです。

 自分の思いが強く、友達の意見を受け入れられない。

 自分の思いが強く、友達の思いを理解するのに時間がかかる。

6 一つの文に同じ言葉を重複して使わない

状況を細かく説明しようとするあまり、同じような表現が続くと、ワンパターンな記述になってしまうことがあります。一文の中やその後に続く文にも、同じ言葉を2回以上は使わないように心がけるとよいでしょう。

 遊びがもっと楽しくなるよう、相談することを楽しむ。

 遊びがもっとおもしろくなるよう、相談することを楽しむ。

5歳児 の環境構成

5歳児が安全に、楽しみながら活動できる保育環境を整えることが大切です。保育室や共有スペースなど、実例アイデアを参考に工夫しましょう。

必要な物が自分で取り出せるように

主体性が身に付いてきた5歳児には、自分たちの生活が自分たちの力で営めるような環境が求められます。いちいち保育者の許可をもらわなくては使えない、というのではなく、道具も紙類も玩具もどこに入っているかを熟知し、必要に応じて取り出して使いこなすことが大切です。そのためには、子どもに分かりやすい工夫をしていくことです。

また、お当番表やみんなで話し合った内容なども、壁面や黒板にはってあるとみんなが意識しやすくなるでしょう。

生活習慣

自分たちの生活を自分たちでできるように、必要な物を自分で選んで使えるように、環境を整えます。子どもと相談して置き方を決めることも大切です。

保育室の中央にはられた各班の当番表。クラス全員で育てているカブトムシのえさやりなど、週ごとに交代します。／C

保育者お手製のゲームで楽しく箸の練習。紙粘土でできた様々な形のアイテムを箸で移します。／F

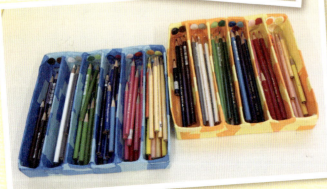

安全面から、色鉛筆は立てずに横に並べて保管します。色別の丸シールをはることで、しまう位置が一目で分かります。／C

就学を意識して

文字や数に親しめるような環境をつくります。また、見通しをもった生活ができるような掲示や、自分の課題を自分で設定して取り組むための情報も必要になります。

朝の支度や遊びの時間など、各活動の終わり時刻を手づくりの時計で表示。実際の時計と見比べながら、「1になったら片付けだよ」などと言い合います。／E

1〜10以上の数字に興味がもてるよう、100までの表を掲示。友達と一緒に、数字を指差しながら読む姿が見られます。／B

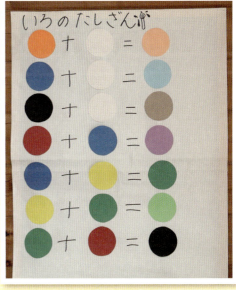

"青＋赤＝紫"のように、混色の楽しさを伝える色の足し算表。遊びや生活の中で見付ける好きな色や組み合わせなど、色への興味が広がります。／B

活動時間をタイマーで知らせます。音はもちろん、デジタルの数字が減っていく様子を見て確認できます。／D

あいさつや〇〇当番、跳び箱など、園生活のさまざまな活動を表にし、できたらシールをはって達成感を味わいます。／A

5歳児の発達を見てみよう

5歳

身辺の自立はほぼ確立し、してよいこと悪いことなどを自分で考え、批判する力も芽生えます。友達と協調して遊ぶこともできます。知的好奇心が強くなり、様々なことを吸収していきます。

　自分のことは自分で行えるので、安心して見ていられます。運動能力はますます伸び、運動遊びを喜んで行い、ドッジボールやサッカー、跳び箱やなわとびもできるようになります。その中で、お互いが自分のやらなければならないことに気付き、ルールを守る大切さも分かってきます。そして集団の中で、自分の考えを話したり、相手の思いを聞いたりという対話能力が培われるのです。

　また、文字に対して興味をもち、自分の名前を読んだり書いたりすることを楽しみます。図鑑などで興味をもったことについて調べることもあります。知識を貪欲に吸収していく時期といえます。

養　護

生命の保持
- 日常生活での基本的な習慣はほとんど自立し、自分で危なげなくできる
- 経験や学習によって、前頭葉ではニューロンの回路網が形成される

情緒の安定
- 大人の言われるままに従うのではなく、自分の頭で考えられるようになる
- 納得できれば、嫌なことも少しは我慢できる

教　育

健康
- 自転車や竹馬などに乗り、両手や両足を交互に前進させるための体の制御ができはじめる
- 登り棒を、援助されながら上まで登ったり降りたりできる

人間関係
- 仲間と同じ目的に向かって活動する
- 人の役に立つことに、喜びを感じる

環境
- 過去―現在―未来の中での「自分」について、大きさの変化に注目してとらえはじめる
- 自分の左右が分かりはじめる

言葉
- 幼児語が減り、ある程度、筋道を立てて話すようになる
- 語彙数は、2000を超える

表現
- 家から園までの道順を絵にかいて表現し、その間にある道や目印となるものをかき加えられる
- 斜め線がかけるようになり、三角形もかける

指導計画を立てるには、まず子どもの発達を理解することが大切です。月齢や保育歴などで、一人一人の発達の内容や速度には個人差があります。今、この子はどの側面がどのように成長しているところなのか、ということをしっかりとらえなくてはなりません。そして、**その姿がやがてどのような姿に育っていくのか、という道筋**が見えていなくてはならないでしょう。

　ここでは、保育園における**「養護」と「教育」の観点から、その月齢の子どもたちが見せる育ちの姿**を示してあります。各項目に分けてありますが、それぞれの要素はきちんと分けにくく、2～3の項目を含んでいることもよくあります。
　指導計画を作成する際に、大まかな発達の全体像を知り、見通しをもった上で、クラスに応じた「ねらい」や「内容」を設定していきましょう。

6歳

手や指の動きが器用になり、運動能力が著しく発達します。また、思考力や認識力という知的な面の発達もめざましく、社会的な人間としての土台ができてきます。

　手指の動きは、細かい作業もできるようになり、文字を書いたり斜めの線も上手にかけるようになります。心身共に力に満ちあふれ、いろいろなことに意欲的に取り組みます。有能感が育ち、予想や見通しを立てる力も身に付いているからです。また、語彙が増え、知っていることや考えたことをよく話します。ですから、口げんかも多くなります。相手を批判する力は、時には大人にも向けられることがあります。
　心も体もかなり頼もしくなり、子どもっぽいことはしないようにと努力していますが、時々は大人に甘えてくることもあります。ほっと安心してエネルギーを補給し、また次に向かって進む糧にしていく姿ととらえましょう。

養　護

生命の保持
- 全身運動が滑らかで巧みになり、手指の細かい動きが一段と進む
- 乳歯が抜け、永久歯が生えはじめる

情緒の安定
- 集団の中での役割や、ルールに基づく自分と他者の立場を理解し、役割交代ができる
- 体験を基に物事を判断したり、予測したりすることができる

教　育

健康
- 走りながら、片足跳び、スキップ、横跳びなどができるようになる
- 鉄棒で前回りや逆上がり、尻上がり、足抜き回りなどが可能になり、跳び箱も跳べる

人間関係
- 相手の立場や気持ちを考え、謝られると許すことができる
- 仲間と秘密を共有することを楽しむ

環境
- 鉛筆や筆、はさみや粘土べらなどを、上手に使えるようになる
- 時間的、空間的、価値的な三次元の世界が豊かになる

言葉
- 様々な理屈が分かり、それを根拠とした言語的な説明が可能になる
- 絵本のひらがな、看板や広告など、身近な文字への関心が高まる

表現
- 人物画に、首、まゆ毛、歯、服、靴などの詳細な表現が加わる
- 製作では、あらかじめ何をつくる（かく）かを考え、感動した体験を表現したり、友達と共同製作したりする

5歳児 保育者の援助の方針

各年齢の発達を理解し設定した「ねらい」や「内容」に応じて、おさえておきたい保育者の援助を「遊び」「生活習慣」「保護者」のポイント別に紹介します。

遊び

友達との関わりの中で輝けるように

協同的な遊びの中で一人一人が輝いているかを確認する必要があります。させられているのではなく自ら取り組み、全体の中に自分がいることによって成り立っているという自覚と仲間の承認が喜びになります。思いの伝え合いを支えていきましょう。

生活習慣

自分で考え行動できるようにする

「自分で考え自分で行動する」という主体的な姿勢が身に付いていることが大切です。失敗しても人のせいにせず、自分で結果を引き受け、次に向かう力にしていかなければなりません。毎日の生活の中で、そのような経験が積み重ねられるようにしましょう。

保護者

5歳児らしい成長を見守ってもらう

就学を前にして不安を感じている場合は、先取りして教えておくことが大切ではなく、5歳児らしい暮らしの中でやる気も思いやりも育っていくことを伝えます。批判する力も身に付きますが、それも成長なので温かく受け止めてもらうようにしましょう。

第2章

年間指導計画の立て方

各年齢で一つ作成する「年間指導計画」。一年間を4期に分け、年間の表と項目ごとの文例を掲載しています。

5歳児の年間指導計画

おさえたい 3 つのポイント

年間指導計画は、5歳児のクラス担任全員で話し合って作成します。一年間の集団としての育ちを見通しながら、計画を立てていきます。

❶ 共同的な遊びに向けて

一人一人が自分の役割を果たし、仲間を意識して一つの遊びをつくり上げる充実感が得られるように導きましょう。自分の思いを出しながら相談し、どうすればみんながもっと楽しくなるかを積み上げていきます。時には自分の考えを引っこめることも経験します。

❷ 思考することを楽しむ

「こうなったから、こうなる」という因果関係や、時間軸に沿った解釈ができるようになります。物語の先を予測したり、自分でお話をつくったりもします。すごろくやトランプなどのカードゲームも取り入れ、考える楽しさを十分に味わえるようにしましょう。

❸ 社会的ルールのよさに気付く

人と共に暮らしていくためには、守らなければならないルールがあります。それを「守らされる、嫌なもの」ととらえるのではなく、ルールがあるからこそ、安心して暮らせたり、ゲームが楽しくなったりするという経験から、ルールのよさに気付けるように導きましょう。

保育園

♣ 年間目標	●できることを増やしながら、生活習慣や態度を身に付ける。① ●身近な自然に触れる中で、知的好奇心や探究心を高める。 ●友達と共に意欲的、主体的に行動し、充実感を味わう。 ●様々な体験をして豊かな心を育み、就学への意欲を高める。	
	1期(4～6月)	2期(7～9月)
子どもの姿	●5歳児になった喜びから、当番活動や年下の子の世話を意欲的に行う。 ●友達と一緒に遊ぶ中で思いを伝え合い、自分たちで遊びを進めるが、けんかになることもある。② ●身近な動植物の世話を喜び、楽しみにしている。	●水、泥、プール遊びなどに関心をもち、積極的に取り組む。 ●友達と一緒に遊びを進めようとする気持ちが強くなるが、互いに自己主張し、ぶつかり合うこともある。 ●身近な動植物に興味や関心をもち、世話をしたり収穫を喜んだりする。
ねらい	●思いを保育者に認められ、安心して快適な生活をする。健康 ●5歳児としての③をもち、生活に必要な決まりを守り、日々の活動を楽しむ。自立 規範 ●身近な動植物に触れ、愛情を育む。自然	●自分の健康状態を知り、休息や水分補給などを適切に行う。健康 ●夏の遊びや生活を通して経験を広げ、友達や異年齢児と関わる。自立 協同 ●運動や遊びの中で、力を十分に発揮する。健康 ●様々な行事から家族の愛情に気付く。社会
内容 養護	●新しい環境の下での生活の仕方が分かり、自分でしようとする。 ●安全に気を付けながら、体を十分に動かして遊ぶ。 ●異年齢児に優しく接して親しむ。	●汗の始末や衣服の調節、水分補給、休息を取るなど、夏の生活の仕方を身に付ける。 ●決まりを守り、プールや水遊びを思いきり楽しむ。
内容 教育	●身近な動植物に親しみ、触れたり世話をしたりする。④ ●保育者や友達の話をよく聞き、内容を理解する。 ●歌いながら身体表現を楽しむ。	●夏野菜の栽培を通し、生長を楽しんだり、収穫を喜び合ったりする。 ●自分の言いたいことを分かるように話し、友達の話にも関心をもつ。 ●いろいろな材料で、工夫して表現する。
環境構成	●担任が入れかわるので、職員同士で十分に話し合って引き継ぎをし、一人一人安心して過ごせる環境をつくる。 ●遊具、用具を点検⑤、安全に使うことができるようにする。	●水や砂に、十分に親しめる環境づくりを行うと共に、水の危険性についても知らせ、約束を守って安全に遊べるようにする。 ●栽培物の水やりや収穫ができるように、用具や環境を整える。
保育者の援助	●進級したことを共に喜び、一人一人と向き合いながら信頼関係を築く。 ●異年齢児と関わることで、5歳児としての自覚や思い⑥心を育む。 ●春の自然を感じながら、体を動かして遊べるようにする。	●体調に応じて、休息や水分補給を適切に行う。 ●子ども同士のトラブルを見守り、気持ちの切りかえができるよう援助する。 ●集団活動の機会を多く設け、一人一人の力が発揮できるような助言や、援助をする。

❶ 年間目標

園の方針を基に、一年間を通して、子どもの成長と発達を見通した全体的な目標を記載します。

❷ 子どもの姿

1～4期に分けて、予想される子どもの発達の状況や園で表れると思われる姿を書きます。保育者が設定した環境の中での活動も予測します。

❸ ねらい

「年間目標」を期ごとに具体化したもの。育みたい資質・能力を子どもの生活する姿からとらえたものです。本書は「幼児期の終わりまでに育ってほしい姿」と関連のある「ねらい」にマークを付けています。

④ 内容
「ねらい」を達成するために「経験させたいこと」です。環境に関わって展開する具体的な活動を通して、総合的に指導されるものです。

⑤ 環境構成
「ねらい」を達成するために「内容」を経験させる際に、どのような環境を設定したらよいのかを考えて記載します。

⑥ 保育者の援助
「ねらい」を達成するために「内容」を経験させる際に、どのような援助をしたらよいのかを考えて記載します。

⑦ 小学校との連携
幼児教育と小学校教育との円滑な接続のために、小学校教員との意見交換や情報を共有するための項目です。

幼稚園・認定こども園

小学校との連携 ⑦
- 小学校教職員へのあいさつや情報交換など、定期的に交流を図る。
- 小学校への期待や意欲がもてるように合同で行う活動を計画する。
- 要録を送付し、一人一人の個性や育ちなど引き継ぐ機会をつくる。

	3期(10〜12月)	4期(1〜3月)
	会に向けて、意欲的に活動する。／に出かけては、秋の自然の美しさに／、自然物を利用して遊んだり、自由／な物をつくって表現したりする。／会に向けて話し合う中で、達成感や／を味わう。	●発表会で披露した経験が自信につながり、活動や遊びに積極的に取り組む。●ルールのある遊びを、友達と楽しむ。●雪や氷など、冬の自然事象の変化に気付いたり触れたりする。●園生活を振り返り、卒園や就学への喜びや期待に胸を膨らませる。
	や考えを伝えながら活動する。[言葉]／と共通の目的をもち、考えたり工夫／協力したりしながら、様々な活動に／む。[協同][思考]／な自然に触れ、感じたことや考えた／表現する。[自然]	●就学への期待や不安を保育者に認められながら、自信と自覚をもって、充実した生活を送る。[健康][自立]●友達と楽しく様々な活動に取り組む中で、思ったことや感じたことを豊かに表現する。[協同][表現]●自分の名前を書いてみようとする。[数字]
	と協力しながら活動し、やり遂げた／様々な思いを共有する。／や生活の中で、友達と役割を分担し／力を合わせたりする。	●就学への喜びや期待を膨らませ、意欲的に生活する。●自分たちでルールを決めたり、遊び方を考えたりしながら、体を動かして遊ぶ。
	の変化に気付き、収穫を喜んだり、／を使って遊んだりする。／したことや感じたことを、言葉で表／楽しさを知る。／、造形などで表現することを楽しむ。	●冬の身近な自然に興味をもって遊び、動植物の様子から春の訪れを感じる。●友達との対話を楽しみ気持ちを伝え合う。●いろいろな体験を通してイメージを膨らませ、感動したことを伝え合う。

年間目標 ①
- 友達と一緒に体を動かしたり、考えたりして様々な表現を楽しむ。
- 自分の考えや思いを言葉で相手に伝え、相手に聞こうとする。
- 季節ごとの園内外の自然に親しみ、生活に取り入れ、美しさや大切さを知る。
- 友達や保育者と関わり合いながら、協同的な経験や活動に取り組む。

小学校との連携 ⑦
- 小学校教職員と情報交換を行い、円滑な接続ができるようにする。
- 小学校との交流会を通して、就学に期待がもてるようにする。
- 要録を送付し、一人一人の特性や配慮など引き継ぐ機会をもつ。

	1期(4〜6月)	2期(7〜9月)	3期(10〜12月)	4期(1〜3月)
子どもの姿 ②	●進級したことを喜んでいるが、新しいクラス担任や友達と過ごすことに、戸惑いを感じて／●5歳児になったことを自覚し、積極的に新入園児の世話をしようとする。	●数人で遊ぶが、思い違いやルール認識の違いにより、トラブルが増える。●3、4歳児に優しく声をかけて、世話をしようとする。●簡単なルールのある遊びやゲームを楽しむ。	●様々な場面で、友達と話し合ったり譲り合ったりする気持ちがもてるようになる。●目標をもち、自分の力を発揮しながら友達と協力して、活動に取り組もうとする。	●就学を意識し、自分の力で様々なことに取り組もうとする。●複雑なルールのある遊びに取り組み、保育者と共に楽しむ。
ねらい ③	●5歳児クラスになったことを自覚し、新しいクラスや友達に親しむ。[自立]●身近な植物や生き物、春の自然に興味や関心をもつ。[自然]●様々な体験を通して、安全な園生活について考える。[健康][思考]	●自分の思いや考えを友達と伝え合いながら遊ぶ。[言葉]●身近な自然に積極的に興味をもって関わり、生活に取り入れる。[自然]●してよいことか悪いことかを考えながら生活する。[規範]	●友達と目的をもった活動に取り組む楽しさや、体を十分に動かすことを味わう。[協同]●秋から冬にかけての自然の変化に気付き、生活に取り入れる。[自然]●友達と共通のイメージをもち、楽しく表現する。[表現]	●自立した行動で、充実した園生活を送る。[自立]●一人一人の力を出し合い、友達と相談しながら、目的に向かってやり遂げる達成感を味わう。[自立][協同]●生活の中の文字に興味をもつ。[数字]
内容 ④	●5歳児クラスの生活の流れを理解し、新しい友達や保育者に親しみ、自分から進んで行わ／る。●身近な草花や虫を見たり、触れたりして、不思議さや楽しさを感じる。●友達や保育者と体を動かす活動に取り組む。	●苗を植えたり、種をまいたりした野菜、イネなどの生長や変化に気付く。●花や木の実などに、冬に関わる。●水遊びのルールを守り、水に親しみながら全身を動かす楽しさを知る。●お泊まり保育で、家庭から離れて園に1泊することで自信をもつ。	●様々な行事や活動に参加する中で、友達と目標に向かって取り組む。●友達と競い合ったり協力したりする中で、体を思いきり動かす楽しさを味わう。●作物の世話や収穫、調理に携わることで、食べ物ができるまでの過程を知り、大切にする気持ちをもつ。	●園生活の楽しかったことを振り返り、更に友達と様々な遊びや活動に、進んで取り組む。●相手の気持ちを考えながら、協力し合う楽しさを味わう。●小学校を訪問し、小学校生活に期待をもつ。
環境構成 ⑤	●子ども同士で当番活動やグループを決める話し合いの場を設ける。●様々な材料を準備し、子どもが自由にお店づくりをできるようにする。●新しい友達と／がりが広がるように、様々な集団ゲームや体を動かす活動を取り入れる。●緊急時でも安心して行動できるような指示の出し方や、決まりを工夫する。	●一人一人の意見や考えを十分に受け止め、互いのよさを認め合えるような雰囲気をつくる。●自然に関する図鑑、絵本などを準備し、興味をもったことを積極的に調べられるようにする。●お泊まり保育や水遊びを実施する前に、園で作成したスライド教材を視聴して、イメージがもてるようにする。	●様々なイメージをもった表現を友達と共有し、大切にできるようにする。●接着剤やビニール袋などを用意し、様々な自然物を使って遊べる環境を設定する。●公共の交通機関や施設を利用することで、社会的なルールや公共の場でのマナーに意識を向けられるようにする。	●卒園に向けて、一人一人が成長したことに気付けるよう話し合いの場をもつ。●5歳児クラスとしての自覚がもてるような緊張感のある場面をつくる。●園生活を振り返り、様々な人に感謝の気持ちがもてる場を設ける。
保育者の援助 ⑥	●一人一人の子どもと十分に触れ合い、温かく受け止めながら、信頼関係を築く。●友達との関わりが少ない子には、保育者が一緒に活／関わって関係づくりを援助する。	●畑やたんぼに農作物の観察に行ったり、世話をしたりして、収穫までの期待が膨らむようにする。●自然と接する際に子どもが感じた驚きや不思議に感じる気持ちを受け止め、興味や関心が広がるようにする。●クズの花、ミョウガ、シソ、クリなど、五感を刺激するような自然と触れ合い、感想を伝え合う。	●子どもが互いに認め合えるような雰囲気をつくる。●一人一人が達成感、充実感、自信をもてるよう、様々な経験や活動に取り組めるようにする。	●小学校での様子を伝え、椅子に座って生活することや時間を見て行動することなど、小学校での生活の仕方を知らせる。●小学校との連携がスムーズにできるように、就学先の小学校の教師と話し合う。●友達のよいところに気付いたり、一人一人が意識して、けじめのある行動をしたりできるよう言葉をかける。

保育園 年間指導計画

年間指導計画（保育園） → P052-P053 年間指導計画

記入のコツ!!
前年度やこれまでの5歳児の姿から、1期の子どもの姿を予想して書きます。4歳児4期の実際の姿が分かっていれば、更に精度の高い「姿」に近づきます。

記入のコツ!!
その時期ならではの遊びを逃さず計画に入れます。また、5歳児らしく「決まりを守る」など、態度についても触れます。

♣ 年間目標
- できることを増やしながら、生活習慣や態度を身に付ける。
- 身近な自然に触れる中で、知的好奇心や探究心を高める。
- 友達と共に意欲的、主体的に行動し、充実感を味わう。
- 様々な体験をして豊かな心を育み、就学への意欲を高める。

		1期(4〜6月)	2期(7〜9月)
子どもの姿		●5歳児になった喜びから、当番活動や年下の子の世話を意欲的に行う。●友達と一緒に遊ぶ中で思いを伝え合い、自分たちで遊びを進めるが、けんかになることもある。●身近な動植物の世話を喜び、楽しみにしている。	●水、泥、プール遊びなどに関心をもち、積極的に取り組む。●友達と一緒に遊びを進めようとする気持ちが強くなるが、互いに自己主張し、ぶつかり合うこともある。●身近な動植物に興味や関心をもち、世話をしたり収穫を喜んだりする。
◆ねらい		●思いを保育者に認められ、安心して快適な生活をする。[健康] ●5歳児としての自覚をもち、生活に必要な決まりを守り、日々の活動を楽しむ。[自立][規範] ●身近な動植物に触れ、愛情を育む。[自然]	●自分の健康状態を知り、休息や水分補給などを適切に行う。[健康] ●夏の遊びや生活を通して経験を広げ、友達や異年齢児と楽しく関わる。[自立][協同] ●運動や遊びの中で、力を十分に発揮する。[健康] ●様々な行事から家族の愛情に気付く。[社会]
★内容	養護	●新しい環境の下での生活の仕方が分かり、自分でしようとする。●安全に気を付けながら、体を十分に動かして遊ぶ。●異年齢児に優しく接して親しむ。	●汗の始末や衣服の調節、水分補給、休息を取るなど、夏の生活の仕方を身に付ける。●決まりを守り、プールや水遊びを思いきり楽しむ。
	教育	●身近な動植物に親しみ、触れたり世話をしたりする。●保育者や友達の話をよく聞き、内容を理解する。●歌いながら身体表現を楽しむ。	●夏野菜の栽培を通し、生長を楽しんだり、収穫を喜び合ったりする。●自分の言いたいことを分かるように話し、友達の話にも関心をもつ。●いろいろな材料で、工夫して表現する。
環境構成		●担任が入れかわるので、職員同士で十分に話し合って引き継ぎをし、一人一人安心して過ごせる環境をつくる。●遊具、用具を点検し、安全に使うことができるようにする。	●水や砂に、十分に親しめる環境づくりを行うと共に、水の危険性についても知らせ、約束を守って安全に遊べるようにする。●栽培物の水やりや収穫ができるように、用具や環境を整える。
保育者の援助		●進級したことを共に喜び、一人一人と向き合いながら信頼関係を築く。●異年齢児と関わることで、5歳児としての自覚や思いやりの心を育む。●春の自然を感じながら、体を動かして遊べるようにする。	●体調に応じて、休息や水分補給を適切に行う。●子ども同士のトラブルを見守り、気持ちの切りかえができるよう援助する。●集団活動の機会を多く設け、一人一人の力が発揮できるような助言や、援助をする。

「幼児期の終わりまでに育ってほしい姿」の [健康]：健康な心と体　[自立]：自立心　[協同]：協同性　[規範]：道徳性・規範意識の芽生え　[社会]：社会生活との関わり　[思考]：思考力の芽生え

小学校との連携
- 小学校教職員へのあいさつや情報交換など、定期的に交流を図る。
- 小学校への期待や憧れがもてるように合同で行う活動を計画する。
- 要録を送付し、一人一人の個性や育ちなど引き継ぐ機会をつくる。

3期(10～12月)	4期(1～3月)
●運動会に向けて、意欲的に活動する。 ●散歩に出かけては、秋の自然の美しさに感動し、自然物を利用して遊んだり、自由に好きな物をつくって表現したりする。 ●発表会に向けて話し合う中で、達成感や充実感を味わう。	●発表会で披露した経験が自信につながり、活動や遊びに積極的に取り組む。 ●ルールのある遊びを、友達と楽しむ。 ●雪や氷など、冬の自然事象の変化に気付いたり触れたりする。 ●園生活を振り返り、卒園や就学への喜びや期待に胸を膨らませる。
●思いや考えを伝えながら活動する。言葉 ●友達と共通の目的をもち、考えたり工夫したり協力したりしながら、様々な活動に取り組む。協同 思考 ●身近な自然に触れ、感じたことや考えたことを表現する。自然	●就学への期待や不安を保育者に認められながら、自信や自覚をもって、充実した生活を送る。健康 自立 ●友達と楽しく様々な活動に取り組む中で、思ったことや感じたことを豊かに表現する。協同 表現 ●自分の名前を書いてみようとする。数・字
●友達と協力しながら活動し、やり遂げた喜びや様々な思いを共有する。 ●遊びや生活の中で、友達と役割を分担したり、力を合わせたりする。	●就学への喜びや期待を膨らませ、意欲的に生活する。 ●自分たちでルールを決めたり、遊び方を考えたりしながら、体を動かして遊ぶ。
●季節の変化に気付き、収穫を喜んだり、自然物を使って遊んだりする。 ●体験したことや感じたことを、言葉で表現する楽しさを知る。 ●音楽、造形などで表現することを楽しむ。	●冬の身近な自然に興味をもって遊び、動植物の様子から春の訪れを感じる。 ●友達との対話を楽しみ気持ちを伝え合う。 ●いろいろな体験を通してイメージを膨らませ、感動したことを伝え合う。
●子ども同士で相談や協力ができるよう、十分な時間を確保しながら、自分たちで生活を組み立てられるようにする。 ●身近な自然事象や動植物と十分に触れ合い、直接的な体験ができるよう、環境を工夫する。	●友達同士やクラス全体でたくさん遊べるように、時間を設定する。 ●学校周辺に散歩に行き、交通ルールが身に付くように工夫する。
●努力する姿を認めたり励ましたりし、活動への意欲を高めると共に、一人一人の自信につなげる。 ●思いに寄り添い、会話することを楽しめるようにする。 ●子どもの創意工夫を認め、表現しようとする意欲を高める。	●就学への期待を共有しながら、子どもに負担を感じさせないように丁寧に関わる。 ●冬から春にかけての自然に触れ、発見する喜びを伝える。 ●個々の表現を認めながら、友達と協力して表現する楽しさを感じられるようにする。

記入のコツ!!
運動会や自分たちで展開する協同的な遊びを見据え、5歳児らしい育ちを期待していることが分かるように記述します。

保育のヒント
5歳児の4期は、卒園に向けての活動が多くなります。就学も目前なので、期待と不安を上手に受け止めながら生活することがポイントになります。

自然：自然との関わり・生命尊重　数・字：数量や図形、標識や文字などへの関心・感覚　言葉：言葉による伝え合い　表現：豊かな感性と表現　を表しています。

幼稚園・認定こども園 年間指導計画

年間指導計画（幼稚園・こども園） → P054-P055 年間指導計画

記入のコツ!!
園で一番年上の5歳児クラスになった喜びは、相当なものです。その嬉しさと自信を、責任感にまで育てていくことが望まれます。

保育のヒント
文字も読めるようになっています。自分で調べることができるように、環境を整えることが重要です。

♣ 年間目標
- 友達と一緒に体を動かしたり、考えたりして様々な表現を楽しむ。
- 自分の考えや思いを言葉で相手に伝え、相手の話も聞こうとする。
- 季節ごとの園内外の自然に親しみ、生活に取り入れる楽しさや大切さを知る。
- 友達や保育者と関わり合いながら、協同的な経験や活動に取り組む。

	1期（4〜6月）	2期（7〜9月）
子どもの姿	●進級したことを喜んでいるが、新しいクラス担任や友達と過ごすことに、戸惑いを感じている。 ●5歳児になったことを自覚して、積極的に新入園児の世話をしようとする。	●数人で遊ぶが、思い違いやルール認識の違いにより、トラブルが増える。 ●3、4歳児に優しく声をかけて、世話をしようとする。 ●簡単なルールのある遊びやゲームを楽しむ。
◆ねらい	●5歳児クラスになったことを自覚し、新しいクラス担任や友達に親しむ。自立 ●身近な植物や小動物、春の自然に興味や関心をもつ。自然 ●様々な体験を通して、安全な園生活について考える。健康 思考	●自分の思いや考えを友達と伝え合いながら遊ぶ。言葉 ●身近な自然に積極的に興味をもって関わり、生活に取り入れる。自然 ●してよいことか悪いことかを考えながら生活する。規範
★内容	●5歳児クラスの生活の流れを理解し、新しい友達や保育者に親しみ、自分から進んで関わろうとする。 ●身近な草花や虫を見たり、触れたりして、不思議さや楽しさを感じる。 ●友達や保育者と体を動かす活動に取り組む。	●苗を植えたり、種をまいたりした野菜、イネなどの生長や変化に気付く。 ●花や木の実などに、五感で関わる。 ●水遊びのルールを守り、水に親しみながら全身を動かす楽しさを知る。 ●お泊まり保育で、家庭から離れて園に1泊することで自信をもつ。
環境構成	●子ども同士で当番活動やグループを決める話し合いの場を設ける。 ●様々な材料を準備し、子どもが自由にお店づくりをできるようにする。 ●新しい友達との関わりが広がるように、様々な集団ゲームや体を動かす活動を取り入れる。 ●緊急時でも安心して行動できるような指示の出し方や、決まりを工夫する。	●一人一人の意見や考えを十分に受け止め、互いのよさを認め合えるような雰囲気をつくる。 ●自然に関する図鑑、絵本などを準備し、興味をもったことを積極的に調べられるようにする。 ●お泊まり保育や水遊びを実施する前に、園で作成したスライド教材を視聴して、イメージがもてるようにする。
保育者の援助	●一人一人の子どもと十分に触れ合い、温かく受け止めながら、信頼関係を築く。 ●友達との関わりが少ない子には、保育者が一緒に活動に加わって関係づくりを援助する。	●畑やたんぼに農作物の観察に行ったり、世話をしたりして、収穫までの期待が膨らむようにする。 ●自然と接する際に子どもが感じた驚きや不思議に感じる気持ちを受け止め、興味や関心が広がるようにする。 ●クズの花、ミョウガ、シソ、クリなど、五感を刺激するような自然と触れ合い、感想を伝え合う。

「幼児期の終わりまでに育ってほしい姿」の 健康：健康な心と体　自立：自立心　協同：協同性　規範：道徳性・規範意識の芽生え　社会：社会生活との関わり　思考：思考力の芽生え

小学校との連携

- 小学校教職員と情報交換を行い、円滑な接続ができるようにする。
- 小学校との交流会を通して、就学に期待をもてるようにする。
- 要録を送付し、一人一人の特性や配慮点など引き継ぐ機会をもつ。

3期(10~12月)	4期(1~3月)
●様々な場面で、友達と話し合ったり譲り合ったりする気持ちがもてるようになる。 ●目標をもち、自分の力を発揮しながら友達と協力して、活動に取り組もうとする。	●就学を意識し、自分の力で様々なことに取り組もうとする。 ●複雑なルールのある遊びに取り組み、保育者と共に楽しむ。
●友達と目的をもった活動に取り組む楽しさや、体を十分に動かすことを味わう。[協同] ●秋から冬にかけての自然の変化に気付き、生活に取り入れる。[自然] ●友達と共通のイメージをもち、楽しく表現する。[表現]	●自立した行動で、充実した園生活を送る。[自立] ●一人一人の力を出し合い、友達と相談しながら、目的に向かってやり遂げる達成感を味わう。[自立][協同] ●生活の中の文字に興味をもつ。[数・字]
●様々な行事や活動に参加する中で、友達と目標に向かって取り組む。 ●友達と競い合ったり協力したりする中で、体を思いきり動かす楽しさを味わう。 ●作物の世話や収穫、調理に携わることで、食べ物ができるまでの過程を知り、大切にする気持ちをもつ。	●園生活の楽しかったことを振り返り、更に友達と様々な遊びや活動に、進んで取り組む。 ●相手の気持ちを考えながら、協力し合う楽しさを味わう。 ●小学校を訪問し、小学校生活に期待をもつ。
●様々なイメージをもった表現を友達と共有し、大切にできるようにする。 ●接着剤やビニール袋などを用意し、様々な自然物を使って遊べる環境を設定する。 ●公共の交通機関や施設を利用することで、社会的なルールや公共の場でのマナーに意識を向けられるようにする。	●卒園に向けて、一人一人が成長したことに気付けるよう話し合いの場をもつ。 ●5歳児クラスとしての自覚がもてるような緊張感のある場面をつくる。 ●園生活を振り返り、様々な人に感謝の気持ちがもてる場を設ける。
●子どもが互いに認め合えるような雰囲気をつくり、自信がもてるようにする。 ●一人一人が達成感、充実感、自信をもてるよう、様々な経験や活動に取り組めるようにする。	●小学校での様子を伝え、椅子に座って生活することや時間を見て行動することなど、小学校での生活の仕方を知らせる。 ●小学校との連携がスムーズにできるように、就学先の小学校の教師と話し合う。 ●友達のよいところに気付いたり、一人一人が意識して、けじめのある行動をしたりできるよう言葉をかける。

 記入のコツ!!

5歳児は、園外に出かける機会が増えます。社会における望ましい行動の仕方を身に付けるチャンスをつくります。

 記入のコツ!!

小学校での生活に順調に移行するためには、小学校の生活を具体的に伝えることが必要です。計画の中にもきちんと位置づけましょう。

[自然]:自然との関わり・生命尊重　[数・字]:数量や図形、標識や文字などへの関心・感覚　[言葉]:言葉による伝え合い　[表現]:豊かな感性と表現　を表しています。

保育園 年間指導計画 文例

年間目標を軸に、健康面や安全面に配慮し、子どもたちが就学を楽しみにしながら充実した日々を過ごせるような見通しを立てます。

♣ 年間目標

- 自分でできることの範囲を広げながら、生活に必要な習慣や態度を身に付ける。
- 自然や身近な事象に興味や関心をもち、豊かな心情や知的好奇心、探究心を高める。
- 友達との関わりを十分に楽しみ、意欲的に遊びや生活に取り組むと共に主体的に行動し、充実感を味わう。
- 生活習慣を身に付け、就学への期待をもって生活する。[健康][自立]
- 身近な自然を見たり触れたりし豊かな感性を育て、感じたこと、考えたことを様々な方法で表現する。[自然][表現]
- 保育者や友達に対して、思ったこと、考えたことを言葉で伝える。[言葉]

🏫 小学校との連携

- 小学校の付近を散歩で訪れたり、話をしたりして、小学校への期待を膨らませる。
- 小学校の見学や給食の試食会などを企画して、就学への不安を解消し、心の準備を支える。

👧 子どもの姿

- 友達と季節の歌を歌ったり、曲に合わせて踊ったりすることを楽しむ。
- 自分の思いを相手に伝えながら遊ぶ。
- 戸外遊びや散歩に出かけ、春の自然に触れて遊ぶ。
- 年下の友達に優しく関わる。
- ビオトープをのぞいて、生き物を興味深く見る。
- 収穫を楽しみにしながら、進んで野菜の世話を行う。
- 絵本や童話を見たり聞いたりして、内容や言葉のおもしろさを知り、ストーリーの展開を楽しむ。
- 休み中に体験したことを、遊びの中に取り入れて楽しむ。

★ 内容（養護）

- 5歳児クラスになったことを喜び、異年齢児に優しく接し、親しみの気持ちをもつ。
- 友達と一緒に歌ったり、身体表現をしたりすることを楽しむ。
- 自分から衣服の調整をする。
- 保育者や友達の話をよく聞き、内容を理解する。
- 汗の始末や衣服の調節、水分補給、休息を取るなどの、夏の生活の仕方を知る。
- プールや水遊びの決まりを理解し、守りながら思いきり楽しむ。
- 友達や異年齢児に思いやりの気持ちをもって関わる。
- 自分の言いたいことを分かるように話すと共に、友達の話すことにも関心をもち、よく聞こうとする。
- 友達と役割を分担したり、力を合わせたりして遊びや生活を進める。
- 季節の変化に気付き、収穫を喜んだり自然物を使った遊びを楽しんだりする。
- 就学への喜びや期待を膨らませ、意欲的に生活する。
- 自分たちでルールを決めたり、遊び方を考えたりしながら、十分に体を動かして遊ぶ。
- 冬の身近な事象に興味をもち、それを取り入れて遊んだり、動植物の様子から春の訪れを感じたりする。
- いろいろな体験を通してイメージを膨らませ、友達や身近な人と、感動したことを伝え合う。
- 好きな遊び、気に入った場所を見付け、安定した気持ちで生活する。

◆ ねらい

- 安心して快適な生活を送る。[健康]
- 生活を通して経験を広げ、友達とのつながりや異年齢児との関わりを深める。[自立][協同]

「幼児期の終わりまでに育ってほしい姿」の　[健康]：健康な心と体　[自立]：自立心　[協同]：協同性　[規範]：道徳性・規範意識の芽生え　[社会]：社会生活との関わり　[思考]：思考力の芽生え

- ●自分の思いや考えたことを、十分に表現する。
- ●自信をもってみんなの前で、言葉で伝えられるようにする。
- ●体調の悪い際には、自分で伝えられるようにする。
- ●一人一人のアイデアを受け止め、安心して表現する。

★ 内 容（教 育）

- ●異年齢児と関わって遊ぶことを楽しむ。
- ●見たことや考えたことを、いろいろな材料を使い工夫して表現する。
- ●友達と共通のイメージをもって、動きや言葉で表し、人前で表現することを楽しむ。
- ●友達と一緒に、音楽や造形などで自由に表現したり、演じたりすることを楽しむ。
- ●自然や身近な事象に関心をもち、生活や遊びに取り入れ、試したり調べたりする。
- ●当番活動に意欲的に取り組む。
- ●歯の健康に興味や関心をもち、食後に歯磨きをする。
- ●創意工夫しながら、様々な遊びを楽しむ。
- ●散歩に出かけ、自然に触れて遊ぶ。
- ●日本の伝統行事に参加し、由来やしきたりを知る。
- ●保育者の手伝いを進んで行い、人の役に立つことを嬉しく感じる。
- ●日常生活の中で、数、量、形、位置、時間などに気付く。
- ●卒園に向け、今までお世話になった方々に感謝の気持ちをもつ。
- ●文字の読み書きに興味をもち、自分の名前を書いたり友達に手紙を書いて渡したりすることを楽しみにする。
- ●ドッジボールやサッカーなど、ルールのある集団遊びを楽しむ。
- ●音楽に親しみ、歌ったり踊ったり、楽器を演奏したりすることを楽しむ。
- ●病気の予防に関心をもち、手洗い、うがいを積極的に丁寧に行う。
- ●野菜を栽培して生長を楽しみにし、収穫して味わう。
- ●水遊びの約束事を知り、水の危険性を知ったうえで楽しく遊ぶ。

 環境構成

- ●遊具や用具などを点検し、安全に使うことができるようにする。
- ●遊びがより発展するよう、材料や用具の種類、提示の方法や場の構成を工夫する。
- ●身近な事象や動植物と十分に触れ合った後に、絵本や図鑑で調べられるような場をつくる。
- ●水や砂に十分に触れられるように環境を整える。
- ●想像力やイメージを膨らませて楽しめるよう、絵本や童話を用意する。
- ●秋の空の美しさや木の実、落ち葉に触れるなど、自然事象が観察できる機会をもつ。
- ●自然物でつくった作品を飾るコーナーを設ける。
- ●劇遊びに必要な物をいつでもつくれるよう、画用紙、段ボール板、ポスターカラーなどの材料を十分に用意する。

 保育者の援助

- ●担任の入れかわりがあるので、職員同士で十分に話し合って引き継ぎをし、一人一人の子どもの様子などを把握する。
- ●進級したことを共に喜び、一人一人と向き合いながら安心できるような言葉をかける。
- ●水の危険性について知らせ、約束を守って安全に遊べるようにする。
- ●子どもたちが相談したり協力したりできるよう、十分な時間を確保し、自分たちの生活を組み立てられるようにする。
- ●日々の様々な出来事について、一人一人の気持ちに寄り添いながら会話することを楽しむ。
- ●子どもの創意工夫を認め、表現しようとする意欲を高められるようにする。
- ●就学への期待と喜びを共有しながら、子どもに負担を感じさせないよう、丁寧に関わる。
- ●自然と触れ合える機会を大切にし、試したり発見したり、考えたりする楽しさを味わえるようにする。
- ●友達やクラス全体でたくさん遊べるように、時間をつくる。

年間指導計画 文例

幼稚園／認定こども園

自分でできることが広がり、他者との関わりも深まってきます。一年間を見通して5歳児にふさわしい保育ができるように、年間指導計画を作成していきます。

年間指導計画（幼稚園・こども園） → P058-P059 年間指導計画文例

♣ 年間目標

- 友達と思いや考えを出し合い、関わりながら意欲的に活動する。
- 生活に見通しをもちながら活動を進める。
- いろいろなことに挑戦し、自分なりに工夫しながらくり返し行い、満足感を得る。
- 身近な自然現象に興味や関心をもち、触れたり遊びに取り入れたりする。
- 様々な人と関わる中で情緒を育み、その場に応じた態度を身に付ける。

小学校との連携

- 小学校教職員に行事へ参加してもらったり、おたよりを配布したりするなど情報交換を行う。
- 一年を通じて交流会や情報交換が行えるよう、小学校教職員と計画を立てる。

子どもの姿

- 固定遊具の遊び（鉄棒、うんていなど）で、自分のできるようになったことをくり返し、保育者に見てもらうことを喜ぶ。
- 保育者の話を聞いて、自分なりに動こうとする。
- やるべきことに自ら気付き、自信をもって行動する。
- 昼食時の当番活動などを、ほとんどの子が、「やりたい」と言って行う。
- 自分の考えやイメージを出しながら、好きな友達と一緒に遊ぶ。その中で、少しずつ相手の気持ちや立場が分かる。
- 気の合う友達と共通のイメージや目的をもち、自分たちで役割を決めて遊びを進める。
- 遊びの中で量の多さや少なさに気付いたり、数量、図形、文字に興味をもったりする。
- 手先が器用になり（はさみの使い方、折り紙など）、製作面で自分なりに工夫する。
- クラス全体で、ドッジボールや大なわなどの運動遊びを楽しむ。
- 就学を楽しみにする一方で、不安な姿も見られる。

ねらい

- 新しい環境や生活に慣れ、保育者や友達と一緒に遊ぶことを楽しむ。[健康][協同]
- 友達と関わりながら、思いを伝え合って遊ぶ。[言葉]
- クラスで共通の目的に向かい、戸外で体を動かして、やり遂げた充実感や喜びを感じる。[自立][協同]
- ルールがある遊びの楽しさを知る。[規範]
- 当番活動を責任をもって行う。[自立]
- 身の回りの状況に気を付けて、安全に遊ぶ。[健康]
- 成長した喜びや感謝の気持ちをもち、就学への期待を膨らませる。[自立]
- 絵本や歌からイメージを広げ、様々な方法で表現することを楽しむ。[思考][表現]
- 身近な自然に触れ、季節や生活の変化に気付く。[自然]

内 容

- 5歳児クラスになった自覚をもち、年下の友達に優しく接する。
- お店屋さんごっこについて話し合い、役割を分担して取り組む。
- 災害や防犯のための訓練に参加し、安全な行動の仕方を知る。
- カイコの飼育を通して、その生態や成長、命の大切さに気付く。
- ドングリ、マツボックリ、小枝、草花など、秋の自然物を使った遊びを楽しむ。

「幼児期の終わりまでに育ってほしい姿」の [健康]：健康な心と体 [自立]：自立心 [協同]：協同性 [規範]：道徳性・規範意識の芽生え [社会]：社会生活との関わり [思考]：思考力の芽生え

- ●自分の考えや意見を言葉で表現し、発表したり認められたりする喜びを味わう。
- ●音楽に合わせて歌ったり、せりふを言ったりすることを楽しむ。
- ●時刻や時間を意識して行動する。
- ●あいさつや返事、身支度などを積極的にして、望ましい生活と行動について考える。
- ●霜、雪、新芽の様子、ウメの開花など、身近な冬の自然に触れて親しむ。
- ●新しい素材に触れ、新しい遊びをする。
- ●興味をもった遊びをする中で、友達とのつながりを楽しむ。
- ●友達と同じ物を持ったり、同じ動きをしたりしながら、遊びを楽しむ。
- ●昼食時の合同ランチ（学年で行う昼食）で、他のクラスの友達と話したり、触れ合ったりし、いろいろな友達がいることを知る。
- ●かるたやトランプをする中で、数や量の大小、文字に関心をもつ。
- ●楽器の正しい扱い方を知り、音を出すおもしろさを感じる（タンバリン、カスタネット、トライアングル、鈴、手づくり楽器）。
- ●持ち物を決められた場所に自分で片付ける。
- ●保育者や友達の話を最後まで聞こうとする。
- ●共同の遊具や用具を、正しく使う。
- ●木片、陶芸用粘土、マリーゴールドの花など、様々な材料を用いた製作を楽しむ。

- ●植物や昆虫、小動物など、興味をもったことがすぐに調べられるように、子どもが扱いやすい図鑑を用意する。
- ●はさみ、のり、クレヨン、絵の具などを使い、様々な製作活動に取り組めるように道具や素材をそろえる。子どもの発想や工夫を生かして表現できるように対応する。
- ●園での生活の流れが意識できるように、活動を分かりやすく掲示する。
- ●落ち着いてじっくり遊びに取り組めるように、時間や場を確保する。
- ●運動会や発表会などでは、子どもの「やりたい」という気持ちが生かせるような取り組み方を考える。

保育者の援助

- ●かるたやトランプ遊びなどは、個人の理解力に配慮しみんなが楽しめるように行い、その中で文字や数に興味がもてるように援助する。
- ●園生活の流れや時間を意識して、必要な行動ができるように言葉をかける。
- ●いろいろな言葉の表現が分かるように、遊びや生活に応じた絵本を読む。
- ●友達と関われない子には、保育者が一緒に活動し、関係づくりを援助する。
- ●畑やたんぼに農作物の観察に行ったり、自分たちで水やりなどの世話をしたりして、収穫までの期待が膨らむように言葉をかける。
- ●自然の中で、子どもが感じた驚きや、不思議に感じる気持ちを受け止め、更に興味や関心が広がるようにする。
- ●クズ、ミョウガ、シソの花などの、においや色を楽しみ、五感を使いながら春の自然への興味や関心がもてるようにする。
- ●一人一人が互いに認め合えるような雰囲気をつくり、自信がもてるようにする。
- ●小学校での生活の様子を伝え、椅子に座って話を聞くことや、時計を見て行動することなど、生活の仕方を指導する。

環境構成

- ●今まで親しんできた遊びが引き続きできるよう、玩具や遊具を用意する。5歳児クラスの新しい玩具も出しておき、興味がもてるようにする。
- ●新しい保育室、遊具の使い方、生活の仕方を子どもたちと確認する。
- ●友達がしている遊びができるように、玩具などは十分な数を用意する。
- ●プール遊びでは、自分なりの目標をもって挑戦することができるように道具をそろえる。

こんなときどうする？ 年間指導計画 Q&A

Q 幼稚園から保育園に移りました。年間計画で異なる点はありますか？

A 園によって項目に違いがある

　保育園では、内容を「養護」と「教育」に分けて書く場合があります。また、保育時間が長いので、午睡や夕方の配慮、室温や湿度の調整などについても記述します。園によって年間計画の形式は違いますので、その園の方針や慣例に従い、必要な項目について計画を立てていきましょう。

Q 「年間目標」が毎年同じようになってしまいます。見直しのポイントを教えてください

A 前年度の「評価・反省」を読み返してみる

　月、週、日などの計画ごとに「評価・反省」を書いていますから、読み返してみましょう。年間目標が妥当であれば毎年変える必要はありません。担任間で相談し、今年度はぜひここに重点を置きたいということがあれば、「内容」を見直すとよいでしょう。

Q 年間の4期を通じて、同じ「ねらい」「内容」でもいいですか？

A 4期に分け、細分化した「ねらい」「内容」を記入する

　4期を通じて同じであれば、それは年間の「ねらい」「内容」です。わざわざ4期に分けてあるのですから、その「ねらい」「内容」を更に細分化して書いたほうがよいでしょう。言葉で示せるということは、一つ一つ先の見通しがついているということなのです。

第3章

月案の立て方

クラスで一つ作成する「月案」は、4月から3月までの12か月を、表と各月の文例付きで紹介しています。

5歳児の月案

おさえたい ③ つのポイント

月ごとに特に力を入れて保育をする視点を書き表す月案。前月と同じ記述では意味がありません。当たり前のことにならないよう、その月独自の記述を目指しましょう。

① 仲間と共にいるよさを感じる

友達がいるからこそ園が楽しい、仲間がいるからこそ一人ではできない遊びができ、大きな喜びが味わえる、ということが感じられるような活動を取り入れていきましょう。一人一人のよさを生かしながら、それぞれが活躍できるように配慮します。

② 当番活動で役に立つ喜びを

みんなのための仕事をすることにより、園生活が楽しく営まれることを知ります。人の役に立つ喜びを感じ、もっと自分にできることはないか探せるようになるとよいですね。自分たちの生活を自分たちでつくり上げていく、という意識を育てましょう。

③ 挑戦する遊びで粘り強さを

運動機能が発達し、複雑な動きができるようになります。鉄棒や、なわとび、とび箱などに挑戦する環境を用意しましょう。何度も取り組むうちに、だんだん上手になっていくことを実感し、やればできるという「有能感」を感じられるようにしたいものです。

保育園

今月初めの子どもの姿

- 5歳児になったことに①や期待を感じて生活している。
- 環境が変わり、緊張している子や、落ち着かない子がいる。
- 仲のよい友達と誘い合って遊ぶが、意見の食い違いからぶつかり合い、けんかになることもある。

		★ 内容
養護	生命の保持・情緒の安定	●新しい環境の中で、無理なく安心して過ごす。 ●気持ち⑤け止めてもらい、保育者との信頼関係を築く。
教育	健康・人間関係・環境・言葉・表現	●新しい生活の流れやルールに気付き、できることは自分で行う。 ●友達や保育者と、好きな遊びを楽しむ。 ●5歳児になったことを喜び、年下の子に親しみをもって、進んで関わろうとする。 ●身近な春の自然に興味や関心をもち、見たり触れたりして遊ぶ。 ●絵本や紙芝居を見て楽しむ。 ●友達と一緒に歌ったり、リズムに合わせて体を動かしたりして楽しむ。 ●身近な材料を使い、こいのぼりをつくって楽しむ。

♥ 食 育

＜ねらい＞●基本的な⑨を身に付け、なごやかな雰囲気の中で楽しく食事をする
＜環境構成＞●ゆったりとした雰囲気で食事ができるように、各テーブルに季節の花を飾るなどする。
＜予想される子どもの姿＞●毎日決まった席で友達と食べる。
●おしゃべりに夢中になり、食事が進まない子がいる。
＜保育者の援助＞●保育者は食事用エプロンを着用する。
●食べることに意識が向くように働きかける。

① 前月末の子どもの姿
前月末の園生活における子どもの育ちの姿をとらえます。興味や関心、どんな気持ちで生活しているのかなどを詳しく書きます。※4月は「今月初めの子どもの姿」となります。

② ねらい／月のねらい
今月、子どもたちに育みたい資質・能力を、生活する姿からとらえて書きます。本書は「幼児期の終わりまでに育ってほしい姿」と関連のある「ねらい」にマークを入れています。

③ 月間予定
園またはクラスで行われる行事を書き出します。

④ 週のねらい（幼稚園・認定こども園）
今週、「子どもの中に育つもの・育てたいもの」です。どのように心情・意欲・態度が育つのかを踏まえて、「ねらい」を立てます。

⑤ 内容
「ねらい」を達成するために「経験させたいこと」です。環境に関わって展開する具体的な活動を通して総合的に指導されるものです。

⑥ 環境構成
「ねらい」を達成するために「内容」を経験させる際に、どのような環境を設定したらよいかを具体的に書きます。

⑦ 予想される子どもの姿（保育園）
環境構成された場に子どもが入ると、どのように動き、どのように活動するのかを予想して書きます。

⑧ 保育者の援助
「ねらい」を達成するために「内容」を経験させる際に、どのような保育者の援助が必要かを具体的に書きます。

⑨ 食育
「食育」のための援助について、環境のつくり方から保育者の言葉かけまで、具体的に書きます。

⑩ 職員との連携
担任やクラスに関わる職員間で、子どもや保護者の情報を共有したり助け合ったりできるよう、心構えを記します。

⑪ 小学校との連携
今月、小学校教員とどのようなやり取りがあるかを記します。小学校の行事や現在の状況を理解することも必要です。

⑫ 家庭との連携
保護者と園とで一緒に子どもを育てていくうえで、伝えることや尋ねること、連携を図って進めたいことについて記載します。

⑬ 評価・反省
翌月の計画に生かすため、子どもの育ちの姿を通して、「ねらい」にどこまで到達できたか、援助は適切だったかを振り返って書き留めます。

幼稚園・認定こども園

今月初めの子どもの姿 ①
- 5歳児クラスになったことを喜び、嬉しそうに登園してくる。
- 新しいクラスへ進級する期待があるが、新しい友達との出会いに不安を感じている子もいる。

月のねらい ②
- 進級を自覚して、新しい友達や保育者に親しむ。【自立】【協同】
- 園内の春の自然に親しみ、親しんだ食材を調理して食べたりすることを楽しむ。【自然】

月間予定 ③
- 始業式
- 入園式
- 新入園児歓迎会
- 個人面談
- 親子レクリエーション
- ヨモギ団子づくり
- 誕生会（以後、毎月）

	第1週	第2週	第3週	第4週
週のねらい ④	●始業式、入園式に参加する。●自己紹介し、新しい保育者や友達を知る。	●新しい保育者や友達に親しむ。●5歳児に進級したことを自覚して行動する。●園庭の春の自然の様子に気付く。	●いろいろな経験、活動を通して新入園児を歓迎する気持ちをもつ。●友達と一緒に一つの作品をつくる楽しさを知る。	●母の日のプレゼントづくりをして、母親に感謝の気持ちをもつ。●簡単なルールのある遊びを楽しむ。
内容 ⑤	●新しい園生活に期待をもち、楽しみにしながら登園する。●新しい保育室、靴箱、ロッカーの場所を知る。	●気の合う友達と、集団遊びや触れ合い遊びを楽しむ。●新入園児と関わって遊ぶ。	●新入園児歓迎会に参加して、言葉や歌をプレゼントする。●友達と相談しながら、こいのぼりづくりや当番表づくりを楽しむ。	●母親へ感謝の気持ちをもちながら「スクラッチのしおり」をつくる。●戸外で体を動かして、集団遊びを楽しむ。
環境構成 ⑥	●子どもが安心して遊びはじめられるように、昨年度まで使っていた親しみのある遊具を用意する。●靴箱、ロッカーに、名前やマークをはっておく。●春らしい壁面装飾を施し、お祝いの気持ちを表す。	●自分の好きな遊びが見付けられるよう、体を動かして遊ぶ物、つくって遊ぶ物、ごっこ遊びをする物など、様々な遊具を準備する。●3歳児が早く園に慣れるためにはどうすればよいかを考えられるよう、話し合いの場を設ける。	●新入園児が分かる言葉、親しみのもてる歌を選ぶ。●こいのぼり用の模造紙、手形を押すための用具を出す。	●スクラッチのしおりをつくるための用紙、画材、リボンなどを用意する。●園庭に円をかいてボールを置いておき、子どもが自発的に円形ドッジボールに取り組めるようにする。
保育者の援助 ⑧	●自己紹介では、一人一人を援助し、安心して自分の名前が言えるように言葉を添える。●保育者に親しみを感じられるよう、一人一人の名前を呼びながら一緒に触れ合い遊びをしたり、歌ったりし、緊張感がほぐれるようにする。	●保育者が仲介し、新しい友達関係が広がるように配慮する。●好きな遊びや、自分の居場所を見付けて楽しめるように声をかける。●春の自然に気付いたり触れたりしたときの子どもの驚き、発見などを受け止め共感し、興味や関心が広がるようにする。	●新入園児には優しく声をかけることを伝える。●こいのぼりには全員が手形を押し、「みんなでつくったこいのぼり」という意識がもてるように言葉をかける。	●スクラッチで模様が出てくる不思議さや驚きを受け止めて共感する。●ルールのあるボール遊びや鬼ごっこなどを紹介して、ルールを守ると楽しく遊べることを伝える。

食育 ⑨
- ヨモギつみに出かけ、ヨモギの葉の特徴を話して、子どもがつめるようにする。
- タケノコ掘りで、タケノコがある場所が分かるように声をかける。
- ヨモギ団子、タケノコの煮物をつくることを伝え、期待がもてるようにする。

職員との連携 ⑩
- バスの運転職員など園全体に、タケノコの収穫への補助を依頼する。
- 進級児について、昨年度の担任から聞き取りをして発達段階をも把握する。

小学校との連携 ⑪
- 地域の小学校に連絡をしてあいさつに行く。情報交換や交流会などについて話す。

家庭との連携 ⑫
- 調理用エプロンを持参してもらう。
- クラスだより、園だよりを配布して、園の保育や食育について知らせる。
- 親子レクリエーションへの参加を呼びかける。
- 個人面談で園や家庭の様子を伝え合い、今後の保育を進めるうえでの参考にする。

評価・反省 ⑬
- 子ども同士は全員の名前を覚えているわけではないが、新しいクラスを一緒に遊ぶ楽しさを感じているようくなれるように、様々な遊びを通して友達との関係を広げていきたい。

月案（保育園）→ P064-P065 4月の月案

4月の月案 ここがポイント！

園で一番上のお兄さん、お姉さんとして

5歳児クラスになり、喜びいっぱいの子どもたち。その喜びを受け止めながらも、新しい保育室で新しい暮らしを始めていくための環境づくりが重要です。すべてを保育者が準備するのではなく、どうしたら生活しやすいか、どんなことをしたら年下の子どもたちが喜ぶかを子どもたちと相談しながら、保育室やクラスのシステムをつくり上げていきましょう。

4月月案 ゆり組

今月初めの子どもの姿
- 5歳児になったことに喜びや期待を感じて生活している。
- 環境が変わり、緊張している子や、落ち着かない子がいる。
- 仲のよい友達と誘い合って遊ぶが、意見の食い違いからぶつかり合い、けんかになることもある。

		★ 内 容
養護	生命の保持・情緒の安定	●新しい環境の中で、無理なく安心して過ごす。 ●気持ちを受け止めてもらい、保育者との信頼関係を築く。
教育	健康・人間関係・環境・言葉・表現	●新しい生活の流れやルールに気付き、できることは自分で行う。 ●友達や保育者と、好きな遊びを楽しむ。 ●5歳児になったことを喜び、年下の子に親しみをもって、進んで関わろうとする。 ●身近な春の自然に興味や関心をもち、見たり触れたりして遊ぶ。 ●絵本や紙芝居を見て楽しむ。 ●友達と一緒に歌ったり、リズムに合わせて体を動かしたりして楽しむ。 ●身近な材料を使い、こいのぼりをつくって楽しむ。

食 育

<ねらい>●基本的なマナーを身に付け、なごやかな雰囲気の中で楽しく食事をする。
<環境構成>●ゆったりとした雰囲気で食事ができるように、各テーブルに季節の花を飾るなどする。
<予想される子どもの姿>●毎日決まった席で友達と食べる。
●おしゃべりに夢中になり、食事が進まない子がいる。
<保育者の援助>●保育者は食事用エプロンを着用する。
●食べることに意識が向くように働きかける。

◆ ねらい

- 保育者に意欲を認められ、安定した生活を送る。[健康]
- 新しい環境での生活に慣れ、身の回りのことを自ら進んで行う。[自立]
- 進級した喜びを味わい、友達や保育者と好きな遊びをする。[協同]
- 春の自然や動植物に、興味や関心をもって関わる。[自然]

月間予定

- 入園・進級を祝う会
- タケノコ掘り
- 造形遊び
- 運動遊び
- 身体測定
- 避難訓練
- 安全管理訓練

4月 月案 * 保育園

環境構成	予想される子どもの姿	保育者の援助
●机の配置などを工夫し、明るく楽しい環境をつくる。 ●進んであいさつをし、明るい雰囲気をつくる。	●保育環境や担任が変わったことで緊張もあるが、友達と楽しく遊ぶ。	●新しい生活の不安や緊張を認め、安心して過ごせるようにする。 ●生活を見守りながら、必要に応じて援助し、信頼関係を築く。
●身の回りのことが自分でできるよう、ロッカーの場所などを工夫する。 ●遊具や用具を安全に使えるよう、使い方や決まりについて確認する。 ●異年齢児と遊べるよう、遊具や用具を十分に用意する。 ●当番表をつくり、子どもが確認しやすいところにはる。 ●自分の思ったことを話したり、友達の話を聞いたりする時間をつくる。 ●親しみのある曲や、リズミカルな曲を用意する。 ●いろいろな素材や道具を用意する。	●生活の流れを理解し、身の回りのことを進んで行う。 ●保育者や気の合う友達と、好きな遊びを思いきり楽しむ。 ●5歳児になった喜びから、年下の友達に親しみをもち、手伝いや世話などを行う。 ●動植物に興味をもち、当番活動に進んで取り組む。 ●絵本をくり返し読む。 ●友達と一緒に季節の歌を歌ったり、曲に合わせて踊ったりする。 ●いろいろな素材を使い、友達と一緒に楽しくつくる。	●自分でする姿を見守り、できたときはほめて、意欲がもてるようにする。 ●保育者も一緒に遊びながら、遊び方を伝える。 ●異年齢児と関わることで、5歳児としての自覚をもち、思いやりの気持ちを育めるようにする。 ●動植物の世話を保育者が一緒に行い、育て方を伝える。 ●静かな雰囲気の中で、話の内容が十分に伝わるように配慮する。 ●保育者も一緒に歌ったり踊ったりして、楽しさを共有する。 ●自分のイメージした物をつくれるよう、言葉をかけたり手伝ったりする。

職員との連携

- クラス運営の方向性や個別に必要な配慮について話し合い、一人一人が安心して過ごせるようにする。また、前年度の担任から家庭環境や発達面について引き継ぐ。

小学校との連携

- 小学校教職員と、年間を通した保小連携、交流会などの計画を立てる。

家庭との連携

- 5歳児としての活動を伝え、園への理解と、様々な面での協力を得られるようにする。
- 新しい環境になり、自信をもって取り組んでいる子どもの様子を知らせ、保護者と信頼関係を築く。

評価・反省

- 進級して新しいクラスになったことを喜び、意欲的に活動に取り組んでいた。年下の子の世話や手伝いも積極的に行い、5歳児としての自覚をもち始めているようだ。
- 5歳児としての活動も増えたことで、期待と喜びが増し、園生活を楽しんでいる。これからも友達との関わりを深めながら、様々な取り組みに興味や関心をもち、たくさんの経験ができるようにしたい。

[自然]:自然との関わり・生命尊重　[数字]:数量や図形、標識や文字などへの関心・感覚　[言葉]:言葉による伝え合い　[表現]:豊かな感性と表現　を表しています。

5月 月案 保育園

月案（保育園） → P066-P067 5月の月案

5月の月案 ここがポイント！

係の活動を意欲的に

　みんなの生活をよりよくするためにしたらいいと思うことを、自分で見付けられるようにしましょう。夏野菜を植えたら、世話は気の向いたときだけする、というわけにはいきません。毎日の水やり、観察、みんなへのお知らせなど、継続して取り組むことで大きな力が育ちます。年下の子の世話など、自分の仕事として積極的に活動する姿を認め、紹介したいものです。

5月月案 ゆり組

前月末の子どもの姿

- 5歳児としての生活に慣れ、当番活動に張り切って取り組む。
- 経験したことを、保育者や友達に喜んで話している。
- 戸外遊びや散歩で春の自然に触れながら遊ぶ。
- 友達との関わりを広げながら、体を動かして遊ぶ。

		★ 内 容
養護	生命の保持・情緒の安定	●環境の変化や休み明けによる疲れを感じず、快適に過ごす。 ●気持ちを受け止められ、安心して生活する。
教育	健康・人間関係・環境・言葉・表現	●戸外遊び、運動遊びを通して、体を動かす楽しさや心地よさを味わう。 ●当番活動で年下の子の世話をし、親しみや思いやりの気持ちをもつ。 ●夏野菜やイネの生長に期待をもち、観察や世話をする。 ●和太鼓や鍵盤ハーモニカを使い、リズム遊びを楽しむ。 ●相手の話を聞き、自分の思いを言葉にして伝える。

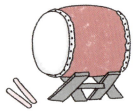

食育

<ねらい>●夏野菜やイネを育て、収穫を期待し、世話をする。
<環境構成>●プランターやバケツなど、植えるための容器と、野菜やイネの苗を準備する。
●食事の準備や片付けが自分でできるよう、食器をそろえる。
<予想される子どもの姿>●苗を植えることを楽しみ、友達と一緒に作業をする。
<保育者の援助>●苗の植え方を丁寧に伝える。また、植えた後の世話の仕方を伝え、収穫を楽しみにできるようにする。

◆ ねらい

- 健康な生活の仕方を知り、身の回りのことを自分から進んで行う。 健康 自立
- 保育者に思いや欲求を伝え、楽しい雰囲気で、情緒の安定した生活を送る。 健康 言葉
- 夏野菜やイネの生長に興味や関心を抱き、親しみをもって世話をする。 自然
- いろいろな楽器に触れ、表現を楽しむ。 表現

月間予定

- 保育参加週間
- トマト狩り遠足
- サツマイモの苗植え
- 安全管理訓練
- ジャガイモ掘り
- 身体測定
- 避難訓練
- 田植え

5月　月案 ＊ 保育園

環境構成	予想される子どもの姿	保育者の援助
●活動と休息のバランスを考え、十分に休める場と時間を設ける。 ●安心して意見や思いを表せる雰囲気をつくる。	●連休で不規則になった生活リズムを取り戻し、落ち着いた雰囲気の中で元気に過ごす。 ●友達や保育者に楽しかった出来事を話したり、自分の意見や思いを伝えようとしたりする。	●疲れが出やすい時期なので、一人一人の体調を把握して対応する。 ●子どもの気持ちを受け止め、安心して過ごせるようにする。
●遊具を点検し、楽しく遊びを展開できるように準備する。 ●当番活動に期待がもてるように札を用意し、場所や配置を考える。 ●苗を植えるのに必要な道具を用意する。 ●リズムの取りやすい曲を選び、和太鼓やバチを用意する。 ●みんなで集まっていろいろな話をする機会を設け、話をする楽しさが味わえるようにする。	●友達や保育者と、好きな遊びを十分に楽しむ。 ●5歳児になったことを喜び、年下の友達に優しく関わる。 ●夏野菜やイネの生長を喜び、観察したり水やりをしたりする。 ●和太鼓のたたき方や鍵盤ハーモニカの弾き方を知り、楽しく取り組む。 ●自分の思ったことや感じたことを話す。	●保育者も積極的に一緒に遊び、集団で遊ぶ楽しさを伝える。 ●取り組み方を丁寧に伝え、努力している姿や、年下の友達に教える姿を認める。 ●水やりの仕方を伝え、生長や変化に気が付けるよう言葉をかけ、共に観察する。 ●和太鼓の使い方や、リズムに合わせてたたくことの楽しさを伝える。 ●ふだんから子どもの思いや経験したことについての話を聞き、保育者も自分の話をする。

職員との連携

- 園外保育では、事前に行く場所や途中の安全確認のため下見に出向き、当日の流れや保育者の位置、役割を確認し合う。
- 夏野菜を育てる場所を伝え、共有する。

小学校との連携

- 小学校周辺を散歩しながら、就学に向けての話をして小学校生活への期待を膨らませる。

家庭との連携

- 保育参加週間を通して、保護者に子どもの様子を見てもらい、安心感がもてるようにする。
- 活動量が多くなるため、着替えを多めに用意してもらう。

評価・反省

- 気温の高い日が多かったので、半袖に着替えるなどして快適に過ごすように伝えた。
- 楽しみにしていた和太鼓や鍵盤ハーモニカの活動に、意欲的に取り組んでいる。
- 夏野菜やイネの観察をしては、「花が咲いているよ」「赤ちゃんピーマンができているよ」と嬉しそうに報告していた。
- トマト狩りでは、初めての遠足に大興奮で、採ったトマトを食べて喜んでいた。

自然：自然との関わり・生命尊重　数字：数量や図形、標識や文字などへの関心・感覚　言葉：言葉による伝え合い　表現：豊かな感性と表現　を表しています。

保育園 6月 月案

月案（保育園） → P068-P069 6月の月案

6月の月案 ここがポイント！

雨の日を積極的に楽しんで

雨天時には、雨天時にしかできない遊びや楽しみ方があります。レインコートを着て、長靴をはいて傘をさし、「雨の日探険隊」になったり、素材の違うバケツや入れ物を置いて、雨音の違いを聞いたり……。カエルやカタツムリとも仲よくなるチャンスです。そのような活動を、積極的に取り入れ、雨天時を楽しく過ごす機会にしましょう。

6月月案 ゆり組

前月末の子どもの姿

- 夏野菜やイネの生長を喜び、観察や水やりをしている。
- 友達と過ごすことを喜び、話し合いながら遊んでいる。
- いろいろな遊びへの関心が広がり、友達との関わりが活発になる反面、思いがぶつかることもある。

★ 内容

養護 生命の保持・情緒の安定	●気候や体調に応じて適切に調節された環境で、健康に過ごす。 ●気持ちや考えを認めてもらい、安心して生活する。
教育 健康・人間関係・環境・言葉・表現	●友達と一緒に、水、泥、砂に触れ、感触を楽しむ。 ●歯の大切さを知り、歯磨きの習慣を身に付ける。 ●自分の思いを伝えたり、友達の思いを受け入れたりしながら、会話を楽しむ。 ●夏野菜やイネの世話をする中で、生長や変化に気付き、収穫を楽しみにする。 ●身近な小動物の成長に興味や関心をもち、世話や観察を行う。 ●施設訪問で高齢者と触れ合い遊びをし、交流する。 ●梅雨期の自然に興味をもち、見たり調べたりする。 ●和太鼓の活動を通して、夏祭りへの期待感をもつ。

食育

＜ねらい＞●野菜やイネの栽培日記を書く体験から、育てる喜びや楽しさ、期待感などを味わう。
●ソラマメやトウモロコシの皮むきをして興味や関心をもつ。
＜環境構成＞●使いやすい栽培日記帳を用意する。
●エプロン、三角きんを用意してもらう。
＜予想される子どもの姿＞●栽培日記帳に絵をかいたり、書ける子は文字を書いたりする。
＜保育者の援助＞●子どもから野菜などの生長の様子を聞いて、栽培日記帳に記入する。

◆ ねらい

- 梅雨期の健康、安全、清潔に留意し、快適に過ごす。 健康
- 梅雨期の自然や動植物に興味や関心をもち、親しみをもって関わる。 自然
- 友達とつながりを深めながら、互いに言葉を用いて関わり合うようになる。 言葉 協同
- 高齢者と触れ合い、楽しさを味わう。 社会

月間予定

- 個人面談
- 歯科検診
- 避難訓練
- 安全管理訓練
- 造形遊び
- 身体測定
- 運動遊び
- 高齢者施設訪問

6月 月案 ＊保育園

環境構成	予想される子どもの姿	保育者の援助
●温度、湿度を調節し、換気などを行って快適な環境をつくる。 ●じっくりと話を聞いたり、話したりできる時間をつくる。	●自分で休息を取りながら元気に過ごす。 ●なかなか自分を出せない子も、友達との関わりの中で気持ちを表現する。	●家庭と連携しながら一人一人の健康状態を把握し、適切に対応する。 ●気持ちを伝えやすいよう、言葉をかけたり雰囲気づくりを行う。
●遊びが広がるよう、用具を取り出しやすい場所に準備する。 ●歯に関する絵本やポスターを見やすい場所に掲示する。 ●子ども同士が話し合える場を大切にする。 ●図鑑を用意し、興味や疑問をもったことを調べられるようにする。 ●えさ、図鑑、手洗い用のせっけんや消毒液を、子どもが扱いやすいところに設置する。 ●触れ合い遊びで使う道具や、プレゼントを用意する。 ●興味や関心に応じて、必要な物を準備する。 ●和太鼓に取り組める場を用意する。	●友達と一緒に遊びを発展させながら、ごっこ遊びを楽しむ。 ●進んで歯磨きをする。 ●自分たちで育てた夏野菜やイネに関心をもち、変化に驚き、生長を喜ぶ。 ●チャボやカタツムリなどの世話を進んでする。 ●高齢者との関わりで緊張する子がいる。 ●自然事象に興味をもち、友達と一緒に調べる。 ●壁や自分のひざをたたいて、リズムを取る。	●工夫や考えに共感し、友達とつながりを深める様子を見守る。 ●歯磨きの大切さを伝え、進んで歯を磨く姿を認めて自信につなげる。 ●子ども同士で問題を解決できるよう見守り、必要に応じて仲立ちする。 ●気付きに共感し、収穫への期待を膨らませる。 ●命の大切さに気付き、愛情をもって育てられるよう援助すると共に、衛生面に配慮する。 ●高齢者と関わる楽しさを伝える。 ●絵本や図鑑を用意し、一緒に読んだり調べたりすることで興味を広げる。 ●様々な活動に自信をもって取り組めるように進める。

職員との連携

- お泊まり保育に向けて、子どもの様子を伝え合い、個々の気持ちを十分に受け止めながら、期待感をもって参加できるようにする。

小学校との連携

- 園長や保育者が小学校の学校公開日に見学に行き、小学生の様子を保護者に伝えたり、今後の保育に生かしたりする。

家庭との連携

- 梅雨に入り、感染症などが流行し、体調を崩しやすくなるため、健康状態などについて連絡を取り合う。
- 個人面談を通して、家庭や園での様子を共有する。
- 歯科検診の結果を伝え、歯磨きの大切さや口腔衛生について知らせる。

評価・反省

- 蒸し暑い日が多くなった。手洗い、うがい、水分補給の必要性を話すと、進んで行う姿が見られた。
- 一緒に遊びや活動を重ねるごとに、子ども同士のつながりも深まっているようだ。
- 初めての高齢者施設訪問では、少し緊張ぎみな子もいたが、自信につながった。
- 植物の世話や和太鼓の取り組みが自信につながるように、気付きを大切にしたい。

自然:自然との関わり・生命尊重　数字:数量や図形、標識や文字などへの関心・感覚　言葉:言葉による伝え合い　表現:豊かな感性と表現　を表しています。

保育園 7月 月案

7月月案 ゆり組

前月末の子どもの姿

- お泊まり保育を楽しみにする子もいるが、保護者と離れて過ごすことに不安を抱く子もいる。
- 夏野菜やイネ、チャボの世話などで動植物の育ちに気付いている。
- ドッジボールやリレーなど、体をよく動かして遊んでいる。

		★ 内 容
養護	生命の保持・情緒の安定	●活動内容や体調に合わせて水分補給や休息を取り、快適に過ごす。 ●お泊まり保育で自分のことを進んで行い、自信をもって生活する。
教育	健康・人間関係・環境・言葉・表現	●約束をしっかり守りながら、安全にプール遊びを楽しむ。 ●友達と一緒に考えたり、試したりしながら夏の遊びを楽しむ。 ●夏野菜やイネの生長に興味や関心をもって世話をし、収穫を喜ぶ。 ●考えたこと、経験したことを相手に分かりやすい言葉で話し、会話を楽しむ。 ●経験したこと、楽しかったことを絵にかき、表現することを楽しむ。

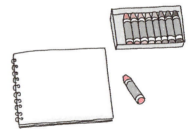

水遊びをダイナミックに

　水の冷たさが気持ちのよい季節です。これまでプールが苦手だった子も、シャワーや水かけ遊びをふんだんに取り入れ、水に潜る喜びと達成感が味わえるようにします。

　ウォータースライダーをつくったり、フープくぐりに挑戦したりするのも楽しいでしょう。できたことよりも、やろうとする姿勢を大いに認め、夏を存分に満喫しましょう。

食育

＜ねらい＞●夏野菜を収穫して給食室で調理してもらい、とれたての野菜の味を楽しむ。
＜環境構成＞●栄養士と連携して、収穫した野菜をメニューに取り入れる計画を立てる。
＜予想される子どもの姿＞●赤くなったトマトを見付けては、収穫しようとする。
＜保育者の援助＞●食べごろになっている野菜を知らせる。
●野菜の様子をよく見て、害虫の駆除などを行う。

◆ ねらい

- 梅雨から夏にかけて、健康、安全、清潔に留意し、快適に過ごす。[健康]
- 友達と水や泥、砂に触れながら遊びを楽しむ。[協同][自然]
- 水遊びのルールを守る。[規範]
- 様々な素材を使って表現を楽しむ。[表現]

月間予定

- お泊まり保育
- 七夕会
- そうめん流し
- 運動遊び
- 造形遊び
- 身体測定
- 避難訓練
- 安全管理訓練

7月 月案 ＊保育園

環境構成	予想される子どもの姿	保育者の援助
●水道やコップの衛生に配慮し、いつでも飲めるようにする。 ●荷物を取り出したり、しまったりしやすいよう、スペースを確保する。	●水分補給をしながら、戸外や室内で遊ぶ。 ●汗をかいたら着替える。 ●身の回りのことを自分でする。	●一人一人の体調を把握し、水分補給や休息を取りながら遊びが楽しめるようにする。 ●身の回りのことをしっかりできるよう言葉をかけたり、ほめたりする中で自信につなげる。
●プール遊びのときの安全、衛生面に配慮する。 ●遊びに使う道具や用具を十分に用意する。 ●水やりをこまめに行い、生長に合わせて肥料をまけるようにする。 ●思いが伝わるように十分な時間を設けたり、話しやすい雰囲気をつくったりする。 ●製作に必要な画用紙や道具を用意する。	●プール遊びの約束を守ろうと気を付ける。 ●友達と一緒に水や泥の感触を楽しみながら、ダイナミックに水遊びや泥遊びをする。 ●自分たちで野菜を収穫し、給食に出た際は苦手な物でも少しずつ食べようとする。 ●楽しかったことを保育者や友達に自分の言葉で話す。また、友達の話にも耳を傾ける。 ●経験したことを思い出しながら、いろいろな素材や用具を使ってかく。	●プールに入る際の約束を確認し、安全に楽しく遊べるようにする。 ●一緒に約束を決めたり、考えたりしながら遊びを広げられるようにする。 ●栽培物の生長を共に喜び、世話をすることの大切さ、食べ物の大切さを伝える。 ●子ども同士が話をする姿を見守り、場面に応じた言葉を補うことで、互いの思いや考えが伝わるようにする。 ●想像が膨らむような言葉をかけたり、一緒に考えたりする。

職員との連携

- プール遊びやシャワーなどの準備の仕方、流れについて職員間で話し合い、安全や衛生面について確認する。

小学校との連携

- 小学校にて、夏休み明けの一年生との交流会について依頼し、打ち合わせを行う。

家庭との連携

- お泊まり保育の内容を伝え、必要な持ち物を子どもと一緒に準備するように伝える。
- 健康状態を把握しながら、プール遊びへの参加の有無を確認し合う。

評価・反省

- お泊まり保育では、自分たちで荷物を運んだり、勇気を出して友達と夜の探険をしたり、何より保護者と離れて過ごせたことが大きな自信につながったようだ。
- 天気のよい日はプール遊びを行い、泳いだり、水鉄砲などの玩具で遊んだりと、夏ならではの遊びを楽しめた。次月は夏祭りもあるので、自信をもって発表できるようにしたい。

[自然]：自然との関わり・生命尊重　[数字]：数量や図形、標識や文字などへの関心・感覚　[言葉]：言葉による伝え合い　[表現]：豊かな感性と表現　を表しています。

活動と休息のバランスを

　子どもたちは背が低いため、地面からの反射熱を受けやすく、大人が感じるよりも暑い中で活動します。夏祭りの準備や和太鼓の練習など、夏ならではの取り組みが盛りだくさんですが、休息や水分補給に配慮しましょう。

　また、午前中や夕方といった比較的涼しい時間帯を上手に活用して、戸外で行う活動を計画的に取り入れることが大切です。

8月月案 ゆり組

前月末の子どもの姿

- 遊んだ後は水分補給をしたり静かな遊びをしたりして、自ら休息を取っている。
- プール遊びでは、友達が潜ったり泳いだりする姿に刺激を受け、挑戦しようとする子もいる。

		★ 内　容
養護	生命の保持・情緒の安定	●暑さで体調を崩すことなく、無理のない生活を送る。 ●自分の気持ちを安心して表現する。
教育	健康・人間関係・環境・言葉・表現	●水分補給や手洗い、うがいの大切さを知り、自分から進んで行う。 ●夏野菜の収穫を喜び、旬の味を楽しむ。 ●ダイナミックに体を動かし、水遊びやプール遊びを楽しむ。 ●夏祭りで和太鼓をたたくという目的を友達と共有し、活動に取り組む中で、楽しさや達成感を味わう。 ●身近な動植物の世話や観察を通じて、命の大切さに気付く。 ●夏祭りに参加する。 ●友達とお互いの考えを伝え合う大切さを知る。 ●かいたりつくったりしながら、お店屋さんごっこを楽しむ。

食育

<ねらい>●育てた野菜を収穫して食べ、栄養について興味や関心をもつ。
<環境構成>●収穫した野菜を少しの間だけ飾っておく。
●収穫した野菜に含まれている栄養を絵で示す。
<予想される子どもの姿>●「苦手だけど食べられた」と言って食べる子がいる。
●栽培した野菜の栄養について知り、喜んで食べる。
<保育者の援助>●子どもの発見や喜びに共感しながら、一緒に味わう。

◆ ねらい

- 活動と休息のバランスを取りながら、元気に過ごす。 健康
- 夏祭りに向け、友達と共に活動を進める楽しさや達成感を味わう。 協同
- プールなど夏の水遊びを、工夫したり試したりしながら楽しむ。 思考 自然

月間予定

- 夏祭り
- 交通安全教室
- 地区祭り
- お店屋さんごっこ
- 身体測定
- 避難訓練
- 安全管理訓練

8月 月案 * 保育園

環境構成	予想される子どもの姿	保育者の援助
●エアコンで気温を調整し、窓の開閉を行って快適な環境をつくる。 ●思いや気付きに共感し、安心して気持ちを伝えられるようにする。	●暑いときは、自分たちで風通しのよい場所や日陰を探して過ごす。 ●自分の思いや気持ちを伝えようとする。	●一人一人の体調を考え、食事の量や、午睡の時間を調整する。 ●子どもの思いを受け止め、安心して自己表現ができるようにする。
●夏の過ごし方について一緒に考え、話し合う時間をつくる。 ●体と食べ物の関係について、話を聞く場や、絵本、図鑑を用意する。 ●遊びが十分に楽しめるよう、用具を準備する。 ●和太鼓をたたく時間や場を設定する。また、子ども同士が話し合える場をつくる。 ●見付けた虫を入れるための虫かご、空き容器、図鑑などを用意する。 ●夏祭り用のはっぴやおみこし、ちょうちんなどを準備する。 ●子どもの思いを伝え合う時間や場をつくる。 ●ごっこ遊びのイメージがもてるよう、素材や道具を用意する。	●衣服の調節や水分補給、手洗い、うがいなどを自分でする。 ●育てた野菜の収穫を喜び、大きさや形を比べたり数えたりする。 ●プールで顔を水につけたり、潜ったり泳いだりする。 ●夏祭りに向けて、力を合わせておみこしを担ぐ。 ●和太鼓のたたき方を友達と教え合う。 ●ちょうちんを持つ際、少し緊張する子もいる。 ●自分なりの力を発揮し、夏祭りに参加する。 ●楽しかったことや体験したことを話したり、友達の話を興味深く聞いたりする。 ●遊びに必要な物を、グループの友達と相談しながらつくる。	●健康的な過ごし方について話し合い、進んで取り組めるように促す。 ●収穫した新鮮な野菜を味わい、食べ物のおいしさや大切さを知らせる。 ●プール遊びでは、目標をもって取り組めるように配慮する。 ●努力する姿を認め、できるようになったことを喜び合い、自信につなげる。 ●収穫を共に喜び、気付きや発見を受け止めていく中で、興味や関心がより深まるように援助する。 ●夏祭りに向けて、期待が高まるような言葉をかける。 ●子どもの思いが伝わりやすいように橋渡しをする。 ●イメージした遊びが実現できるように援助する。

⇄ 職員との連携

- お盆のころには、特に異年齢児と過ごすことが増えるので、個々の特性や状況を職員間で話し合い、安心して過ごせるように配慮する。

🏫 小学校との連携

- 小学校教職員による訪問研修（保育参加）で、5歳児の生活や活動の様子を確認してもらう。

🏠 家庭との連携

- 夏祭りや地域の祭りに参加し、子どもの努力や成長を共に認め合う。
- 暑さのため体調を崩しやすいので、食事や睡眠などの健康状態を連絡し合う。

評価・反省

- 暑い日が続いたが、熱中症などで体調を崩す子もなく、健康的に過ごせた。
- プール遊びでは、水中で宝探しや、ばた足で泳ぐなど、ダイナミックに楽しめた。
- 夏祭りで一生懸命取り組んできた和太鼓を披露し自信につながった。目標に向かう楽しさ、喜びを忘れないでほしい。
- 次月は、運動会に向けての活動が中心となるため、体調管理に留意していきたい。

自然：自然との関わり・生命尊重　　数字：数量や図形、標識や文字などへの関心・感覚　　言葉：言葉による伝え合い　　表現：豊かな感性と表現　を表しています。

保育園 9月 月案

CD-ROM 月案（保育園）→ P074-P075 9月の月案

9月の月案 ここがポイント！

運動的な遊びに楽しく取り組む

リレーや、とび箱など、5歳児になったら、「かっこよく見せたい」という気持ちをもっていることでしょう。初めはうまくいかなくても、毎日取り組んでいるうちに、上達したことが実感できるはずです。「自分もやればできるんだ」という有能感を、ぜひ育てたいものです。友達の一生懸命な姿を応援したり、自分も応援してもらったり。みんなで運動することの楽しさを存分に味わいましょう。

9月月案 ゆり組

前月末の子どもの姿
- 暑さで体調を崩す子や、生活リズムが乱れる子がいる。
- 夏遊びを経験することで自信が芽生え、友達と競いながら体を動かすことを楽しんでいる。

		★ 内 容
養護	生命の保持・情緒の安定	●健康状態に応じて、活動後の水分補給や休息を取り、健康に過ごす。 ●思いを受け止められ、励まされながら、安心して活動する。
教育	健康・人間関係・環境・言葉・表現	●危険が分かり、安全に気を付け、約束を守って遊ぶ。 ●友達との関わりの中で、自分の意見を主張したり、相手の意見を受け入れたりしながら遊びを発展させる。 ●朝夕の涼しさ、秋の空や風の様子を味わうことで、季節の変化に気付く。 ●音楽に合わせて踊ったり、体操したりすることを楽しむ。 ●地域住民や高齢者と交流をもち、親しみや、いたわりの心を深める。

食育

＜ねらい＞●健康と食べ物の関係について関心をもつ。
＜環境構成＞●空腹を感じられるように、体を動かして十分に遊ぶ。
＜予想される子どもの姿＞●「もっと食べたい」「おかわり」という旺盛な食欲を示す。
＜保育者の援助＞●食事に時間がかかる子、好き嫌いがある子、食が細い子など、一人一人の食事の様子を見て、対応を考える。

◆ ねらい

- 夏の疲れや気温の変化に注意し、快適に過ごす。[健康]
- 意見を主張したり、受け入れたりしながら、友達と遊びを楽しむ。[言葉]
- 友達と共通の目的をもち、協力して活動に取り組み、達成感を味わう。[協同]
- 高齢者に親しみ、気持ちを伝える。[社会]

月間予定

- 高齢者施設訪問
- お店屋さんごっこ
- 造形遊び
- 身体測定
- 運動会ごっこ
- 避難訓練
- 安全管理訓練

9月 月案 ＊保育園

環境構成	予想される子どもの姿	保育者の援助
●温度調節をすると共に、休息や水分補給ができる場所を用意する。 ●意欲的に活動ができるよう、楽しい雰囲気づくりをする。	●活動後、自分から汗をふいたり着替えたりする。 ●活動の中で、悔しい思いをしたり自信がもてなかったりすることもあるが、保育者に気持ちを受け止めてもらい、また挑戦してみようとする。	●休息を取ることや、水分補給の大切さを伝える。 ●一人一人が努力して取り組む姿を認め、自信がもてるように関わる。
●固定遊具や運動会の用具に危険がないかを点検する。 ●話し合いをしたり、思いを伝えやすい雰囲気をつくる。 ●秋の虫や木の実を探したり、散歩に出かけたりする。 ●楽しく体を動かせるよう、親しみを感じるような曲を用意する。 ●高齢者への感謝の気持ちを込めて、身近な物でプレゼントづくりをする。	●危険なことを理解し、約束を守りながら友達と遊ぶ。 ●友達と共通の目的に向かって、協力して取り組む。 ●風や雲、月、日没などの変化や不思議さを友達と話し合う。 ●友達と一緒に曲に合わせてリズミカルに踊る。 ●高齢者との交流で、歌ったり触れ合い遊びをしたりする。	●固定遊具などの危険な部分を伝えたうえで見守り、必要に応じて援助をする。 ●子ども同士が話し合いで問題を解決できるよう、見守ったり、必要に応じて仲立ちしたりする。 ●日が短くなったことや、自然の変化に気が付けるような言葉をかける。 ●イメージしやすい言葉で動き方を伝えながら、踊りを楽しめるようにする。 ●高齢者施設訪問では、触れ合い遊びの中で、優しく接することができるように言葉をかける。

⇄ 職員との連携

- 高齢者施設訪問の流れや内容について、準備や確認をしておく。

🏫 小学校との連携

- 小学校教職員に運動会への招待状を送付し、子どもたちの姿を見てもらう機会をつくる。

🏠 家庭との連携

- 運動会への参加を呼びかけ、運動会の競技内容などを、登降園時やクラスだよりなどで伝える。
- 朝夕の気温差があるので、調節しやすい衣服を用意してもらう。

評価・反省

- 運動会への取り組みが始まり、毎日、踊りを踊ったり、リレーをしたりと意欲的に活動に参加している。遊戯では、上手な子にみんなの前で踊ってもらったのが子どものやる気につながったようだ。
- 施設訪問では、高齢者との触れ合い遊び、和太鼓や盆踊りの披露を楽しんでいた。
- 次月からは午睡がなくなる。遊戯会への取り組みも無理なく進めたい。

[自然]：自然との関わり・生命尊重　[数字]：数量や図形、標識や文字などへの関心・感覚　[言葉]：言葉による伝え合い　[表現]：豊かな感性と表現　を表しています。

保育園 10月 月案

CD-ROM: 月案（保育園） → P076-P077 10月の月案

10月の月案 ここがポイント！

秋の自然を満喫する

風がさわやかな季節です。実りの秋を迎え、春に植えたサツマイモもおいしくなって、子どもたちが掘ってくれるのを待っています。美しく色づいた落ち葉も、ドングリやマツボックリなどの木の実も、子どもたちのすてきな遊び道具。秋を満喫する活動を、上手に計画の中に入れていきましょう。遊びをどのように工夫できるのかが分かるように、ヒントをさり気なく提供するとよいでしょう。

10月月案 ゆり組

前月末の子どもの姿

- 運動会に向けての取り組みが始まり、一つ一つの競技、遊戯に意欲的に参加している。
- 気温差に応じて、自分で考えながら衣服調節をする。
- 自分の考えや意見を出し合い、目的に向けて取り組む。

		★ 内容
養護	生命の保持・情緒の安定	●休息や水分補給、衣服の調節を行い、健康に過ごす。 ●保育者との信頼関係の中で、安心して自分の気持ちを表現する。
教育	健康・人間関係・環境・言葉・表現	●活動や気温に合わせ、衣服の調節をする。 ●友達と思いきり体を動かすことを喜び、ルールを守って遊ぶ。 ●運動会への取り組みで、友達と協力することの大切さや、目的を達成する喜びを味わう。 ●サツマイモの収穫を喜び、身近な秋の自然に触れる遊びを楽しむ。 ●親子遠足で秋の身近な自然に気付き、落ち葉や木の実を拾って遊ぶ。 ●物語の世界を想像しながら、聞くことや読むことの楽しさを味わう。 ●リズムに合わせて、歌ったり踊ったりすることを楽しむ。 ●秋の自然物を使って、工夫していろいろな物をつくる。

食育

＜ねらい＞●春から育てたイネを刈り、米になるまでの過程を経験することで、食べ物の大切さを知る。
＜環境構成＞●イネ刈り、脱穀、精米までができるように準備を整える。
＜予想される子どもの姿＞●喜んで作業し、米を食べることを楽しみにする。
＜保育者の援助＞●米への関心が高まるように、米づくりを話題に取り上げる。

◆ ねらい

- 季節の変化に応じて、健康で快適な生活を送る。[健康]
- 友達と協力しながら共通の目的に向かって活動し、達成する喜びを味わう。[協同]
- 身近な秋の自然に触れ、イメージを膨らませながら表現を楽しむ。[自然]
- 秋の自然物で転がるゲームの仕組みを考え工夫する。[思考]

月間予定

- 運動会
- サツマイモ掘り
- 親子遠足
- 身体測定
- 造形遊び
- 運動遊び
- 避難訓練
- イネ刈り

10月 月案＊保育園

環境構成	予想される子どもの姿	保育者の援助
●休息を取る際は、ゆったりとした時間と空間を設ける。 ●安心して思いを表現できるような雰囲気をつくる。	●肌寒く感じたら、自分で重ね着をする。 ●思っていることを、言葉で伝える。	●体調に合わせて、活動と休息のバランスが取れるように援助する。 ●信頼関係を深められるよう、気持ちに寄り添い、受け止める。
●衣服の着脱がしやすいように、ロッカーや、かごの配置を工夫する。 ●十分に遊べるよう、時間を確保したり、ルールを確認する場を設けたりする。 ●相手の思いに気付けるように、子ども同士が話し合う場を大切にする。 ●気付いたことを調べられる図鑑や絵本を用意する。 ●親子遠足のルートや目的地を事前に下見し、安全や活動内容の確認をする。 ●絵本や童話、紙芝居を用意する。 ●CDや音響機器を準備し、いつでも自由に踊りを楽しめるようにする。 ●製作遊びを満足いくまで行えるよう、材料や用具を十分に用意する。	●活動や気温の変化に気付いて、衣服の調節をする。 ●友達とドッジボールのルールを守って遊ぶ。 ●運動会に向けて、クラスで話し合う。 ●運動会のいろいろな競技に楽しく参加する。 ●友達とサツマイモのつるを引っ張ったり、イモの大きさを比べたり数を数えたりする。 ●落ち葉や木の実を拾って遊ぶ。 ●友達と振り付けを考え、体を動かす。 ●自然物を利用して、こまやモビールなどを自由につくる。	●自分でしようとする姿を認め、必要に応じて言葉をかけて援助する。 ●子ども同士で楽しく遊べるように見守り、必要に応じて仲立ちする。 ●一人一人の努力を認め、達成感が味わえる言葉をかける。 ●子どもの発見に共感しながら、収穫を喜び合う。 ●バスの中や公園でのマナーに気付けるように言葉をかけ、安全に楽しく過ごせるようにする。 ●静かな雰囲気の中で、余韻を大切にしながら読み聞かせをする。 ●自由な表現を受け止め、楽しさを共有する。 ●つくりたい作品のイメージを実現できるように援助する。

職員との連携

- 園外での活動では、必ず下見を行い、危険箇所などを確認する。
- 午睡がなくなるので、一人一人の様子や体調の変化などを伝達し合う。

小学校との連携

- 就学前健康診断の実施をきっかけに、就学への期待が膨らむよう交流会などの計画を立てる。

家庭との連携

- 運動会以降、午睡がなくなり子どもが疲れやすくなるため、家庭と連携して見守る。
- 親子で遠足に出かけ、楽しい経験を共有できるようにする。

評価・反省

- 運動会に向けての活動は、友達と協力する大切さ、共通の目的を達成する喜びを、十分に味わう機会となった。子どもの日々のたくましい成長ぶりに、5歳児としての大きな力を強く感じる。
- 身近な自然に触れる時間が取れなかったので、次月は散歩を中心に秋の自然を感じる活動を多く行っていきたい。

[自然]：自然との関わり・生命尊重　[数・字]：数量や図形、標識や文字などへの関心・感覚　[言葉]：言葉による伝え合い　[表現]：豊かな感性と表現　を表しています。

保育園 11月 月案

月案（保育園）→ P078-P079 11月の月案

11月の月案 ここがポイント！

芸術の秋を堪能する

　木の実を使った造形物や、木片、粘土、絵の具などの、様々な素材や用具を取り入れて、自分なりの表現をした作品づくりが楽しい季節です。保育者のアイデアや工夫も存分に発揮して、つくる楽しさを味わわせましょう。また、曲に合わせて踊ったり劇遊びをしたりと、発表会を意識した活動も入ってきます。能動的に取り組めるように、言葉のかけ方にも工夫をしましょう。

11月月案 ゆり組

前月末の子どもの姿
- 運動会後に午睡がなくなり、眠気や疲れが出やすくなる。
- 運動会後も、リレーやかけっこなどを思いきり楽しんでいる。
- 秋の自然物で遊んだり、好きな物をつくったりしている。

		★ 内　容
養護	生命の保持・情緒の安定	●天候や気候に応じて、衣服を調節しながら遊ぶ。 ●食事のマナーを身に付け、友達と楽しい雰囲気で食事する。 ●収穫を通して、収穫物に興味や関心をもち、秋の実りに感謝しながら楽しく食事をする。
教育	健康・人間関係・環境・言葉・表現	●風邪や感染症の予防を意識し、手洗いうがいを自ら進んで行う。 ●共通の目的に向かって、友達と協力し合い、やり遂げる達成感を味わう。 ●秋から冬への移り変わりに気付き、木の実や葉など、自然物を遊びに取り入れようとする。 ●自分の思いや考えを言葉で相手に伝え、友達の話も聞く。 ●友達と曲に合わせて踊ったり、歌ったりすることを楽しむ。 ●小学校の作品展を見学し、小学生ならではの製作技法や一人一人の表現の多様さを楽しむ。

食育

＜ねらい＞●収穫したサツマイモや季節の野菜を入れた感謝鍋をつくり、みんなと大鍋を囲んで食べることを楽しむ。
＜環境構成＞●戸外で安全に、また清潔に、調理ができるように準備を整える。
＜予想される子どもの姿＞●戸外で調理して食べることを喜び、調理を手伝おうとする。
＜保育者の援助＞●包丁の使い方、火の危険性を伝え、安全に調理する方法を知らせる。
●子どもができる作業を、安全に行えるようにする。

◆ ねらい

- 手洗いやうがいを欠かさず行い、健康で快適に過ごす。 [健康] [規範]
- 自然の不思議さや美しさに気付き、興味や関心をもつ。 [自然]
- 友達と意見を出し合い、イメージを膨らませながら遊びを展開する。 [協同] [思考]
- 小学校の行事に参加することで、就学への憧れや期待をもつ。 [社会]

月間予定

- 収穫祭
- 造形遊び
- 運動遊び
- 小学校の作品展見学
- 身体測定
- 避難訓練
- 安全管理訓練

11月 月案 ＊ 保育園

環境構成	予想される子どもの姿	保育者の援助
●上着をたたんでしまうように伝え、着脱しやすい場をつくる。 ●ランチルームを使い、楽しい雰囲気の中で食事をする。 ●収穫祭で必要な大鍋や、枯れ枝、ブロック、テーブルなどを準備しておく。	●気温の変化に気付いて、自分から衣服を調節する。 ●食事のマナーに気を付けて、友達と会話しながら食事をする。	●気候に応じて衣服の着脱ができるように言葉をかける。 ●座り方や箸の持ち方、会話の声の大きさに気を付けて食事ができるように促す。
●手洗いの仕方をポスターにし、絵を見ながら行えるようにする。 ●共通のイメージがもてるよう、一緒に考えて話す機会をもつ。 ●散歩の際に袋を用意し、木の実などを進んで見付けて集められるようにする。 ●どのように伝えたらよいかを、子ども同士で話し合う場をつくる。 ●表現することを楽しめるよう、時間と場所を設ける。 ●公園や施設への散歩を通じて、小学校までの道順や交通ルールなどを確認する。	●手洗い、うがいの大切さを知り、自分から進んでする。 ●秋の収穫物を話題にしながら、楽しく食事をする。 ●木の実を拾ったり、落ち葉の中に潜ったりしながら遊ぶ。 ●拾った葉っぱやドングリを利用してイメージした物をつくって遊ぶ。 ●発表会に向けて、みんなで意見を出し合う。 ●歌ったり踊ったりして表現を楽しむ。 ●小学校に入れる嬉しさと緊張が入り混じるなか、小学生の作品を見て憧れを抱く。	●感染症について話し、手洗い、うがいの仕方を再確認する。 ●努力している姿、よいところをほめて、自信がもてるようにする。 ●戸外で遊ぶ際に落ち葉や木の実を集め、ごっこ遊びなどに取り入れられるようにする。 ●自分の意見を言えるように見守り、時には仲立ちする。 ●子どもの意見を取り入れながら、楽しんで踊れるように言葉をかけたり、ほめたりして自信につなげる。 ●事前に子どもたちと小学校との違いをあげながら、作品展での過ごし方やマナーを伝える。

⇄ 職員との連携

- 手洗い、うがい、衣服の調節など、健康的に過ごす配慮を確認し合う。
- 暖房器具の安全点検や使用方法などを確認し、話し合う。

🏫 小学校との連携

- 小学校の作品展を見学し、小学生に校内を案内してもらったり、一緒に遊んだりする。

🏠 家庭との連携

- 発表会の内容や準備する物を知らせ、子どもが意欲をもって取り組んでいる姿を認め合う。
- 収穫祭の意義や持ち物を知らせ、親子で食材を準備してもらう。

🏷 評価・反省

- 風が冷たく、戸外では上着が必要になった。寒いときこそ、なわとびや鬼ごっこ、サッカーなどで体を積極的に動かし、体が温かくなる感覚を味わえるようにした。
- きれいに色付いた落ち葉でままごと遊びを楽しんだり、ドングリ船をつくったりと、季節ならではの遊びを行う中で、子ども同士で協力し合う姿が見られた。

[自然]：自然との関わり・生命尊重　[数字]：数量や図形、標識や文字などへの関心・感覚　[言葉]：言葉による伝え合い　[表現]：豊かな感性と表現　を表しています。

保育園 12月 月案

月案（保育園） → P080-P081 12月の月案

12月の月案 ここがポイント！

一つ一つの行事を楽しく

年末になると、いろいろな行事があり、その中心となって活躍するのが5歳児クラス。何のためにするのか、自分の役割がみんなにどのように役に立つのかを子ども同士で話し合い、しっかりと意識できるようにしましょう。

また、いつも目立たない子にこそ活躍できる場を用意し、やり遂げることで自信がもてるように配慮したいものです。

12月月案 ゆり組

前月末の子どもの姿
- 寒くなり、風の冷たさを感じて上着を着用して遊んでいる。
- 発表会に向けて、みんなで話し合う中で、劇遊びの達成感と充実感を味わっている。
- 冬の自然現象に疑問を感じ、絵本や図鑑を見て楽しんでいる。

		★ 内 容
養護	生命の保持・情緒の安定	●寒さや活動に応じて適切に調節された環境で、快適に過ごす。 ●思いに共感してもらい、励まされながら、安心して自分を表現する。
教育	健康・人間関係・環境・言葉・表現	●冬の健康的な生活の仕方を知り、手洗い、うがいを進んで行う。 ●寒さに負けず、戸外で思いきり体を動かして遊ぶ。 ●共通の目的や課題に向け、友達と役割を分担しながら取り組む。 ●高齢者施設を訪問し、触れ合い遊びを楽しむ。 ●発表会に自信をもって参加する。 ●クリスマス会や、もちつきの準備を通して、行事や食べ物に興味や関心をもつ。 ●冬の自然事象や身近な植物の変化に興味をもつ。 ●友達と一緒に、歌ったり踊ったりすることを楽しむ。

食 育
＜ねらい＞●給食の食材や、料理の仕方に興味をもつ。
●食べ物と栄養や体についての話を聞く。
＜環境構成＞●栄養士の話をより理解しやすくするために、図や絵を用意しておく。
●給食ができるまでの写真を掲示する。
＜予想される子どもの姿＞●栄養について、自分が知っていることを発表しようとする。
＜保育者の援助＞●子どもに分かる言葉で説明するように心がける。

12月 月案 * 保育園

◆ ねらい
- 冬の衛生、健康管理に留意し、健康に過ごす。[健康]
- 共通の目的に向かって取り組む大切さを知り、満足感や充実感を味わう。[協同]
- 冬の身近な自然の変化、不思議さに気付き、興味や関心を深める。[自然]
- 高齢者と共に遊ぶことを楽しむ。[社会]

月間予定
- 発表会
- クリスマス会
- 高齢者施設訪問
- 身体測定
- もちつき
- 造形遊び
- 避難訓練
- 安全管理訓練

環境構成	予想される子どもの姿	保育者の援助
●室温、湿度、換気など、室内環境に十分に配慮する。 ●自己を発揮できるような場や時間を設ける。	●気温の変化に応じて、自分で衣服を着たり脱いだりする。 ●伝えたい思いを保育者や友達に話す。 ●自分で考え、行動しようとする。	●健康状態を把握し、感染症を防いで、快適に過ごせるように留意する。 ●子どもの思いを温かく受容し、安心して自己を発揮できるようにする。
●病気の予防や、冬の健康的な過ごし方について、話し合う機会をもつ。 ●戸外で遊ぶ時間を確保し、ルールについて話し合う場をつくる。 ●考えを出し合える場面を設け、活動の見通しがもてるようにする。 ●高齢者と優しい気持ちで交流できるよう、事前に話し合いの場をもつ。 ●自分たちで行事の準備ができるよう、必要な物を用意する。 ●クリスマスや正月の装飾を準備する。 ●冬の自然に関する絵本や図鑑を用意する。 ●歌や踊りを楽しむ時間や場をつくる。	●手洗い、うがいを進んで行う。 ●ドッジボールやなわとびなどで、思いきり体を動かして遊ぶ。 ●友達を遊びに誘い、ルールや役割について話し合う。 ●園外に出ることで、マナーやルールがあることに気付き、守ろうとする。 ●発表会に期待をもち、自信をもって参加する。 ●役割を分担しながら当日まで準備をしたり、クリスマス会、もちつきに楽しく参加したりする。 ●冬の自然に不思議さを感じ、絵本や図鑑を見る。 ●友達の姿を見ることで刺激を受け、表現遊びをする。	●うがい、手洗いの大切さを伝え、進んで行う姿を認める。 ●保育者も体を動かし、体が温まる心地よさを共に味わう。 ●イメージを共有し、友達と活動する楽しさを味わえるようにする。 ●園外に出ることで、様々な気付きや思いが感じられるようにする。 ●子ども同士が相談してアイデアを出し合う姿を見守り、自分たちで進めていくという意識を深める。 ●行事の準備を一緒に行いながら、当日への期待が膨らむようにする。 ●発見や気付きに共感し、自然への興味を広げる。 ●表現している姿を認め、自信へとつなげる。

職員との連携
- 発表会では、一人一人が自分の力を発揮できるように職員間で話し合いを重ね、適切な対応ができるようにする。

小学校との連携
- 小学校の交流会を子どもたちと振り返り、楽しかったことなどを発表しながら就学への期待を高める。

家庭との連携
- 発表会で自信をもって行った表現や、成長を共に喜び合う。
- クラスだよりや園だよりを配布し、規則的な生活リズムなど、年末年始の過ごし方について知らせる。

評価・反省
- 発表会、クリスマス会、もちつきなどの行事に期待をもち、友達と楽しく取り組めた。やり遂げたことで、達成感や満足感を味わうことができたようだ。
- 高齢者施設訪問では、いろいろな気付きや思いを感じることができた。
- 感染症の流行もなく、健康に過ごせた。卒園に向けての準備を整え、元気に楽しく充実感あふれる日々を送りたい。

[自然]：自然との関わり・生命尊重　[数・字]：数量や図形、標識や文字などへの関心・感覚　[言葉]：言葉による伝え合い　[表現]：豊かな感性と表現　を表しています。

保育園 1月 月案

CD-ROM 月案（保育園） → P082-P083 1月の月案

1月の月案 ここがポイント！

自分の健康は自分で守る

　寒さも厳しくなります。インフルエンザも流行するでしょう。防寒具を自分で着脱する、うがいや手洗いを励行するなど、自分の体は自分で守るという意識をもってほしいものです。

　また、文字や数に興味をもち始めるころです。かるた遊びや郵便ごっこなどを通して関心を高め、就学を楽しみにする気持ちにつなげるようにしましょう。

1月月案 ゆり組

🙂 前月末の子どもの姿

- 発表会で踊ったり、劇遊びを披露したりした経験が自信につながり、活動や遊びに積極的に取り組む。
- 正月遊びに期待を膨らませている。
- 文字や数字に興味をもち、文字遊びを楽しみにしている。

		★ 内 容
養護	生命の保持・情緒の安定	●生活リズムを取り戻し、規則正しく毎日を過ごす。 ●手洗い、うがい、適切な衣服の調節の大切さを理解し、自ら行う。
教育	健康・人間関係・環境・言葉・表現	●寒さに負けず、なわとびや鬼ごっこなどのルールのある遊びを楽しみながら、戸外で体を動かして遊ぶ。 ●モノレールや電車に乗り、友達や保育者と遠足に行くことを楽しむ。 ●冬の自然事象に気が付き、見たり触れたりして興味や関心をもつ。 ●文字遊びの際に、鉛筆の持ち方や書く姿勢に気を付ける。 ●節分に向け、イメージを膨らませながら、豆入れの升や鬼のお面をつくる。 ●友達や保育者と正月遊びを楽しむ。

🍚 食 育

＜ねらい＞●日本の伝統的な正月料理に興味をもつ。
●秋に収穫した米で、おにぎりをつくる。
＜環境構成＞●おせち料理やお雑煮の写真を掲示する。
●おにぎりづくりの場を設定する。
＜予想される子どもの姿＞●自分の家のおせち料理や、お雑煮について話す。
●自分の好きな具を入れて、おにぎりをつくる。
＜保育者の援助＞●おせち料理に込められた願いを話す。
●米をつくるには時間がかかることを話題にする。

1月 月案 * 保育園

◆ ねらい
- 保健衛生に留意し、冬を健康に過ごす。 健康
- 正月遊びや伝承遊びに興味をもち、友達と楽しく遊ぶ。 協同 社会
- 冬の自然の不思議さに気付き、興味をもったり試したりする。 自然 表現
- 文字をまねて書くことを楽しむ。 数・字

月間予定
- 卒園遠足
- 造形遊び
- 運動遊び
- 保護者会
- 避難訓練
- 安全管理訓練
- 身体測定

環境構成	予想される子どもの姿	保育者の援助
●換気、室内の湿度調節を行う。 ●気候に応じた服装を子ども同士で考え、話し合う機会を設ける。	●年末年始を家庭で過ごし、生活リズムが乱れている。 ●寒い日は上着を着て戸外に出る。	●体調に留意しながら、生活リズムが取り戻せるように働きかける。 ●手洗い、うがいの再確認をし、適切な服装を考えられる言葉をかける。
●遊ぶ道具や場所の安全を確認する。 ●園外保育は事前に歩くルートを下見し、安全に行けるようにする。 ●氷や霜柱はどのようにできるか、図鑑や本を使って調べる機会をもつ。 ●鉛筆の扱い方や座り方を知らせ、勉強をするときのルールを分かりやすく伝える。 ●紙芝居や絵本を読み、イメージが広がるようにする。 ●事前に玩具を点検し、危険のないように使い方を知らせる。	●ルールを友達と確認し合って遊ぶ。けんかをしたら友達と話し合って解決する。 ●遠足に期待をもち、友達と乗り物に乗ったり、生き物を見たりすることを喜ぶ。 ●雪や氷、霜柱を見たり触れたりして楽しむ。 ●文字遊びに興味をもち、楽しんで取り組む。 ●鬼をイメージしながら、豆入れの升やお面をつくる。 ●正月遊びの遊び方が分からない子は、保育者と一緒に行う。遊び方を理解すると、友達と遊ぶ。	●保育者も一緒に体を動かし、ルールを伝えたり、健康に過ごしたりする。 ●交通機関を利用する際のマナー、ルールを伝え、楽しさを共有する。 ●霜柱を見付けて手で触れ、不思議に思ったことや発見には共感し、遊びに広げる。 ●話を最後まで聞く大切さを伝え、一人一人の書く姿を認めて、自信につなげる。 ●様々な素材を使い、イメージした物がつくれるよう、必要に応じてアドバイスをする。 ●羽根つき、こま、けん玉などの遊び方を知らせ、楽しさを伝える。

職員との連携
- 卒園や就学に向けて、子どもの育ちについて振り返り、今後の関わり方についての共通理解を図る。

小学校との連携
- 5歳児クラスの保護者会で、近隣の小学校校長に来ていただき、入学に向けての説明や学校生活について話してもらう。

家庭との連携
- インフルエンザなどの感染状況を随時知らせ、家庭でも手洗い、うがいをきちんと行ってもらうようにお願いする。
- 卒園に向けての取り組みや内容を知らせ、卒園準備への理解を得る。

評価・反省
- 正月遊びの遊び方を覚えて、子ども同士で楽しんでいた。
- 水族館へ卒園遠足に行き、友達と一緒にモノレールや電車に乗った。いろいろな魚や生き物を見て嬉しそうだった。友達との絆が深まる、よい機会になった。
- 給食当番が始まり、喜んで取り組んだ。就学に向けて食事のマナーや、食べる時間もきちんと伝えながら進めたい。

自然：自然との関わり・生命尊重 　数・字：数量や図形、標識や文字などへの関心・感覚 　言葉：言葉による伝え合い 　表現：豊かな感性と表現　を表しています。

保育園 2月 月案

2月の月案 ここがポイント！

小学校への期待を高める

　小学校に入学する日が近づいています。小学校へ行くことが楽しみになるように、小学校への訪問や交流会を上手に生かしましょう。学校ごっこをしたり、自分で絵本をつくったり、今までしてきたことを自信にして、新しいことに前向きに取り組む気持ちを育てましょう。また、雪や氷などの冬の自然に親しめるときです。機会を逃さないようにして、直接体験できるようにしましょう。

2月月案 ゆり組

前月末の子どもの姿

- インフルエンザが流行し、数人の子が欠席する。元気な子は手洗い、うがいをしっかり行い、予防に努めている。
- 給食当番を楽しみにし、意欲的に取り組む。
- ドッジボールなど、ルールのある遊びを友達と楽しむ。

		★ 内 容
養護	生命の保持・情緒の安定	●冬の健康的な生活習慣を身に付け、自信をもって生活する。
教育	健康・人間関係・環境・言葉・表現	●冬の健康的な生活に必要な習慣や態度を身に付け、進んで行う。 ●寒さに負けず、戸外で元気に遊ぶ。 ●お互いの力を認め合い、自分や友達の思いに気付き、協力して遊びを進める。 ●造形展の準備では、異年齢児と話し合い、一緒につくって楽しむ。 ●節分に関心をもち、鬼や福の神になって楽しく豆まきを行う。 ●雪や氷、霜柱などで遊び、自然事象の不思議さに気付く。 ●文字遊びを通して、文字に興味や関心をもつ。 ●造形展に向けてイメージを膨らませ作品をつくる。 ●就学への期待や不安を受け止められながら、安心して過ごす。

食育

＜ねらい＞●お別れクッキングでおやつを手づくりし、お世話になった保育者と一緒に食べる。
＜環境構成＞●つくる手順を絵にして掲示しておく。
●エプロン、三角きんを用意してもらう。
＜予想される子どもの姿＞●喜び、張り切ってつくり、保育者と楽しく会話しながら食べる。
＜保育者の援助＞●みんながつくる経験ができるメニュー、手順がシンプルなメニューを選ぶ。

2月 月案 ＊ 保育園

◆ ねらい
- 冬に必要な生活習慣を身に付け、健康に過ごす。[健康]
- 就学への期待や不安を保育者に共感され、自信をもって生活する。[自立]
- 冬の自然事象に興味や関心をもち、友達と遊んだり、観察したりする。[協同][自然]
- 文字のなぞり書きを楽しむ。[数・字]

月間予定
- 個人面談
- 豆まき
- 造形展
- 造形遊び
- 小学校交流会
- おにぎりパーティー
- 避難訓練
- 身体測定

環境構成	予想される子どもの姿	保育者の援助
●室内外の温度差や換気、湿度に気を付ける。	●寒さを感じたらもう1枚着るなど、自ら考えて衣服の調節を行う。	●一人一人の体調の変化に留意し、健康に過ごせるようにする。
●手洗い、うがいを丁寧に行う必要性を話し合う場をつくる。 ●体を動かして遊べる場所や時間を十分に確保する。 ●生活や遊びのルールを話し合う機会をもつ。 ●子ども同士で話し合いや作品づくりができる時間と場を設ける。 ●節分の行事に関する絵本や紙芝居を用意する。 ●冬ならではの遊びの機会を逃さないよう、自然事象の変化に留意する。 ●氷がつくれる容器を用意する。 ●文字をなぞって書けるよう、ノートに下書きをしておく。 ●いつでも製作遊びができるよう、いろいろな素材や用具、空き箱を用意する。 ●小学校との交流会を設け、期待がもてるようにする。	●手洗い、うがいが習慣となる。 ●ドッジボールや鬼ごっこなど、友達を誘いながら遊ぶ。 ●自分の思いを友達に伝えたり、友達の意見を聞いたりしながら会話をする。 ●5歳児が中心になり、意見を出し合いながら豆まきを進める。 ●節分の福の神役、鬼役になり、楽しく豆まきを行う。 ●雪や氷、霜柱に触れて感触を楽しむ。 ●疑問を感じたら、保育者に質問する。 ●文字を書くことに意欲的な子や、うまく書けずに困ってしまう子がいる。 ●つくりたい物のイメージが膨らみ、すぐに取りかかる子と、なかなか取りかかれない子がいる。 ●就学することが楽しみで、活動にも積極的に取り組む。	●自分で気付いて行う姿を認め、その大切さを伝える。 ●保育者も進んで遊び、戸外で遊ぶ楽しさを知らせる。 ●子ども同士で、生活や遊びを進める姿を大切にし、仲間と過ごす楽しさが味わえるようにする。 ●教え合う姿を見守り、楽しく進められるようにする。 ●節分についての話や、様々な鬼の話をして興味を引く。 ●疑問に思う気持ちを認め、一緒に考えながら解決へと導く。 ●一つ一つの文字から、様々な言葉を発想し、興味を深めていく。 ●イメージが広がるよう、仲立ちしながら楽しめるようにする。 ●期待や不安を受け止め、安心して過ごせるようにする。

職員との連携
- 冬に流行する感染症について話し合い、適切な対応ができるようにする。
- 子どもの育ちを職員全体で話し合い、保育要録の作成にあたる。

小学校との連携
- 小学校での交流会についての内容や、一人一人の姿を伝達し、共通理解を図る。

家庭との連携
- 個人面談を通して、子どもの成長した姿を伝え、就学に向けての不安や期待する気持ちを受け止める。
- フェスティバルや造形展の内容を知らせ、参加を募る。

評価・反省
- かまくらづくり、雪の山の斜面でのそり遊びなど、冬ならではの遊びを楽しんだ。
- インフルエンザが流行し、欠席が目立ったため、体調管理に留意した。引き続き、手洗い、うがいを丁寧に行い、感染予防に努めていきたい。
- 卒園に向けての準備も進み、さみしさもあるが、就学への期待が膨らむよう、残りの日々を楽しく過ごしたい。

[自然]：自然との関わり・生命尊重　[数・字]：数量や図形、標識や文字などへの関心・感覚　[言葉]：言葉による伝え合い　[表現]：豊かな感性と表現　を表しています。

保育園 3月 月案

月案（保育園） → P086-P087 3月の月案

3月の月案 ここがポイント！

なごり惜しさを大切にして

　いよいよ園を巣立つときが近づいてきました。卒園は、嬉しいけれどもさみしいというのが、子どもの率直な思いでしょう。一日一日を大切にして、残り少ない園での日々を心豊かに過ごしたいものです。

　卒園にまつわるイベントもいろいろあります。今までお世話になった人々へ感謝の気持ちを伝えながら、参加できるようにしましょう。

3月月案 ゆり組

前月末の子どもの姿

- 雪や氷に触れ、冬の自然事象に気付きながら遊ぶ。
- 小学校を訪問し、就学することを楽しみにする。
- 苗から育てた米でおにぎりパーティーを楽しみ、食べ物の大切さに気付く。

		★ 内 容
養護	生命の保持・情緒の安定	●就学への期待や不安を受け止められ、安心して自己の力を発揮する。 ●基本的な生活習慣を整え、自分でできることを喜び、認め合う。
教育	健康・人間関係・環境・言葉・表現	●友達と積極的に体を動かして遊ぶことを楽しむ。 ●異年齢児と遊ぶ中で、思いやる心や年上としての自覚をもつ。 ●就学への期待と自覚をもち、見通しをもって生活する。 ●成長した喜びを感じ、お世話になった人へ感謝の気持ちをもつ。 ●心を込めて卒園記念品を製作する。 ●動植物の変化に気が付き、観察することを楽しむ。

食育

<ねらい>●空腹、満腹という感覚を大切にし、食事への意欲や楽しさを味わう。
<環境構成>●「おなかがすいた」という感覚がもてるよう、体を動かす遊びを充実させる。
<予想される子どもの姿>●十分な遊びを通して、空腹感と食欲を感じ、意欲的に食べる。
<保育者の援助>●一人一人の状態を把握し、ほめたり励ましたりし、量を調節しながら「おいしいことは嬉しい」と感じられるように声をかける。

3月 月案 * 保育園

◆ ねらい
- 寒暖の差に気を付け、快適に過ごす。【健康】
- 就学への期待や不安を保育者に受け止められ、充実した生活を送る。【自立】
- 身近な春の訪れを感じ、動植物の変化や自然の様子に気付く。【自然】
- 年下の子どもと関わり、行動の仕方を考える。【規範】

📋 月間予定
- お別れ遠足
- ドッジボール大会
- 卒園式
- 身体測定
- お楽しみ会
- 大掃除
- 避難訓練
- 安全管理訓練

環境構成	予想される子どもの姿	保育者の援助
●就学への不安をもつ子が安心できる雰囲気をつくる。 ●手洗い、うがい、衣服の調整などを自ら行えるように環境をつくる。	●就学することが楽しみで、友達と小学校について話す。 ●手洗い、うがいをする意図をしっかりと理解し、積極的に行う。	●期待や不安を受け止め、就学への希望がもてるようにする。 ●自ら進んで行動する姿を認め、自信をもてるようにする。
●遊びに必要な道具を用意し、周りに不要な物がないか安全を確認する。 ●異年齢児と歩く道を下見し、一緒に楽しめる触れ合い遊びを調べる。 ●今月の予定を伝え、一緒にカレンダーを見ながら確認する。 ●お世話になった人に、感謝の気持ちを伝えられる場を設ける。 ●製作に必要な道具を準備する。 ●植物の水やりは、日中の暖かい時間に行うように伝える。	●友達とルールを確認しながら、思いきり体を動かして遊ぶ。 ●年下の子に優しく声をかけたり、交通ルールを伝えたりしながら、一緒に過ごす時間を楽しむ。 ●カレンダーを見て予定を聞いて、先の見通しをもつ。 ●照れた表情を見せながら、自分の気持ちを表現する。 ●自分が植えたチューリップの世話をし、生長の様子を友達や保育者に嬉しそうに伝える。	●保育者も遊びに加わり、ルールを伝えて、楽しさを共有する。 ●異年齢児と触れ合う機会を設け、優しく関わる姿を認める。 ●一人一人の思いを受け止め、ほめたり励ましたりして、自信や安心感をもって就学できるように促す。 ●園生活を振り返り、お世話になった人へ感謝の気持ちが伝えられるようにする。 ●共に考え、話し合いながら自由に製作をする。 ●チューリップの生長を観察し、花が咲いた嬉しさに共感する。

⇄ 職員との連携
- 就学に対する一人一人の期待や不安な気持ちを職員間で伝え合い、丁寧に関わり合いながら情緒の安定を図る。

🏫 小学校との連携
- 保育要録を送付し、個性や生活習慣など、円滑に接続できるように努める。
- 一年間の交流会の内容や一人一人の姿を小学校教職員と振り返り、共通理解を図る。

🏠 家庭との連携
- 子どもの成長した姿を具体的に伝え、喜びを共有する。
- 修了、就学を家族や周りの人たちに祝福してもらい、子どもの喜びや期待につながるような対応をお願いする。

🏷 評価・反省
- 少しずつ春の訪れを感じ、ポカポカと気持ちのよい日が増えてきた。以前に植えたチューリップを観察して、「私のチューリップが咲いたよ」と嬉しそうに教える姿も見られた。
- 卒園式では、大きな声で自分の夢を発表したり、感謝の気持ちをきちんと伝えたりすることができ、大きな成長を感じた。

【自然】：自然との関わり・生命尊重　【数字】：数量や図形、標識や文字などへの関心・感覚　【言葉】：言葉による伝え合い　【表現】：豊かな感性と表現　を表しています。

幼稚園 認定こども園 4月 月案

月案（幼稚園・こども園） → P088-P089 4月の月案

5歳児としての自覚と喜びを

あこがれの5歳児になり、嬉しさでいっぱいでしょう。これから、どのような活動ができるかを示すことが重要です。3歳児の保育室でお世話をしたり、動植物にえさや水をやったり。また、春ならではの自然に親しみ、興味や関心がもてるように導きましょう。図鑑で調べたり、人に伝えたりすることで、追究したい気持ちが高まります。知的好奇心が刺激されるような活動を取り入れましょう。

4月月案 ぞう組

今月初めの子どもの姿
- 5歳児クラスになったことを喜び、嬉しそうに登園してくる。
- 新しいクラスへ進級する期待があるが、新しい友達との出会いに不安を感じている子もいる。

	第1週
◇ 週のねらい	●始業式、入園式に参加する。 ●自己紹介をし、新しい保育者や友達を知る。
★ 内容	●新しい園生活に期待をもち、楽しみにしながら登園する。 ●新しい保育室、靴箱、ロッカーの場所を知る。
環境構成	●子どもが安心して遊びはじめられるように、昨年度まで使っていた親しみのある遊具を用意する。 ●靴箱やロッカーに、名前やマークをはっておく。 ●春らしい壁面装飾を施し、お祝いの気持ちを表す。
保育者の援助	●自己紹介では、一人一人を援助し、安心して自分の名前が言えるように言葉を添える。 ●保育者に親しみを感じられるよう、一人一人の名前を呼びながら一緒に触れ合い遊びをしたり、歌を歌ったりし、緊張感がほぐれるようにする。

食育
- ヨモギつみに出かけ、ヨモギの葉の特徴を話して、子どもがつめるようにする。
- タケノコ掘りに出かけ、タケノコがある場所が分かるように声をかける。
- ヨモギ団子、タケノコの煮物をつくることを伝え、期待がもてるようにする。

◆ 月のねらい

- 進級を自覚して、新しい友達や保育者に親しむ。[自立][協同]
- 園内の春の自然に親しみ、観察したり調理して食べたりすることを楽しむ。[自然]

月間予定

- 始業式
- 入園式
- 新入園児歓迎会
- 個人面談
- 親子レクリエーション
- ヨモギ団子づくり
- 誕生会（以後、毎月）

4月　月案 ＊＊ 幼稚園 認定こども園

第2週	第3週	第4週
●新しい保育者や友達に親しむ。 ●5歳児に進級したことを自覚して行動する。 ●園庭の春の自然の様子に気付く。	●いろいろな経験、活動を通して新入園児を歓迎する気持ちをもつ。 ●友達と一緒に一つの作品をつくる楽しさを知る。	●母の日のプレゼントづくりをして、母親に感謝する気持ちをもつ。 ●簡単なルールのある遊びを楽しむ。
●気の合う友達と、集団遊びや触れ合い遊びを楽しむ。 ●新入園児と関わって遊ぶ。	●新入園児歓迎会に参加して、言葉や歌をプレゼントする。 ●友達と相談しながら、こいのぼりづくりや当番表づくりを楽しむ。	●母親へ感謝の気持ちをもちながら「スクラッチのしおり」をつくる。 ●戸外で体を動かして、集団遊びをする。
●自分の好きな遊びが見付けられるよう、体を動かして遊ぶ物、つくって遊ぶ物、ごっこ遊びをする物など、様々な遊具を準備する。 ●3歳児が早く園に慣れるためにはどうすればよいかを考えられるよう、話し合いの場を設ける。	●新入園児が分かる言葉、親しみのもてる歌を選ぶ。 ●こいのぼり用の模造紙、手形を押すための用具を出す。	●スクラッチのしおりをつくるための用紙、画材、リボンなどを用意する。 ●園庭に円をかいてボールを置いておき、子どもが自発的に円形ドッジボールに取り組めるようにする。
●保育者が仲介し、新しい友達関係が広がるように配慮する。 ●好きな遊びや、自分の居場所を見付けて楽しめるように声をかける。 ●春の自然に気付いたり触れたりしたときの子どもの驚き、発見などを受け止めて共感し、興味や関心が広がるようにする。	●新入園児には優しく声をかけることを伝える。 ●こいのぼりには全員が手形を押し、「みんなでつくったこいのぼり」という意識がもてるように言葉をかける。	●スクラッチで模様が出てくる不思議さや驚きを受け止めて共感する。 ●ルールのあるボール遊びや鬼ごっこなどを紹介して、ルールを守ると楽しく遊べることを伝える。

⇄ 職員との連携

- バスの運転職員など園全体に、タケノコの収穫や調理の補助を依頼する。
- 進級児について、昨年度の担任から聞き取りをして発達段階などを把握する。

🏫 小学校との連携

- 地域の小学校に連絡をしてあいさつに行く。情報交換や交流会などについて話し合う。

🏠 家庭との連携

- 調理用エプロンを持参してもらう。
- クラスだより、食育だよりを配布して、園の保育や食育活動について知らせる。
- 親子レクリエーションへの参加を呼びかける。
- 個人面談で園や家庭の様子を伝え合い、今後の保育を進めるうえでの参考にする。

🏷 評価・反省

- 子ども同士は全員の名前を覚えているわけではないが、新しい友達と一緒に遊ぶ楽しさを感じている。仲よくなれるように、様々な遊びを通して友達との関係を広げていきたい。

[自然]：自然との関わり・生命尊重　[数・字]：数量や図形、標識や文字などへの関心・感覚　[言葉]：言葉による伝え合い　[表現]：豊かな感性と表現　を表しています。

幼稚園 認定こども園 5月 月案

5月の月案 ここがポイント！

小動物や昆虫と共に暮らす

　園では、ウサギ、ニワトリ、カメ、金魚など、いろいろな生き物を飼いますが、保育室内にも生き物がいるとよいでしょう。中でもおすすめはカイコです。バリバリとクワの葉を食べ、マユをつくる様子は、子どもにとっては驚きの体験となるでしょう。生き物は、えさをやったり掃除をしたりしなければ生きられません。共に暮らす中で、継続して行わなければならないことを通して、責任感が育まれます。

5月月案 ぞう組

前月末の子どもの姿
- 進級したことを自覚し、積極的に新入園児の世話をしている。
- 新しい友達との遊び方や、関わり方に戸惑っていたが、しだいに一緒に遊ぶようになった。

	第1週
週のねらい	●5月の祝日の意味を知る。 ●春の自然や草花の生長に気付く。
内容	●憲法記念日、みどりの日、こどもの日などの祝日の意味を保育者と共に考えて知る。 ●園内の草花を観察し、飼育しているウサギやウコッケイに与えてもよい草を知る。
環境構成	●祝日についての分かりやすい絵本や紙芝居を準備する。 ●保育室に野草や植物の絵本を並べておき、子どもが自由に見られるようにする。
保育者の援助	●祝日の意味を子どもにも分かる言葉で説明し、理解できるようにする。 ●タンポポ、ヨモギ、シロツメクサなどをつみ取って、ウサギやウコッケイに与えてもよいことを伝え、一緒にえさをやる。

食育
- 田植え、ナス、キュウリ、サツマイモの苗植え、インゲンマメの種まきを、子どもと共に楽しんで行う。
- 園内にはキイチゴ、ヤマモモ、グミ、キウイ、ウメなどの果樹があることを知らせ、収穫して食べることに期待がもてるようにする。
- ソラマメの皮むきをして、さややや豆の様子に気付けるようにする。

5月 月案 幼稚園・認定こども園

◆ 月のねらい
- 友達や保育者、保護者と関わりながらアイデアを出し合って、様々な経験や活動に取り組む楽しさを知る。 [規範] [思考]
- 様々な作物を育てる方法を知り、生長の様子を観察して収穫に期待する。 [自然]
- 歯の大切さを知り、きれいに保とうとする。 [健康]

📋 月間予定
- 田植え、野菜の苗植え、種まき
- 地震避難訓練
- 懇談会
- 保育参観（参加）日
- 市民の森への散歩
- 身体測定、歯科検診

	第2週	第3週	第4週
	●木工作品について知り、保護者と一緒につくることに期待をもつ。 ●いろいろな野菜の苗、生き物に触れ、生長や収穫を期待する。	●保護者と一緒に、木工作品をつくる楽しさを味わう。 ●カイコと関わり、世話をする楽しさを知る。	●園内外の自然の様子や変化に気付く。 ●健康な体のために必要な、歯科検診の大切さを知る。
	●保護者と一緒につくる木工作品について話し合い、イメージを膨らませる。 ●泥や土の感触を楽しみながら野菜の苗や種を植え、収穫に期待をもつ。	●保護者と一緒にイメージを共有し、木工遊びの楽しさを味わう。 ●カイコのクワの葉を食べる様子や成長に、興味や関心をもつ。	●イネ、サツマイモ、ウメなどが生長して様子が変化したことに気付く。 ●歯科検診の仕方、意味について知る。
	●金づちやのこぎり、くぎなどを準備する。 ●昨年植えたジャガイモと、今回植えるサツマイモの色や形、植え方の違いを説明するための絵カードを準備する。 ●たんぼに水を張り、畑には畝をつくる。 ●カイコの飼育箱を用意する。	●木工作品づくりの際、けがには十分に注意し、薬などを用意する。 ●カイコの生態や育て方に興味がもてるように、保育室にカイコの絵本を並べる。	●市民の森へ行くまでの道のりを説明するための地図を用意し、安全な歩き方、横断歩道の渡り方を話し合う機会をもつ。 ●歯磨きの大切さを伝える絵本や紙芝居を用意する。
	●木工作品づくりをする際の注意事項を伝える。 ●昨年植えたジャガイモと、今回植えるサツマイモの違いを説明する。 ●稲作を始めること、野菜を育てること、カイコの飼育を始めることについて分かりやすく話す。	●子どもの発想を大切にし、木工作品づくりでは手を出しすぎないように保護者にお願いする。 ●でき上がった木工作品について発表し、自分や友達の作品のよさに気付けるようにする。 ●熟したクワの実を試食し、クワに親しみがもてるようにする。	●昨年、市民の森を散歩したときの様子や、森の中の生き物や植物について話し、春の自然の変化に気付けるようにする。 ●歯科検診を行う理由を説明し、健康のために、ふだんから心がけたいこと（手洗い、うがい、歯磨き）の大切さを考えられるようにする。

🔁 職員との連携
- 懇談会では子どもの食事についての話題を取り上げ、各家庭と情報を交換する。
- バスの運転職員に、木工作品づくりの事前指導として園児に道具の使い方の手本を見せ、補助することを依頼する。

🏫 小学校との連携
- 小学校の参観日を保育者が見学した後、教師と情報交換を行う。

🏠 家庭との連携
- 連休明けの健康状態に注意してもらう。
- 保育参観日では木工作品づくりを行うので、親子で何をつくりたいか、相談しておいてもらう。
- 代かき、田植えをすることを伝え、汚れてもよい着替えを用意してもらう。

🏷 評価・反省
- 市民の森では、新緑の美しさや色とりどりの花を見たり、虫を発見したりするなど、子どもの生き物や植物への興味や関心を広げるきっかけとなった。更に経験の幅を広げていきたい。
- カイコの飼育では、カイコにおっかなびっくりな子も多かったが、クワの葉をよく食べる姿を見ているうちに、愛着がわいてきたようだ。

[自然]：自然との関わり・生命尊重　[数字]：数量や図形、標識や文字などへの関心・感覚　[言葉]：言葉による伝え合い　[表現]：豊かな感性と表現　を表しています。

幼稚園・認定こども園 6月 月案

月案（幼稚園・こども園） → P092-P093 6月の月案

6月の月案 ここがポイント！

力を合わせて、みんなで取り組む活動を

　そろそろクラス全員で取り組むことに力を入れます。相談して、どうしたらより楽しくなるかアイデアを出し合うのです。友達の考えを聞き、自分の意見も言いながら、みんなで相談すると、よりよいものが生まれるという経験を重ねましょう。時にはトラブルもありますが、どうすることがみんなにとってよいことなのかを考える機会となります。自分たちで解決できるようになるのも、このころからです。

6月月案 ぞう組

前月末の子どもの姿
- カイコの飼育では、興味をもってクワの葉を与えたり、掃除したりして観察している。
- リレーや鬼ごっこなど、様々な体を動かす集団の遊びに熱が入っている。

	第1週
週のねらい	●園や家庭で、安全に生活する方法を知る。 ●父親に感謝の気持ちをもつ。 ●園内の樹木や野菜の生長と変化に気づく。
内容	●不審者が園に侵入した場合や、園外で危険なことがあった際の行動を知る。 ●父親へのプレゼントづくりをする。 ●園庭のウメの実を観察する。
環境構成	●防犯のための教材DVDの映写の準備をする。また、誘拐や不審者対策の劇を演じる準備をする。 ●父の日のプレゼントづくりの材料や道具を準備する。 ●ウメジュースのつくり方をかいた絵を用意する。
保育者の援助	●防犯や誘拐防止のための劇を演じ、子どもが「すぐ逃げる、大声を出す」などの行動ができるように指導する。 ●プレゼントがきれいにでき上がった際の喜びと父親への思いを受け止め、共感する。 ●園庭や畑を歩き、ウメやイネの生長に気付けるように声をかける。

食育
- ウメの実を収穫して、ウメジュースの仕込みを伝える。
- キュウリを収穫し、とれたてのキュウリを味わって食べる機会をもつ。
- カレーをつくり、お泊まり保育を楽しみにできるようにする。

◆ 月のねらい

- 様々な行事に向けて、友達や保育者と話し合って準備をすることで、期待感をもつ。 協同
- 園内で収穫した、野菜やウメを使った調理を楽しむ。 自然
- 危険なことが起きたときの適切な行動を知る。 規範

月間予定

- カレーづくり
- 防犯訓練
- 自由参観日
- お店屋さんごっこ
- 動物公園遠足

第2週	第3週	第4週
●園内の様々な生き物の様子を知る。 ●お店屋さんごっこの準備を楽しむ。	●3、4歳児との交流を楽しむ。 ●園内のウメやカイコに触れて、その性質や変化に興味や関心をもつ。	●ウメジュースづくりに取り組む。 ●お店屋さんごっこを楽しむ。 ●カイコがつくったマユに触れる。 ●安全な水遊びの方法を知る。
●飼育しているカイコや、畑に生息するミミズやテントウムシなどを見付け、興味や関心をもつ。 ●カイコの絵をかき、細部に気付く。	●3、4歳児と合同ランチに参加し異年齢児との交流を楽しむ。 ●父親への手紙をポストに投函する。 ●ウメの実やカイコの観察をする。	●砂糖とウメで仕込みをする。 ●お店屋さんごっこで、異年齢児と一緒に売り買いを楽しむ。 ●約束を守って、水遊びを楽しむ。
●カイコの体の模様や目、細かい毛にも気付けるように虫めがねを用意する。 ●お店屋さんごっこ（ゲームコーナー）では、素材、看板、内容、役割分担など、クラス全体で話し合う場を設ける。	●カイコのマユから糸が取れることを話し、後日、マユを煮て糸を取り出す場を設ける。 ●ウメの実の色が変化したことが分かるように、以前の写真を掲示する。 ●お店屋さんごっこの取り組みは、全員が作業できるよう材料をそろえる。	●カイコのマユは保育者が煮て糸を取り出して展示し、巻き取った生糸は、子どもが触れて感触を体験できるようにする。 ●水遊びの約束をまとめたスライド教材を視聴する準備をする。
●カイコの体がどのようになっているか気付けるような言葉をかける。 ●お店屋さんごっこでは、自分たちで遊ぶための場をつくることを伝える。 ●遊びや生活であがった子どもの様々なアイデアを取り上げて実現できるよう援助し、主体的に取り組めるようにする。	●夏休みに入ったら、お泊まり保育をすることを話し期待がもてるようにする。 ●投函する際に郵便物の収集の時刻、ポストや切手の役割について話題にする。 ●ウメの実の色の変化やにおいに気付けるよう声をかけ、青いウメは絶対に食べてはいけないことを知らせる。	●お店屋さんごっこは当日だけでなく、終了した後も各クラスで遊びが継続するように指導する。 ●カイコからマユ、マユから糸が取れることの不思議さや、糸を何に使うかなどについて、考えられる言葉をかける。

⇄ 職員との連携

- 教務の保育者は糸車をつくり、カイコのマユから生糸を巻き取る様子を子どもに見せる準備をする。

🏠 小学校との連携

- 近隣の小学校まで散歩をしながら、就学を意識した話をして小学校への期待を高められるようにする。

🏠 家庭との連携

- 防犯訓練の内容について保護者に伝え、家庭でも話し合ってもらう。
- カレーづくりのためにエプロンを持ってきてもらう。
- プールでの水遊びの準備や、健康管理カードについて知らせる。

🏷 評価・反省

- カイコに積極的に触れ、世話をする子どもが増えた。カイコから最後は糸になる過程を見て、「カイコってすごいね」と驚く声があがっていた。
- お店屋さんごっこのゲームコーナーでは、自分たちでつくったゲームで楽しく遊ぶ様子が見られた。自分たちで考えを出し合って遊びをつくることも大切だと思った。

6月 月案 ＊＊ 幼稚園 認定こども園

自然：自然との関わり・生命尊重　数字：数量や図形、標識や文字などへの関心・感覚　言葉：言葉による伝え合い　表現：豊かな感性と表現　を表しています。

幼稚園・認定こども園 7月 月案

月案（幼稚園・こども園）→ P094-P095 7月の月案

7月の月案 ここがポイント！

お泊まり保育への期待を軸に

　5歳児にとって、お泊まり保育は一大イベントです。その期間だけでなく、それまでの生活の中に、お泊まり保育に向けての準備や活動もたくさんあることでしょう。その一つ一つを楽しみながら、責任をもってやり遂げ、発達に必要な経験を重ねていきます。

　また、夏野菜が収穫の時期を迎えます。これまで世話をしてきたからこそ得られる喜びを十分に感じ、みんなで調理して味わいましょう。

7月月案 ぞう組

前月末の子どもの姿
- 自然物に興味をもち、観察したり、においを感じたりするなど、五感を使って関わっている。特にウメの実の変化に気付き、触れたり拾ったりすることを楽しんでいる。

	第1週
週のねらい	●水遊びで水の感触を楽しむ。 ●畑の野菜を収穫し、喜びを感じながら味わう。 ●夏に必要な生活習慣を身に付ける。
内容	●水遊びを楽しみながら、水の感触や虹ができることなど、水の性質や不思議さに気付く。 ●ナス、キュウリなどの野菜を収穫する。
環境構成	●プール遊びの日は、気温と水温を確認する。 ●安全や衛生に気を付けて調理ができるよう、保育室の環境を整える。 ●遮光ネットやパラソルで日陰をつくり、いつでも水分補給ができるよう用意する。
保育者の援助	●プールに入る前や活動中は、子どもが寒さや疲れを感じていないか把握する。また、熱中症に注意する。 ●音楽フェスティバルでは、小、中学生の発表や小学校の建物にも関心がもてるようにし、就学への期待感が高まるようにする。

食育
- ナス、キュウリを収穫し、とれたての野菜を味わえるようにする。
- 6月に仕込んでおいたウメジュースを味わい、時間が経つとおいしいジュースができることを感じられるように言葉をかける。
- 収穫したジャガイモを使ったポテトサラダづくりを見学し、調理への意欲を促す。

◆ 月のねらい

- 様々な素材や技法を使って、行事のための製作を楽しむ。 表現
- 水遊びやネイチャーゲームなど、外で大きく体を動かすことを楽しむ。 自然
- 七夕の行事に親しむ。 社会

月間予定

- 七夕
- 音楽フェスティバル
- 個人面談

7月 月案 幼稚園・認定こども園

第2週	第3週	第4週
●お泊まり保育前の様々な経験や活動に取り組んで、期待をもつ。 ●七夕の由来について知る。	●園内の様々な自然に興味をもつ。 ●1学期を振り返り、自分の行動や健康について考える。	＜夏休み＞
●ネイチャーゲームのカードづくりや歌、盆踊りを楽しむ。 ●七夕集会に参加し、短冊に書いた願い事について話す。	●ネイチャーゲームを楽しむ。 ●お店屋さんごっこを友達と楽しむ。 ●自分の歯について知る。	
●ネイチャーゲーム用の台紙は保育者がつくって用意する。 ●園内の植物や生き物に関心がもてるよう植物の名前を表示しておき、保育室に昆虫図鑑を並べる。 ●七夕のスライド上映の準備をする。	●お店屋さんごっこでは、前回は経験できなかったゲームにも、積極的に参加できるよう順番や動線を整える。 ●「よい歯の表彰」をするための表彰状を準備する。	●飼育当番を希望する保護者に、子どもと一緒にウコッケイのえさやりと小屋の掃除をしてもらう。
●植物や昆虫に興味や関心がもてるように言葉をかける。 ●短冊の願い事について、子どもと楽しく話をする。	●「ほめる言葉、励ます言葉」を渡す際には、自分や友達のよいところに気付くことができるように配慮する。 ●「よい歯の表彰」では、一人一人が歯の大切さを考えられるようにする。	

🔄 職員との連携

- お泊まり保育や音楽フェスティバルでは全職員が協力して取り組めるように共通理解を深める。

🏫 小学校との連携

- 夏休み明けの交流活動について、小学校教職員と保育者とで打ち合わせを行う。

🏠 家庭との連携

- 個人面談では、子どもの育ちや園での様子について情報を交換する。
- お泊まり保育のおたよりを配布し、諸注意や持参する物などを知らせる。
- 夏休み中の生活の記録用紙を渡し、記入してもらう。

🏷 評価・反省

- 音楽フェスティバルで地域の人や小学生の前で発表し、見てもらうことへの意識や自信をもつことができた。これからも発表を通して、これらの気持ちを育ててほしい。
- ネイチャーゲームをしたことでお泊まり保育への期待が高まった。また、五感を使って自然物と関わることができてよかった。

自然：自然との関わり・生命尊重　数・字：数量や図形、標識や文字などへの関心・感覚　言葉：言葉による伝え合い　表現：豊かな感性と表現　を表しています。

8月 月案

8月の月案 ここがポイント！

久しぶりに会える喜びを

　夏休みに入り、すべての子どもが毎日、登園するわけではありません。夏期保育が行われる際に久しぶりに顔を合わせ、嬉しい気持ちになるでしょう。「しばらく会わないうちに大きくなったなあ」と感じることもあります。せっかく登園した夏の一日、楽しい経験ができるように、精いっぱい準備しましょう。「来てよかったな」「また来たいな」と、どの子も思えるようにしたいものです。

8月月案 ぞう組

😊 前月末の子どもの姿
- プール遊びで、自分の目標に向かって自ら取り組む。
- お泊まり保育を楽しみにし、友達や保育者と話題にする。
- キュウリの収穫を喜び、「おいしい」と言って食べる。
- 自分の夏の予定を、保育者や友達に嬉しそうに話す。

	第1週
週のねらい	●保育者や友達とお泊まり保育を楽しく過ごす。 ●家庭を離れて1泊することで自信や自立心をもつ。
内容	●友達とカレーをつくり、食べることを楽しむ。 ●キャンプファイヤー、盆踊り、花火鑑賞をして夏の夜を楽しみ、友達と寝る。 ●ネイチャーゲームを楽しむ。
環境構成	●子どもが調理しやすいよう道具類を整える。 ●キャンプファイヤーでは火の扱いに十分に注意し、防火用品も準備する。 ●就寝用の保育室に、布団を用意する。 ●二日目の朝食やネイチャーゲームの準備をする。
保育者の援助	●カレーづくりでは子どもが張り切って何でもやろうとするので、混乱しないように、手順どおりに落ち着いて行えるように援助する。 ●夜、寝るときに保護者がいないことで泣いたり気持ちが沈んだりしている子には、優しく語りかけ、不安な気持ちに寄り添い、友達や保育者がそばに付いていることを話す。

🍚 食育
- カレーづくりでは、準備や調理、片付けがスムーズに行えるよう、そのつど声をかけて援助する。
- 自分たちでつくったこと、カレーの味などを話題にしながら、楽しく食べられるようにする。

◆ 月のねらい

- 保育者や友達と一緒に、お泊まり保育の一晩を楽しく過ごす。 協同
- 保護者のもとを離れて1泊し、自信をもつ。 自立
- 夏ならではの遊びを、思いきり楽しむ。 自然
- 自分の思いや考えを、相手に言葉で伝えながら活動を進める。 言葉

月間予定

- お泊まり保育
- 夏期保育

8月 月案 幼稚園・認定こども園

第2週	第3週	第4週
＜夏休み＞	●夏ならではの活動や遊びに、意欲的に取り組む。 ●他のクラスや異年齢児との交流を楽しむ。	＜夏休み＞
	●プール遊びを楽しむ。 ●プラ板、ウッドビーズ、陶芸、廃材工作などを楽しむ。 ●運動会ごっこをして、運動会に期待をもつ。	
	●プール遊びでは、気温や水温を確認し、水遊び用の遊具を準備する。 ●各工作遊びでは、やりたい工作が十分にできるよう量をそろえる。 ●パラバルーンや大玉など、運動会で実際に使う用具を出しておく。	
↓	●工作の方法を理解し、見本を見せたり、やり方を伝えたりして、楽しくつくれるように援助する。 ●異年齢児や他のクラスの友達と交流することが多いので、状況をよく見て対応する。	↓

⇄ 職員との連携

- お盆休みで保育者の人数がいつもと違うので、夏期保育の内容について全員が把握し、連絡事項は確実に伝わるようにする。

🏫 小学校との連携

- 夏休み前までの交流活動を振り返り、今後の保育に少しずつ取り入れる計画を立てる。

🏠 家庭との連携

- お泊まり保育で子どもなりにやり遂げたこと、楽しかったことなどを子どもから聞いてもらう。
- 地域の行事、夏休みの家庭の予定などを、子どもが楽しみにしていることを伝える。
- 生活リズムが崩れやすいので、夏休みに規則正しい生活を心がけることの大切さを伝える。

🏷 評価・反省

- 様々な準備を経て当日を迎えたので、期待をもってお泊まり保育に参加することができた。夜の非日常的な雰囲気の中で、キャンプファイヤーや花火などを楽しむことができた。
- 夏期保育の工作では、好きな工作に熱心に取り組んだ。じっくりとつくることができ、いろいろな工夫を凝らしていた。

自然：自然との関わり・生命尊重　数字：数量や図形、標識や文字などへの関心・感覚　言葉：言葉による伝え合い　表現：豊かな感性と表現　を表しています。

幼稚園 認定こども園 9月 月案

9月の月案 ここがポイント！

自分たちの手で運動会の取り組みを

運動遊びを十分にした後、いよいよ運動会に向けての取り組みが始まります。どのような運動会にしたいか、どんな種目をやりたいかをみんなで相談し、させられる運動会ではなく、自分たちでつくる運動会にしたいものです。応援はどうするのか、運動用具はだれが運ぶのか、みんなで必要な係をあげて、やりたい係ができるようにします。種目だけでなく、係で活躍する姿も保護者に見てもらいましょう。

9月月案 ぞう組

前月末の子どもの姿
- 友達と夏休み中の経験を伝え合っている。
- 夏期保育の期間中につくった作品を友達に紹介したり、その作品を見て、次の日に取り組む内容を決めたりする。
- 他のクラスの友達と遊ぶことを喜び、積極的に関わる。

	第1週
週のねらい	●友達や保育者との再会を喜び、関わりを楽しむ。 ●園生活の生活リズムを取り戻す。
内容	●始業式に参加する。 ●友達や保育者と、夏休みについて話したり聞いたりし、楽しさを共有する。 ●運動遊びに取り組み、運動会を楽しみにする。
環境構成	●運動会のポスターをかくにあたり、画用紙や絵の具を準備し、イメージや期待がもてるように昨年の運動会の写真をはる。
保育者の援助	●夏休み中の様々な経験を取り上げて、クラスのみんなに分かりやすく伝わるようにする。また、夏休みにつくった作品は、本人の努力や工夫を十分に認める。 ●熱中症にならないように、子どもたちの体調を把握し、水分補給したり、休息をしっかり取るように声をかける。

 食育
- イネやポップコーン用トウモロコシの観察により、夏休み前との変化や生長に気付くよう声をかける。
- イネ刈りやポップコーン用トウモロコシの収穫の準備をし、方法を伝える。
- ダイコンの種まきができるよう、畑の準備をする。

9月 月案 幼稚園・認定こども園

◆ 月のねらい
- 友達や保育者と、様々な協同的な活動に意欲的に取り組む。[協同]
- 収穫、種まき、観察などの体験を通して、自然との関わりを深める。[自然]
- 祖父母を大切にしようとする気持ちをもつ。[社会]

月間予定
- 始業式
- 夏休み作品展
- 運動会予行演習
- イネ刈り
- トウモロコシの収穫
- ダイコンの種まき

	第2週	第3週	第4週
	●これまで育ててきた様々な栽培物を、収穫する楽しさを味わう。 ●友達や保育者と、体を動かす楽しさを感じる。	●友達と一つの目的に向かって、協力しながら取り組む大切さを知る。 ●敬老の日、秋分の日の意味を知る。	●夏から秋への変化に気付き、季節に合った生活の仕方について考える。 ●様々な野菜の生長の様子に気付く。
	●イネ刈りや、ポップコーン用トウモロコシを収穫する喜びを味わう。 ●リレーや組体操などに取り組み、協力して行うよさを知る。	●ダイコンの種まきをし、収穫に期待をもつ。 ●友達と力を合わせ運動会に向けて取り組み、充実感を味わう。	●台風や大雨の日の、安全な過ごし方について考える。 ●祖父母へ感謝の気持ちを表す。
	●イネ刈り用の鎌を準備する。 ●収穫後の稲穂やポップコーン用トウモロコシは保育室前のテラスに干し、触れたり観察したりできるようにする。 ●リレーのバトンを出しておき、いつでもリレーができるようにする。	●ダイコンの種を出しておき、直接手に触れて感触や形などの特徴に気付けるようにする。 ●小学校の校庭で運動会を行うため、校舎や様々な施設、設備についても話し、就学に期待がもてるようにする。	●ルールのある室内ゲームや積み木など、共同で取り組める遊びを用意する。 ●ダイコンが発芽した後の生長に気付けるよう、畑やその周辺に連れて行く。 ●祖父母へのプレゼントづくりの材料を準備する。
	●鎌を使ってイネ刈りをする際は、けがをしないように使い方を伝え、保育者が手を添えて補助をする。 ●刈り取ったワラで、なわや、わらじがつくれることを話す。 ●友達と力を合わせて取り組む大切さ、楽しさを感じられるような言葉をかける。	●他のクラスや異年齢児のクラスの運動会の取り組みを見て、種目の楽しさやよいところに気付くような言葉をかける。 ●小学校の校庭は広いので、子どもの気持ちが散漫にならないよう、自分たちのことに集中できるように援助する。	●悪天候の日はどんなことに気を付けたらよいかを話し合えるようにする。 ●各自の祖父母について発表し、祖父母参観日にはどのようなことで喜んでもらうかを話し合えるようにする。

職員との連携
- 食育担当の保育者は、ポップコーン用トウモロコシの収穫、ダイコンの種まきの援助や指導をする。

小学校との連携
- 運動会の予行演習で小学校に行く際、当日のトイレやその他の設備の利用などについて確認する。

家庭との連携
- 2学期以降の行事予定や運動会のおたよりを渡し、園生活の流れについて理解してもらう。
- 10月に行う祖父母参観日について知らせ、各家庭で祖父母に参加を呼びかけてもらう。

評価・反省
- 鎌を使ってイネを刈ったり、ダイコンの種を植えたりしたことで、食べ物への興味が増したようだ。今後も様々な体験を取り入れたい。
- 祖父母との交流会を楽しみにしている。当日は一緒に遊ぶ時間も設けるが、子どもの希望を聞き、職員とも打ち合わせをして有意義な参観日となるようにしたい。

[自然]：自然との関わり・生命尊重　[数字]：数量や図形、標識や文字などへの関心・感覚　[言葉]：言葉による伝え合い　[表現]：豊かな感性と表現　を表しています。

幼稚園 認定こども園 10月 月案

CD-ROM 月案（幼稚園・こども園） → P100-P101 10月の月案

10月の月案 ここがポイント！

秋の自然を感じ、生活に取り入れる

実りの秋を迎え、イネを刈り取って脱穀やモミすりを体験したり、クリ拾いをしたり。私たちは自然から多くの贈り物をもらっています。食に直結する活動だけでも、たくさんあります。あるだけの自然、眺めるだけの自然ではなく、その恵みを食や生活に取り入れて暮らしているのです。生活がより心豊かになるように、感性を高めたいものです。子どもに経験させたいことを、興味がもてるように計画しましょう。

10月月案 ぞう組

前月末の子どもの姿
●運動会に期待をもち、様々な種目に積極的に取り組んでいる。
●園内の自然の様子や変化を見て、季節の移り変わる様子を友達に伝え、発見を喜んでいる。

	第1週
週のねらい	●友達と運動会に参加し、充実感や達成感を味わう。 ●小学校の校庭で運動会を行うことで、小学校への期待を膨らませる。 ●園庭の植物に触れ、感触、色や形などの特徴に気付く。
内容	●友達と力を合わせ組体操やリレーなどに取り組む楽しさを味わう。 ●運動会を小学校の校庭を借りて行う。 ●木に実っているクリや昆虫などを観察し、その様子に気付く。
環境構成	●運動会後も、様々な種目に自由に取り組んで楽しめるよう、用具を出しやすくする。 ●トイレや水道場など、小学校の様々な施設の使い方について事前に伝える。 ●クリ拾いでは、様々な虫に気付いて観察したり捕まえたりできるよう、ビニール袋を準備する。
保育者の援助	●小学校の校庭で運動会を行うことに喜びと緊張を感じながら、練習してきた成果が発揮できるよう言葉をかけていく。 ●各家庭でどのように祖父母と過ごしているか、関わっているかを発表し合ったり、室内を装飾したりして、祖父母参観日を楽しみにできるようにする。

食育
●イネの脱穀やモミすりができるように準備をする。
●ポップコーン用トウモロコシやコンニャクイモは畑で収穫したことを話し、調理することにより材料の形状が変化する様子に興味がもてるようにする。
●昨年つくった味噌を、持ち帰れるように準備する。
●収穫祭りの豚汁、クリごはんづくりの準備をし、みんなで食べることに期待をもてるようにする。
●経験してきた野菜の育て方について考えられるようにする。

◆ 月のねらい

- 調理、染色、見学など様々な活動を通して、自然と関わる楽しさや大切さを知る。[自然]
- 祖父母や高齢者と関わる楽しさを知る。[社会]

月間予定

- 運動会
- 体力測定
- クリ拾い
- マリーゴールドの染色
- 祖父母参観日
- 収穫祭り

10月 月案 ＊＊ 幼稚園 認定こども園

	第2週	第3週	第4週
	●友達や保育者と指人形劇について話し合い、自分の考えを伝え合う楽しさを味わう。 ●自分の祖父母や友達の祖父母との交流を楽しむ。	●様々な材料を使い、工夫して指人形をつくることを楽しむ。 ●園内の植物や作物に触れ、染色や調理する楽しさを味わう。	●自分たちで収穫、調理した物を喜んで食べる。 ●友達とルールのある遊びを楽しむ。
	●指人形劇の配役や、祖父母と一緒に遊びたい内容を話し合う。 ●イネのモミの感触や変化する様子を感じながら、脱穀を楽しむ。	●指人形の色塗りや細部の仕上げをして完成させ、発表会に期待する。 ●収穫祭りで「わっしょいまつりっこ」の踊りを楽しむ。	●野菜の収穫や調理、昨年に仕込んだ味噌を持ち帰ることで、自然の恵みに感謝する。 ●ドッジボールやサッカーなど、ルールを守って遊ぶ楽しさを味わう。
	●指人形づくりの材料を準備し、自分の役のイメージに合った人形づくりができるようにする。 ●モミすり用のすり鉢と、軟球ボールを用意する。	●人形劇をイメージしやすいように台本となる絵本を用意する。 ●収穫祭りを楽しみにしながら、リズミカルに踊れるよう、保育者が手本を見せる。 ●マリーゴールドだけでなく、タマネギの皮も集めておき、一緒に煮出すようにする。	●収穫祭りの前日には収穫物やおみこしを展示しておき、当日に期待感がもてるようにする。 ●昨年つくった味噌のでき上がりを見て、その変化に気付ける場を設ける。 ●自発的にドッジボールなどが楽しめるよう、園庭に線を引く。
	●指人形劇の内容についてイメージがわくように話し合いを深める。 ●祖父母参観日は参観だけを目的とせずに、子どもがお年寄りと楽しい時間を過ごせるように配慮する。	●指人形づくりに使う、小麦粉のりや絵の具の感触を楽しめるようにする。 ●マリーゴールドやタマネギの皮で染める方法を伝える。また、自然物を利用する楽しさに気付けるようにする。	●安全や衛生に注意して調理ができるよう、包丁を使う際には保育者が個別に援助する。作業前には、手を消毒スプレーで消毒する。

⇄ 職員との連携

- 収穫祭りでは、全職員が協力して取り組めるように、共通理解を深める。

🏫 小学校との連携

- 小学校校長に園の運動会を参観していただく。プログラムに卒園児も参加できる競技を取り入れる。

🏠 家庭との連携

- 祖父母参観日の案内状を配布し、参加を希望する祖父母に渡してもらう。
- マリーゴールドで染色するためのハンカチ、収穫祭りのエプロン、手ぬぐいを持参してもらう。
- 昨年、園で仕込んだ味噌を持ち帰り、家庭で使ってもらい、園の食育活動への理解を得る。

🏷 評価・反省

- 話し合いや相談をしながら運動会を迎え、子どもは自分の目標をもって取り組むことができた。終了後は、当日経験しなかった綱引き、玉入れを取り入れていきたい。
- マリーゴールド染めの発色は子どもにとって新鮮な驚きだった。これからも様々な場面の驚きや感動を受け止めたい。

[自然]：自然との関わり・生命尊重　[数字]：数量や図形、標識や文字などへの関心・感覚　[言葉]：言葉による伝え合い　[表現]：豊かな感性と表現　を表しています。

幼稚園 認定こども園 11月 月案

11月月案 ぞう組

前月末の子どもの姿
- 運動会が終わった後も、友達と誘い合ってリレーや組体操などに取り組んでいる。
- 園庭のドングリや木の葉、虫などを拾ったり捕まえたりして、様々な経験の中で秋の訪れを感じている。

	第1週
週のねらい	●友達と意見を出し合い、指人形劇づくりを進め、友達との関係を深める。 ●友達と誘い合って、体を動かす活動に取り組む。
内容	●友達と考えを出し合って指人形のせりふや動きを考え、台本づくりを楽しむ。 ●戸外で体を動かして遊ぶことを楽しむ。 ●手洗い、うがいの大切さを理解する。
環境構成	●子どもの発想や意見はホワイトボードに書き、生かせるように残す。 ●外で体を動かすことの大切さを伝え、サッカーやドッジボール、一輪車などの遊びが更に発展するよう、道具を用意する。 ●収穫祭りで踊った曲を今後も披露できるよう、機会や場を設ける。
保育者の援助	●子どもの発想や意見を尊重して、台本づくりを進めることができるよう配慮する。また、大道具、小道具が必要なことを伝え、つくることに期待がもてるようにする。 ●書けない文字は、書ける子に頼むなど、人との関わりが増えるようにする。

食育
- 園庭のカキの木やカリンの木のそばへ連れて行き、収穫を見せる。
- 干しガキ、カリンシロップのつくり方を話しながら見学し、興味がもてるようにする。

11月の月案 ここがポイント！

協同的な学びが生まれる遊びを

　自分の指人形で遊ぶのは楽しいけれど、友達の指人形とやり取りすると、もっと楽しくなることを経験します。そして、お話の中で役割を演じることで、更におもしろくなることも知ります。

　また、ドッジボールなどの運動遊びをしながら、勝つことだけでなく、みんなが楽しんでいるかにも配慮できる気持ちを育てましょう。「みんなの中で生きている自分」を感じられる園生活にしたいものです。

11月 月案 ＊幼稚園・認定こども園

◆ 月のねらい
- 友達と相談し、指人形劇の発表内容や方法について考える。[思考]
- 身近な植物や園外の施設を見学し、自然への興味や関心を深める。[自然]
- 考えは文字にして残せることを知る。[数・字]
- 粘土から皿ができることを知り、製作を楽しむ。[表現]

📋 月間予定
- プラネタリウム見学
- 保育参観(参加)日
- 地震避難訓練
- 個人面談

	第2週	第3週	第4週
	●様々な粘土について知り、触れたりつくったりすることを楽しむ。 ●マナーを守ってプラネタリウムを見学し、その役割を知る。	●カキやカリンの収穫を観察し、加工や調理に興味や関心をもつ。 ●保護者と一緒に陶芸を体験し、楽しく過ごす。	●指人形劇発表会の流れを知り、見通しをもって準備を進める。 ●災害時の注意点について考えながら、慎重に行動する。
	●陶芸用粘土をこねる、丸める、のばすなどして、皿をつくることを楽しむ。 ●プラネタリウムを見学し、星や星座、科学などに興味や関心をもつ。	●干しガキやカリンシロップづくりを見学し、できるのを楽しみにする。 ●保護者とイメージを共有しながら陶芸の皿づくりを楽しむ。	●友達と相談し、指人形劇や歌の発表の仕方を考える。 ●災害時の行動を思い出し、安全に避難する方法を知る。
	●皿づくりに興味がもてるよう、試作用の陶芸用粘土も準備する。 ●過去につくった陶芸作品を、見やすいように並べる。 ●宇宙や星の絵本、図鑑などを並べる。	●カキの皮をむき、子どもから見える場所に干し観察できるようにする。カリンは子どもの前で切り、ハチミツに漬けるところも見せる。 ●陶芸用粘土は扱いやすいように、あらかじめ土練機でやわらかくし、人数分を切り分けて用意する。	●指人形劇や歌の発表の取り組みでは、子どもが工夫した点や個々のよい点について、友達同士で認め合える雰囲気をつくる。 ●災害時の行動を再確認できるよう、絵を見せたり、保育者が実演したりする。
	●陶芸用粘土で皿を試作する際、いろいろな皿の形を見せ参考にできるようにする。 ●プラネタリウム見学の前に、宇宙や星に興味がもてるよう、絵本や図鑑をみんなで見る。また、館内での過ごし方やマナーも伝える。	●皿は数日間乾燥させるので、その間に硬さや色の変化、油粘土との違いにも気付くようにする。 ●乾燥後、皿に釉薬をかけて本焼きをする際、電気炉に入れるところを見せて、焼成後の変化にも気付くようにする。	●防火扉や防火シャッターの役割について話し、開閉の際は手や指をはさまないように呼びかける。

⇄ 職員との連携
- 教務の保育者、食育担当の保育者は干しガキづくりや、カリンシロップづくりの補助をする。

🏫 小学校との連携
- 学校だよりや園だよりを交換し、互いの情報交換を行う。

🏠 家庭との連携
- 製作した指人形の頭と手は持ち帰り、家庭で衣装をつくってもらう。
- 地震が起こった際の行動や、避難場所について家庭でも考えてもらう。
- 保育参観日では皿づくり(陶芸)に参加してもらうことを伝える。その際、子どもの発想を大切にしながら製作に関わってもらう。

✏ 評価・反省
- 陶芸用粘土を使って皿づくりをしたことで、粘土の乾燥や焼成による変化の様子を知ることができた。また、保護者にも園での経験を理解してもらうきっかけとなった。
- 干しガキやカリンシロップをつくる過程を見て、果物をいろいろな方法で加工して食べることについて話し合うことができた。

[自然]：自然との関わり・生命尊重　[数・字]：数量や図形、標識や文字などへの関心・感覚　[言葉]：言葉による伝え合い　[表現]：豊かな感性と表現　を表しています。

幼稚園・認定こども園 12月 月案

12月月案 ぞう組

前月末の子どもの姿
- 発表会に期待し、指人形劇の小道具づくりに取り組んでいる。
- ドッジボールやリレーなど、大きく体を動かして遊ぶことが増えた。トラブルになることもあるが、自分たちで解決しようとしている。

第1週

週のねらい
- 寒さに負けず、戸外で体を動かすことを楽しむ。
- もちつきの方法や由来について知り、もちつきを楽しむ。
- 指人形劇の準備を進める。

内容
- ドッジボールなどの運動遊びを楽しむ。
- もち米を研いだり、蒸したり、ついたりして、もちができる様子に興味や関心をもつ。
- 指人形劇の背景画の完成を喜ぶ。

環境構成
- ドッジボールやサッカーのルールが分かりやすいよう、図を用意する。
- もちつきの由来、意味についても話し合う場をもつ。園で収穫した米と、もち米の色や感触の違いが分かるように皿に出す。
- 発表会のプログラムを分かりやすく掲示するための方法を提案し、グループごとに作成できるよう、材料をそろえる。

保育者の援助
- ルールを守ると楽しく遊べることを伝えながら、一緒に遊ぶ。
- 発表会のリハーサルでは、自分の努力したことや友達の発表のよさについて考えることができるようにする。

食育
- 保育者と一緒に、もちをつけるように準備する。
- でき上がったカリンシロップを飲み、のどによいことを伝える。
- ダイコンを収穫し、冬においしい野菜について話題にする。
- 園庭のユズを収穫し、様々な用途を話す。

12月の月案 ここがポイント!

生活の中での文字や数を楽しむ

お店屋さんの看板やメニューを書いたり、値段を付けたりと、遊びの中でも文字や数を使ってきました。そこでは、書いておくと他者に伝わるという経験もしています。また、かるたやすごろく遊びで、文字の付いた絵札を取ったり、さいころの目の数や升目に書かれた指令を読んだりして、文字や数を使う楽しさを味わっています。読めると便利、書けると便利な文字や数を、書いてみる機会を増やしましょう。

12月 月案 幼稚園・認定こども園

◆ 月のねらい
- 自分たちでつくった指人形劇の発表をし、達成感をもつ。 [協同]
- 冬の健康管理や生活の仕方について知る。 [自立]
- 収穫物の数や量に関心を向ける。 [数・字]

📋 月間予定
- もちつき
- 指人形劇発表会
- 終業式

第2週	第3週	第4週
●指人形劇を発表し、表現する楽しさを味わう。 ●他のクラスの発表を見学し、自分たちの発表にも期待をもつ。	●園内の野菜やくだものの収穫を楽しむ。 ●学期末の活動に取り組み、2学期の終わりを意識する。	＜冬休み＞
●指人形劇や歌をおおぜいの前で発表する楽しさや、充実感を味わう。 ●他のクラスの演目（オペレッタ、鼓笛）を見て楽しむ。	●ユズやダイコンの収穫を楽しみ、数などに興味をもつ。 ●11月につくったカリンシロップを飲んで味わう。	
●発表会の会場づくりをする。指人形劇の舞台、オペレッタの舞台など、それぞれが演じやすく、観客からも見やすい設定にする。 ●うがい用のコップを置く場所を確保する。	●ユズは感触や、においなどが分かるように、手に取れる場所に置く。 ●ユズは箱に入れ、希望者が持ち帰れるよう、昇降口に置く。 ●ダイコンは、みんなが1本ずつ持ち帰れるように準備する。	●「冬休みのお約束表」を配布し、約束が守れたら印を付けられるようにする。 ●お正月の雰囲気が感じられるような保育室の装飾を考え、3学期に備える。
●発表の前や終了後は、これまで工夫した点、努力した点について十分にほめて、達成感をもてるようにする。 ●インフルエンザが流行すると行事が予定どおりに行えないことを知らせ、予防について考えられるようにする。 ●3学期も様々な発表の場があることを伝え、期待がもてるようにする。	●ダイコンは自分たちで種から育てたことを振り返り、今後も野菜を育てることに意欲をもてるようにする。 ●収穫物の数、長さ、重さ、量に着目させ、言葉で表現できるようにする。 ●よい行いはしっかり認めて、一人一人が自己肯定感をもてるようにする。	

⇄ 職員との連携
- 教務の保育者、食育担当の保育者、バスの運転職員は、もちつきの補助をする。

🏫 小学校との連携
- 就学先の小学校に向けて、一人一人の特性や配慮する点などを要録にまとめる。

🏠 家庭との連携
- もちつきの日には、みんなでもちを食べるので、弁当の量は少なめにしてもらう。
- 風邪やインフルエンザの予防のための手洗い、うがいを呼びかける。
- 指人形劇発表会を参観してもらう。
- 園で収穫したダイコンやユズは家庭に持ち帰って食べてもらう。

🏷 評価・反省
- 子どもと保護者が協力して作成した指人形を使い、ストーリーを話し合って演じた指人形劇は、みんなで一つの目標に向かって取り組む気持ちにつながったようである。就学に向けて、このような協同的な経験や活動を深めていきたい。

[自然]：自然との関わり・生命尊重　[数・字]：数量や図形、標識や文字などへの関心・感覚　[言葉]：言葉による伝え合い　[表現]：豊かな感性と表現　を表しています。

幼稚園・認定こども園 1月 月案

月案（幼稚園・こども園）→ P106-P107 1月の月案

1月の月案 ここがポイント！

新年を迎え、日本の文化を味わう

　新しい年がやってきて、子どもたちは気分も新たに張り切っていることでしょう。お正月らしい保育室の雰囲気をつくり、共に新しい年を祝います。

　また、こま回しや凧あげなど、挑戦する遊びにも誘いたいものです。初めからうまくはいきませんが、上手な人のやる様子を見ながらまねをしているうちに、コツがつかめてくるでしょう。何度もやってみて、うまくいったときの喜びはひとしおです。

1月月案 ぞう組

前月末の子どもの姿
- 他のクラスの音楽発表会や指人形劇発表会の様子を見て、保育者や友達によいところを進んで伝えようとしている。
- 鬼ごっこ、ドッジボール、サッカーなど、体を動かす遊びに取り組む。

	第1週
週のねらい	●冬休みに経験した遊びや正月遊びを楽しみ、友達と進んで関わる。 ●3学期が始まったことを意識する。
内容	●冬休み中の出来事を、保育者や友達に話す。 ●凧あげ、すごろくなど、正月遊びを楽しむ。 ●3学期の生活に期待し、グループ表づくりに取り組む。
環境構成	●子どもがつくった福笑い、すごろくは、自由に遊べるように並べる。 ●冬休み中に完成した陶芸作品を展示し、自分の作品や友達の作品のよさにも気付くようにする。
保育者の援助	●凧あげ、こま回しは、周りの状況を見てから始めるよう声をかける。また、凧をあげはじめる際、こまのひもを巻くときは、難しそうな場合は手助けし、できた喜びを感じられるようにする。

食育
- うどんづくりでは、これまで経験したヨモギ団子や味噌などの調理について話して、つくり方や必要な物を自分で考えられるようにする。

◆ 月のねらい

- 友達と話し合ったり、協力し合ったりして、音楽発表会の準備を進める。 協同 規範
- 伝統的な日本の遊びや行事に、親しみをもつ。 社会

月間予定

- 始業式
- 人形劇の観劇
- うどんづくり
- 防犯訓練（抜き打ち）

1月 月案 幼稚園 認定こども園

第2週	第3週	第4週
●友達と話し合いを進めたり、伝え合ったりする大切さを知る。 ●人形劇を観劇し、内容を理解する。	●寒さに負けず、外で体を動かすことを楽しむ。 ●これまで経験した様々な材料や方法で大道具を製作する。	●小麦粉を使って、うどんづくりを楽しむ。 ●節分について知り、準備に取り組む。
●オペレッタの進め方を友達や保育者と相談し、配役を決める。 ●人形劇「ともだちや」を観劇し、感じたことを保育者に話す。	●ドッジボール、なわとび、色鬼など、体を動かす遊びを楽しむ。 ●手遊び歌や鼓笛で、歌ったり演奏したりすることを楽しむ。	●小麦粉の感触を楽しみ、うどんづくりに取り組む。 ●鬼を想像し、鬼のお面づくりや福豆を入れる升づくりに取り組む。
●オペレッタのストーリーを読み、話の流れが分かるようにする。 ●人形劇の内容から、友達を思いやることや、優しく接することの大切さについて考える場をもつ。	●オペレッタの大道具づくりは、絵の具、クレヨン、鉛筆、ビニールテープ、筆、スポンジなど、これまで使用したことのある様々な画材や道具、技法を使えるようにする。	●うどんの汁に入れる味噌やダイコンを見えるところに置き、昨年自分たちでつくったこと、ダイコンは種をまいて育てたことに気付けるようにする。 ●節分には、ヒイラギの枝とイワシの頭が必要な意味を伝えながら飾る。また、ヒイラギとイワシは触れたり、においをかいだりできるようにする。
●オペレッタの配役を決める際、2学期に指人形劇の配役を決めたときのことや、友達に譲ったり譲られたりしたことを伝えて、話し合いで決められるようにする。	●ルールが分からない場合は、子ども同士で伝え合えるようにする。また、トラブルの際は自分たちで話し合って解決するよう声をかける。 ●インフルエンザや胃腸炎の怖さを話し、うがい、手洗いを徹底するようにする。	●うどんづくりは全員が体験できるように、また、衛生的に作業できるようにする。 ●節分の由来が分かるような絵本を読む。

⇄ 職員との連携

- 教務の保育者、食育担当の保育者、バスの運転職員に、うどんづくりの補助を依頼する。

🏫 小学校との連携

- 来月の給食体験に向けて、情報の共有や役割分担、配慮する点などについて話し合う。

🏠 家庭との連携

- 陶芸作品を持ち帰った際、子どものつくり上げた達成感を十分に認めてもらう。
- 感染症が疑われる場合は、登園を見合わせるように伝える。
- うどんづくり用のエプロンを持参することを伝える。

評価・反省

- 氷が張ったり、地面に霜柱が立ったりしていることに気付き、冬の自然の不思議さを感じることができた。子どもの驚きや感動、発見を更に受け止めていきたい。
- 音楽発表会への取り組みに時間をかけたため、外で体を動かすことが少なくなっている。来月は、様々な運動ができるように配慮したい。

自然：自然との関わり・生命尊重　数字：数量や図形、標識や文字などへの関心・感覚　言葉：言葉による伝え合い　表現：豊かな感性と表現　を表しています。

2月 月案

幼稚園・認定こども園

2月の月案 ここがポイント！

音楽を楽しみ、力を合わせる

　一人で楽しむ音楽もあれば、数人でリズムを取って合奏を楽しむこともあります。それに歌が入ることもあれば、踊りが加わることも。いろいろな要素が入るごとに、音楽は豊かになります。そして、更に息を合わせて一つの音楽をつくり上げる喜びを感じることができます。発表会で披露する場合は、緊張することもあるでしょう。それを乗り越えて、達成感や充実感を味わえるようにしたいものです。

2月月案 ぞう組

前月末の子どもの姿

- 音楽発表会に期待をもち、自由遊びの中で自発的に取り組んでいる。
- かるたや福笑い、すごろくなどの日本の伝統的な遊びに触れたり、干支の動物に興味をもったりしている。

	第1週
◇ 週のねらい	●戸外で体を動かし、ルールのある遊びをみんなで楽しむ。 ●節分について知り、様々な活動を楽しむ。 ●小学校での給食体験を楽しむ。
★ 内容	●色鬼や氷鬼など、いろいろな鬼ごっこやゲームを楽しむ。 ●節分の由来について知り、豆まきを楽しむ。 ●小学校の給食体験を通して、小学生の生活を知り、就学への期待がもてるようにする。
環境構成	●園庭では、集団で遊べる様々な体を動かす活動だけでなく、短なわとびにも取り組めるように用意する。 ●小学校生活を知り、一年生との交流を育むことで小学校への憧れを高める。
保育者の援助	●ルールのある遊びが楽しくできるよう、一緒に遊ぶ。 ●節分について理解できるよう、絵本などを用意する。他のクラスや4歳児がつくった様々な鬼のよい点、工夫したところを伝え合えるようにする。 ●交流会で芽生えた気持ちを言葉や絵に描いて表現し、クラスで伝え合うことで、小学校への憧れや期待が膨らむようにする。

食育

- 豆まき後に豆を食べ、食べる数や、豆を食べる意味について話す。
- 園の畑で収穫したダイコンでつくった漬け物を食べる機会を設ける。

2月 月案 幼稚園・認定こども園

◆ 月のねらい
- 目的に向かって自分の力を出しきり、達成感や充実感を味わう。 [自立]
- 冬の自然や、その変化する様子に気付く。 [自然]
- 様々な技法を使い、自分の思い出を表現することを楽しむ。 [表現]

📋 月間予定
- 視力検査
- 交通安全指導
- 節分・豆まき
- 音楽発表会
- 小学校給食体験

	第2週	第3週	第4週
	●冬の自然の様子や、いろいろな現象に気付く。 ●音楽発表会に期待をもつ。	●様々な素材や手法を使って、アルバムの表紙づくりを楽しむ。 ●音楽発表会に意欲的に取り組む。	●戸外やホールで、体を動かす様々な活動を楽しむ。 ●園生活の楽しかったことを振り返る。
	●雪や氷、霜、霜柱、ウメの花など、寒い季節の自然事象に興味や関心をもつ。 ●他のクラスの指人形劇を見て、よさや楽しさに気付く。	●スポンジ、絵の具、油性ペンなどを使い、アルバムの表紙を工夫する。 ●友達と協力して、鼓笛や手遊び、オペレッタの発表に自信をもって取り組む。	●相撲、バルーン、リレー、なわとびなどを楽しむ。 ●園庭で食事し、春を感じる。
	●園庭や畑に行き、霜柱や氷を踏んだり触れたりして、凍っている様子や感触に気付けるようにする。 ●雪が降ったら、様々な雪遊びを楽しめるように提案する。	●スポンジ、絵の具、油性ペンなどを用意し、素材や技法の特性、組み合わせを楽しみながらつくれるようにする。 ●発表会の会場づくりをする。	●バルーン、バトン、なわとびなどを出しておき、いつでも遊べるようにする。 ●ウメの咲いている様子を観察し、香りを感じながら昼食を食べられるよう、園内の梅林の下にシートを敷く。
	●ウメの花の色やにおい、飛んでくる鳥にも気付けるようにする。 ●他のクラスの発表を見て、自分の感想やよかった点を伝えることができるようにする。	●園生活での最後の発表会であることを伝え、自覚をもって参加できるようにする。 ●修了式では、各自が園生活の楽しかったことを発表するのだと伝え、園生活の思い出を語れるようにする。	●園生活を振り返りながら、体を動かして遊べるようにする。小学校へ行っても、体を動かして遊んだり運動したりするように言葉をかける。 ●就学後は、保護者の付き添いなしで登校することを伝え、自分で道路の歩き方や横断歩道の渡り方などを意識できるようにする。

🔁 職員との連携
- 他のクラスの子どもも、音楽発表会の練習や、リハーサルの様子を見られるように調整する。

🏫 小学校との連携
- 小学校の給食体験において、園児や児童が関わり合う姿や体験内容など、小学校側と共通理解を図る。

🏠 家庭との連携
- 音楽発表会のプログラムを配布し、当日の流れや観覧中のお願いを伝える。
- 音楽発表会の後は、子どもの努力や成長の様子を伝え、家庭でも認めて受け止めてもらう。
- 感染症が流行する時期なので、家庭での健康管理をお願いする。

🏷 評価・反省
- ルールのある遊びをする際、自分本位にルールを変えることがある。それがもとでけんかになる場合もあるので、保育者が仲介して、ルールがあるからこそ楽しく遊べることを伝えた。
- 感染症がはやっているので、手洗い、うがいの仕方を再確認した。感染症予防の意識を高めることができてよかった。

[自然]：自然との関わり・生命尊重　[数・字]：数量や図形、標識や文字などへの関心・感覚　[言葉]：言葉による伝え合い　[表現]：豊かな感性と表現　を表しています。

幼稚園 認定こども園 3月 月案

ここがポイント！

自信をもって、胸を張って

いよいよ修了の日が近づいてきます。様々なお別れ会を経験するうちに、「園を巣立つんだ」という気持ちが押し寄せてくるでしょう。お世話になった人々へ感謝の気持ちを伝えることも、活動の中に入ってきます。形式的にならないように、自分の言葉で思いを伝えられるように支えましょう。子どもたちとの時間を大切にしながら、自信をもって新しい生活に歩み出していけるように見守ります。

3月月案 ぞう組

前月末の子どもの姿
- 友達と空き容器に水を入れて氷づくりをしたり、ウメの花の咲いている様子に興味をもったりしている。
- 発表会で演じたオペレッタや鼓笛などに、自由に取り組んでいる。

	第1週
◇ 週のねらい	●マナーを守って博物館の見学を楽しむ。 ●園内外の季節の変化に気付く。 ●修了式に向けての準備をする。
★ 内容	●お別れ遠足で博物館へ行き、展示物を見たり触れたりして楽しむ。 ●園庭や畑を歩いて、春の自然を探す。 ●修了式の言葉を言ったり、歌ったりする。
環境構成	●博物館での態度、マナー、他の見学者への配慮などを伝える場を設ける。 ●園庭を散歩する際、ウメ、アジサイ、コブシなどの樹木の芽吹きや、ヨモギ、ノビルなどの野草の生長の様子に気付けるようにする。
保育者の援助	●博物館では一緒に展示物を見て、子どもの興味や関心に共感する。 ●様々な自然を観察して、春の訪れが感じられるような言葉をかけ、子どもの発見に共感する。 ●最後の身体測定では、入園からこれまでの体の成長に気付けるようにする。

食育
- ひな祭りの由来を伝える。
- 園庭になっているミカンを収穫し、自然の恵みについて考えられるようにする。
- ヨモギ、ノビルなどの食べられる野草の観察をするために、園庭散歩に誘う。

3月 月案 幼稚園・認定こども園

◆ 月のねらい

- 修了を意識し、自律ある行動で園生活を送る。 [自立]
- 様々な活動を通して、たくさんの人に感謝の気持ちをもつ。 [社会]
- 展示物の歴史や性質を感じ取り、ここにある意味に気付く。 [思考]
- 友達のよいところを見付け、言葉にする。 [言葉] [表現]

月間予定

- お別れ遠足
- お別れお楽しみ会
- 園内お別れ会
- 身体測定
- 修了式

	第2週	第3週	第4週
	●園生活を振り返り、修了に向けての様々な活動に意欲的に取り組む。 ●園生活の終わりを感じ、お世話になった人と楽しいひとときを過ごす。	●園内お別れ会や修了式に参加し、園生活を修了する充実感や達成感を味わう。	<春休み>
	●修了式リハーサルに参加し、修了すること、就学することに期待をもつ。 ●お別れお楽しみ会に参加し、保育者や保護者とゲームや歌を楽しむ。	●園内お別れ会で、自信をもって修了の歌や言葉を発表する。 ●最後の「ほめる言葉」を受け取り、自分の成長や友達のよさに気付く。	
	●修了式リハーサルは長時間にならないように配慮する。 ●身の回りの物の整理をし、これまで使ってきた保育室をきれいに掃除する機会を設ける。 ●保護者が毎日お弁当をつくってくれたことに感謝を伝える手紙を書く提案をし、その用意をする。	●サインつづりの内容がイメージできるよう、友達と話し合える場をつくる。 ●修了式の会場は、厳粛な雰囲気と春らしさが感じられるようにする。	●新5歳児が保育室を気持ちよく使えるように清掃し、整える。
	●持ち物を整理する際、園での経験を振り返って話し合う。 ●就学してからも、いろいろなことに意欲的に取り組むように声をかける。	●「ほめる言葉」は最後であることを伝え、自分や友達の成長やよい点に気付けるようにする。就学しても自分のよさを伸ばすように話す。 ●夏休みに予定している「ミニ同窓会」のことを伝え、再会に期待がもてるようにする。	

➡ 職員との連携

- 修了式では、3、4歳児の教職員がピアノの伴奏、会場の設営などを行う。

🏠 小学校との連携

- 5歳児それぞれの就学先に出向いて、支援会議や引き継ぎなどを行う。
- 卒園式に小学校校長を招待し、参列していただく。

🏠 家庭との連携

- お別れお楽しみ会、修了式について知らせ、保護者に参加してもらうことを伝える。
- サインつづりに、「将来なりたい自分」を書いてきてもらう。

🏷 評価・反省

- 園内のヨモギやウメなど、様々な食べられる植物についての話をして、3年間の食育活動を振り返ることができた。
- 3、4歳児とのお別れ会や修了式に参加して、就学する自覚をもてたようである。

[自然]：自然との関わり・生命尊重　[数字]：数量や図形、標識や文字などへの関心・感覚　[言葉]：言葉による伝え合い　[表現]：豊かな感性と表現　を表しています。

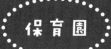 

保育園 4月 月案 文例

あこがれの5歳児に進級し、当番活動も本格的に始まります。様々な役割を担い、行事への出番が多くなりますが、子どもたちは期待に胸を膨らませています。

今月初めの子どもの姿

- 5歳児クラスになったことが嬉しく、年下の友達の世話や活動に意欲的に取り組んでいる。
- 興味のある遊びを友達と楽しむ中で、意見や思いがぶつかり、遊びが中断することもある。
- 戸外で、虫探しや草花遊びをして楽しんでいる。

ねらい

- 欲求を十分に満たされ、情緒の安定した生活をする。[健康]
- 新しい環境での生活の仕方が分かり、身の回りのことを自分から進んでしようとする。[自立]
- 5歳児クラスになった喜びを味わいながら、友達や保育者と、好きな遊びを思いきり楽しむ。[健康][協同]

内容

【養護】
- 新しい環境の中で、安定した気持ちで過ごす。
- 様々な気持ちを受け止めてもらい、安心して生活し、新しい環境に慣れる。
- 規則正しい生活の流れの中で、健康に過ごす。

【教育】
- 新しい生活の流れを知り、身の回りのことを自分からしようとする。
- 友達や保育者と、体を動かす遊びをのびのびと楽しむ。
- 5歳児クラスになったことを喜び、新入園児や異年齢児に親しみをもって関わり、進んで世話をする。
- 身近な動植物など、春の自然に興味や関心をもち、見たり触れたりして遊ぶ。
- 人の話を聞いたり、自分の思ったことや感じたことを話したりする。
- 友達や保育者と春の歌を歌ったり、リズム遊びをしたりすることを楽しむ。

環境構成

【養護】
- 机の配置や場所を工夫し、明るく楽しい雰囲気になるよう、環境を整える。
- 保育者が親しみをもって日常のあいさつをすることで、明るい雰囲気をつくる。

【教育】
- 身の回りのことが行いやすいよう、ロッカーなどの配置を工夫する。
- 遊具や用具を点検し、使い方や決まりについて事前に子どもと話し合う場を設ける。
- 好きな遊びが十分に楽しめるよう、時間や遊びの場を保障する。
- 戸外に出る機会を多くもち、春の自然が感じられるようにする。
- 自分の思ったことを友達や保育者に話しやすい雰囲気をつくる。
- 春の歌や、リズム遊びを楽しめるような場を設け、ふさわしい曲を選んでおく。

予想される子どもの姿

【養護】
- 環境や担任が変わったことで、緊張している子もいるが、5歳児クラスに進級したことを喜び、友達と楽しく遊んでいる。
- 緊張や不安感から、関わりが消極的で、保育者の援助を求める。

【教育】
- 生活の仕方が分かり、身の回りのことを進んで行う。
- 気の合う友達や保育者と、好きな遊びを楽しむ。
- 年下の友達に親しみをもち、進んで世話をし、一緒に遊ぶ。
- 小動物の世話をしたり、花や栽培物の水やりを進んでしたりする。

保育者の援助

【養護】
- 担任の入れかわりがあるので、職員同士が十分に引き継ぎを行い、一人一人の様子を把握する。
- 緊張や不安な気持ちを受け止め、丁寧に接しながら信頼関係を築く。
- 一人一人の健康状態や生活リズムを把握し、新しい環境の中で、安心して過ごせるようにする。
- 一人一人の気持ちを受け止め、保育者との信頼関係を築く。

【教育】
- 自分でしようとする姿は見守り、できたときはほめるなどして、意欲がもてるようにする。
- 保育者も遊びの中に入り、友達と一緒に遊ぶ楽しさや、体を動かす楽しさが味わえるようにする。
- トラブルになった時は両者の気持ちを聞き、お互いの気持ちが気付けるような話をする。
- 友達の話を聞いたり、伝えたりしようとする姿を見守り、相手に伝わらない場合は伝え方を知らせる。
- 子どもの発見や感じたことなどに共感し、意欲的に関わって遊ぶことができるようにする。

食育

【ねらい】
- 野菜やくだものの名前を知り、食べ物への興味をもつ。
- 食事前の手洗い、うがいを正しく行う。

【環境構成】
- 写真や絵で、野菜やくだものの名前が確認できるような本を用意する。
- 手洗い場に正しい手の洗い方の表をはり、見て確認できるようにする。

【予想される子どもの姿】
- 食べる物に興味をもち、保育者に聞きにくる。
- 泡をたくさんつくる子、すぐに洗い終わる子がいる。

【保育者の援助】
- 食べ物に興味や関心がもてる絵本や紙芝居を読む。
- 一緒に手洗いし、楽しめるような言葉をかける。

職員との連携

- 子どもの様子、家庭環境などを前年度の担任から引き継ぎ、十分に把握する。
- 時間外担当の保育者との引き継ぎで、情報を共有する。

小学校との連携

- 園長と前年度の5歳児クラス担任が、小学校の入学式に出席する。
- 小学校のグラウンドを秋の運動会で使用させてもらうため、貸し出しをお願いに行く。

家庭との連携

- 園での様子を具体的に伝えたり、家庭での様子を聞いたりして、信頼関係を築く。
- 新しい環境の変化で体調を崩しやすくなるので、健康状態を伝え合う。
- 災害時の子どもの引き取り方法や、毎月行われる避難訓練について知らせる。
- 緊急時に連絡が取れないことがないようお願いし、連絡方法を確認する。

評価・反省

- あこがれの5歳児になり、嬉しくて様々な活動に意欲的に参加している。朝の手伝いや年下の友達の世話を進んで行う姿には、そのつどほめて、喜びを感じられるようにした。5歳児になったことがプレッシャーにならないよう、安心して生活できるようにしたい。
- こいのぼりを飾る、栽培する夏野菜を決める、チャボ当番が始まるなど忙しかったが、どれも5歳児になったからこそできるのだと、喜びのほうが大きいようだ。今後も、楽しく活動をしていきたい。
- 5歳児になったことで気分が高まり、活発になっているので、けがをしないよう十分に気を付ける。
- ジャガイモやフウセンカズラへの水やり、虫探しなどをしている姿が見られ、春の自然を全身で感じている。来月は散歩に行く機会をつくりたいと思う。

保育園 5月 月案 文例

こいのぼりが泳ぐ園庭で、かけっこや集団遊びを楽しむ姿が見られます。今年度最初の懇談会が開かれるのもこのころ。保護者と子どもの育ちを喜び合いましょう。

月案（保育園） → P114-P115 5月の月案文例

前月末の子どもの姿

- 新しい環境にも慣れ、当番活動に張り切って参加し、飼育の手伝いを喜んでしている。
- 身の回りのことや片付けは自分で行うが、雑になることがある。
- 連休の予定を、嬉しそうに友達や保育者に話す。

ねらい

- 思いや欲求を受け止められ、楽しい雰囲気の中で安心して過ごす。[健康]
- 健康的な生活の仕方を知り、身の回りのことを自分から進んでしようとする。[自立]
- 夏野菜の種や苗を植え、親しみを感じながら世話をする。[自然]

内容

【養護】
- 健康状態を留意され、安定した気持ちで過ごす。
- 保育者に気持ちを受け止めてもらいながら過ごす。
- 園生活のリズムを取り戻し、身の回りの支度もスムーズに行う。

【教育】
- 身の回りの片付けの仕方や手順が分かり、自分から進んでしようとする。
- 戸外遊びを通して、積極的に体を動かす心地よさや楽しさを味わう。
- 当番活動や年下の友達の世話をする中で、親しみや思いやりの気持ちをもつ。
- 夏野菜に興味や関心をもち、生長や収穫を期待しながら観察や世話をする。
- 思ったことを話したり、相手の話していることを聞いたりする。
- 歌ったり踊ったりして、リズム遊びを楽しむ。

環境構成

【養護】
- 活動と休息のバランスを考え、ゆったりと休息できる時間や場所を保障する。
- 子どもが自分の思いを表せるような雰囲気をつくる。

【教育】
- 身の回りの始末がしやすいように、整理する場所などの配置を考える。
- 遊具や用具などの安全点検をし、自分たちで遊びが始められるよう必要な物を準備する。
- 当番活動がしやすいよう、名前のプレートを用意し、場所や道具の配置を考える。
- 夏野菜を植えるために必要な道具などを、事前に確認する。
- 話を聞く楽しさが味わえるよう、みんなで集まって話したり聞いたりする場を設ける。
- 季節の歌や、触れ合い遊びなど、リズムの取りやすい曲を選ぶ。

予想される子どもの姿

【養護】
- 新しい環境にも慣れて、少しずつ落ち着いてくる。友達同士の関わりも多くなっている。
- 友達や保育者に連休中の出来事を話したり、自分の思いを伝えようとしたりする。

【教育】
- 衣服の整理、水分補給、食事の準備、片付けなど、身の回りのことを進んで行おうとする。
- 友達とリレー、ドッジボール、鬼ごっこなどの運動遊びや集団遊びをする。
- 当番活動の仕方が分かり、張り切って取り組む。
- 経験したことや楽しかったこと、自分の思いなどを、友達や身近な人に言葉で伝える。
- 友達と季節の歌を歌ったり、リズムに合わせてフォークダンスをしたりする。

保育者の援助

【養護】
- 進級による環境の変化や、連休明けで疲れが出やすいので、一人一人の健康状態を把握し、異常に気付いたら適切に対応する。
- 不安そうな子どもの気持ちを温かく受け止め、安心して過ごせるようにする。

【教育】
- 自分でしようとする気持ちを大切にし、やり方が分からないところは声をかけるなどして知らせる。
- 保育者も積極的に遊びの中に入り、集団で遊ぶ楽しさや、おもしろさを知らせる。
- 当番活動について丁寧にやり方を知らせながら、努力している姿を認める。
- 手伝いをしたり年下の友達の世話をしたりする姿は大いに認め、喜びが感じられるようにする。
- 保育者が進んで夏野菜の世話をし、生長や変化に気付いたときは子どもに知らせ、世話をしながら関心がもてるようにする。
- 子どもが興味をもって聞けるように、間を取ったり、抑揚をつけたりなど話し方を工夫する。

食育

【ねらい】
- 様々な食材に興味をもつ。
- 食感や味が分かるように、よくかんで食べる習慣を身に付ける。

【環境構成】
- タケノコやジャガイモなどを収穫できるようにする。
- 収穫した野菜を、給食に出してもらって食べる。

【予想される子どもの姿】
- 土の中で育つ野菜があることに気付き、掘り出して楽しそうにしている。
- 給食で出た食べ物を、ゆっくりかんで食べる。

【保育者の援助】
- シャベル、軍手などを多めに用意し、みんなが土の中から掘り出す楽しさを味わえるようにする。
- 給食で出たとれたての野菜をしっかりかむように促し、コリコリ感やホクホク感を味わえるようにする。

職員との連携

- 夏野菜の生育方法や植える場所など、保育者同士で共通認識する。
- 5歳児としての活動内容や園外保育の役割分担について話し合い、共通理解しておく。
- こどもの日の集会の内容を打ち合わせする。

小学校との連携

- 小学校の運動会を保育者が見学し、卒園児の様子や成長した姿を見守る。
- 入学して一か月の卒園児の姿を小学校教職員より聞き、情報交換をする。

家庭との連携

- 内科検診の結果を伝え、配慮すべき事項を話し合う。
- 懇談会では、園からのお願い事項を配布し、協力をあおぐ。
- 5歳児になって張り切っている子どもの姿、当番活動の内容などを具体的に伝え、保護者も共に喜びを感じられるようにする。

評価・反省

- 夏野菜やイモの苗植え、鍵盤ハーモニカ、太鼓、トマト狩りと、いろいろなことに挑戦した。毎日のように活動があり忙しいが、どの活動にも楽しく意欲的に参加している。
- 年下の友達の世話を進んで行い、次の活動の見通しをもって支度する姿などが見られるようになった。
- 太鼓の取り組みでは、最初は自信がなく「嫌だ」と言っていた子もいたが、回数を重ねるうちに自信がついてきたようだ。
- 今月は活動量が増え、落ち着きのない様子だったので、意欲をもって取り組めるように今後の活動を進めていきたい。
- 身の回りのことを進んで行うが、雑な面もあるので、丁寧に行えるように声をかけていきたい。

保育園 6月 月案 文例

雨音を聞いたり、カタツムリを発見したり。雨の日でも楽しいことを見付けるのが上手な子どもたち。この季節、傘をさして散歩に出てみるのもいいものです。

 前月末の子どもの姿

- 太鼓の取り組みに意欲的で、張り切って参加している。うまくたたけずに控えめな姿も見られる。
- 夏野菜やイネに毎日水やりをし、観察をしている。苗の生長した様子を喜んでいる。

 ねらい

- 梅雨期の体調に留意し、情緒を安定させて快適に過ごす。[健康]
- 友達とのつながりを深め、自分の思っていることを相手に言葉で伝えたり、相手の話を聞こうとしたりする。[言葉]
- 梅雨期の自然事象の不思議さや、夏野菜やイネの生長に興味や関心をもち、親しみをもって関わる。[自然]

 内 容

【養 護】
- 梅雨期の衛生に気を付け、手洗いを丁寧にする。
- 汗をかいたらタオルでふいたり、着替えたりする。
- 歯の役割や、歯を大切にすることを知る。
- 脱いだ衣類は、自分でたたんできちんとしまう。

【教 育】
- 友達と水遊びを楽しみ、自分たちで片付けも行う。
- 体や身の回りを清潔にする。
- 気の合う友達やグループで誘い合い、集団で遊ぶ楽しさを味わう。
- 自分の思いを相手に伝えたり、相手の思いを受け入れたりしながら遊びを進める。
- 梅雨期ならではの活動を楽しむと共に、自然事象に興味や関心をもつ。
- 身近な動植物の生長や変化に関心をもち、親しみをもって世話をしたり関わろうとしたりする。
- 身近な素材や用具で、表現することを楽しむ。

 環境構成

【養 護】
- 保育室の環境を適切に保つように、十分に留意する。
- 保育者が子どもの思いや気付きに共感し、安心して自分の思いが表せるような雰囲気をつくる。

【教 育】
- 水や泥、砂に触れて遊べるように用具を準備する。
- 子どもと一緒に、手洗い、うがいなどの必要性を考えたり話し合ったりする場を設ける。
- 衣服の着脱や始末がしやすいように、ロッカーなどの配置を工夫する。
- 雨の降る様子や雨上がりの変化などに気付くことができるような機会をもつ。
- 子どもの話に共感し、何でも話せるような雰囲気をつくる。
- 子どもが自由に表現できるように、用具や素材を準備する。

 予想される子どもの姿

【養 護】
- 体調を崩しやすい子もいるが、保育者に見守られる中で、安心して生活する。
- 保育者や友達に、思ったことを伝えたり、会話を楽しんだりして楽しく過ごす。

【教 育】
- 友達と砂遊びや泥遊びをダイナミックに楽しむ。
- 衣服の調節や手洗い、汗の始末を自ら進んで行う。
- 気の合う友達を誘い、集団でルールのある遊びや、ごっこ遊びを楽しむ。
- 保育者や友達と、話し合いながら遊びを進める。
- 梅雨期の自然に親しみ、見たり試したりする。
- カタツムリやザリガニなど、小動物に興味や関心をもち、えさを与えるなど進んで世話をする。
- 雨天時、自ら水たまりに入って遊ぶ。

保育者の援助

【養護】
- 一人一人の健康状態を把握しつつ、自分からも体調の変化を言えるような問いかけをする。
- 子どもの話をよく聞いて共感し、会話が楽しめるようにする。

【教育】
- 活動の時間に余裕をもち、水や泥を使って十分に遊び込めるようにする。
- 保育者も遊びの中に入り、友達と一緒に遊ぶ楽しさを味わえるようにする。
- 自分の思いや考えを出し合う姿や場面を大切にして見守る。けんかになった際は子ども同士で解決できるよう、必要に応じて仲立ちする。
- 梅雨期の自然事象の変化に対する子どもの気付きや発見、驚きを大切にして共感する。
- 動植物を世話する中で、生長や変化に気付き、いたわりの気持ちや愛情をもって育てることができるように援助する。

食育

【ねらい】
- 食べ残しや食べこぼしがないよう、食べ物を大切にする気持ちをもつ。
- 友達同士で誘い合い、一緒に食べる楽しさを味わう。

【環境構成】
- 自分の食べられる量を把握し、配膳できるように、分量を調節して盛った皿を用意する。
- テーブルに花を飾ったり明るい色のテーブルクロスをかけたりして雰囲気づくりをし、楽しんで食べられるよう配慮する。

【予想される子どもの姿】
- 「大盛り」、「少し」など、言葉で量を表現する。
- 友達を誘って、一緒にランチルームに食べに行く。

【保育者の援助】
- 個々の食事量や好き嫌いを把握し、完食できるように言葉をかける。
- 食事の時間が楽しみになるような言葉をかけ、保育者も一緒にランチルームへ行く。

職員との連携

- 雨の日の過ごし方や遊び方を話し合い、安全点検を行いながら環境を見直す。
- 個人面談での保護者からの意見や要望などを、職員間で共有する。
- 感染症や梅雨期の健康管理について、確認し合う。

小学校との連携

- 近隣の小学校へ散歩に出かけ、授業を受ける小学生の姿を見ることで、就学を意識できるようにする。
- 小学5年生との交流会を実施。学校を案内してもらったり、ゲームで遊んだりしながら、子どもたちの緊張をほぐし、次回を楽しみにできるよう導く。

家庭との連携

- お泊まり保育に向けての子どもの取り組みの様子や準備などを伝え、安心してもらう。
- プール遊びに必要な物を伝え、用意してもらう。

評価・反省

- 今月は気温も上がり、蒸し暑い日が多かった。みんなで集まった際に、手洗い、うがいの大切さや、暑い日には水分補給をすることについて話す機会を設けたことによって、自分から進んで水分補給をしたり、着替えを行ったりする姿が見られた。
- 毎日水やりをしている野菜が、すくすくと育って、大喜びしている。水やりの仕方も上手になり、「葉っぱに水をかけないよ」と教え合う姿も見られる。今後も子どもの気付きや発見を大切にしていきたい。
- 個人面談を通し、保護者と園での子どもの様子や、家庭での様子などを伝え合うことができた。お泊まり保育の説明も行い、当日の流れを説明すると、保護者も安心していたようだ。
- 5歳児だからという思いが強くなり、年下の友達にいばったり、ルールを守らなかったりする姿も見られるので、そのつど分かりやすく伝えていこうと思う。

6月 月案文例 ＊保育園

保育園 7月 月案 文例

夏空の下、水遊びの歓声が響きます。潜れた、バタ足ができたと興奮ぎみに話す子どもたち。自分なりの目標を立てて挑戦している姿に成長を感じます。

前月末の子どもの姿

- お泊まり保育を心待ちにし、当日までの日々を指折り数えている。保護者と離れることに不安を抱いている子もいる。
- 5歳児だという思いが強くなり、年下の子に対して強い口調になることがある。

◆ ねらい

- 水分補給、休息の大切さを知り、熱中症にならないように注意する。[健康]
- 夏ならではの遊びを友達と工夫したり試したりして、言葉を交わしながら思いきり楽しむ。[協同][自然][言葉]
- 身近な生き物、夏野菜、イネの生長に興味や関心をもって世話をする。[自然]

★ 内容

【養護】
- 夏の過ごし方を理解し、水分補給や、十分な休息を取って快適に過ごす。
- 自分の気持ちや考えを、安心して保育者に表す。
- 気温に応じ、衣服の調節や水分補給をする。

【教育】
- プール遊びの約束を守り、思いきり体を動かして遊ぶことを楽しむ。
- 育てている夏野菜の生長や変化に関心をもち、収穫する。形、色、大きさなどを観察し、収穫を喜ぶ。
- 友達と水や泥、砂に手や足で直接触れ、性質や特徴に気付き、遊びを工夫したり試したりしながら思いきり楽しむ。
- 自分の思いや感じたことを友達に話し、友達の考えも受け入れる。
- お泊まり保育に対する期待を膨らませ、友達と楽しく一夜を過ごす。

環境構成

【養護】
- 水飲み場などの衛生面に配慮し、いつでも飲めるようにする。また、休息の場も確保する。
- 子どもの思いや気付きに共感し、安心して自分の思いが表せるような雰囲気をつくる。

【教育】
- 気温、水温、水位など、プールの安全面や衛生面を確認する。プールの道具を置く場所や着替える場所を分かりやすいように設定する。
- 夏野菜を収穫しやすいよう、ビニール袋、はさみを用意する。収穫物を自分たちで給食室まで届けられるようにする。
- たらいを用意しておき、すぐに水を張って、泥遊びができるように準備する。
- お互いの考えや思いが伝えられるような十分な時間や場所を設け、話しやすい雰囲気をつくる。
- お泊まり保育で必要な物をつくったり、準備したりする。

予想される子どもの姿

【養護】
- 戸外や室内での遊びを楽しみ、汗をかいた後の着替えを進んで行う。
- 楽しかった出来事や自分の思い、意見などを身近な人に話そうとする。

【教育】
- プール遊びの準備や身支度を進んで行う。
- 友達と水や泥の感触を楽しみながら、ダイナミックに水遊び、泥遊びをする。
- 自分の思いや気持ちを友達や保育者に言葉で伝え、相手の話にも耳を傾ける。
- お泊まり保育を意識し、身の回りのことを積極的に行う。
- お泊まり保育で、夏ならではの遊びを楽しむ。

保育者の援助

【養　護】
●体調の変化に留意し、水分補給をするように声をかけたり、休息を取ったりしながら戸外での遊びが楽しめるようにする。
●子どもの思いを受け止め、共感することで、子どもが自信をもてるようにする。
●プールの準備や後始末の仕方を丁寧に伝える。

【教　育】
●汗をかいた子どもには声をかけ、着替える必要性を伝える。
●夏の遊びが楽しめるように、必要に応じてヒントを投げかけ、満足感が得られるようにする。
●子どもと一緒に夏ならではの生活の約束事を考えたり決めたりし、安全に楽しく過ごせるようにする。
●夏の自然事象の変化に気が付く姿を受け止め、不思議に感じていることを一緒に考える。
●子ども同士でトラブルが起きた際、場面に応じて保育者が言葉を補い、お互いの思いに気付けるように仲介する。
●一人一人が活動に取り組む姿を認め、楽しめるようにする。

 食　育

【ねらい】
●夏野菜の生長や収穫を喜び、旬の食材に興味をもつ。
●お泊まり保育で昼食づくりに挑戦し、食の楽しさや大変さ、感謝の気持ちをもつ。

【環境構成】
●給食の食材や自分たちで収穫した野菜に興味をもち、洗ったり切ったり皮をむいたりする。
●衛生、安全面に配慮し、調理に必要な用具を整える。

【予想される子どもの姿】
●収穫できる野菜に喜び、水やりなどを進んで行う。
●水やりなど私が1番にやりたいという気持ちを表す。

【保育者の援助】
●夏野菜に触れ、手触りや重さ、においなどの違いに関心がもてるよう言葉をかける。
●子どもの調理活動は、安全面に注意しながら見守る。

 職員との連携

●プール遊びの準備や流れを職員間で話し合い、安全、衛生面について確認し合う。
●子どもの様子を伝え合い、こまめな水分補給と、休息を取って熱中症対策を行う。
●お泊まり保育が安全に楽しく進むよう、職員間で打ち合わせを綿密に行う。

 小学校との連携

●小学校教職員と共に、保小連携研修会を実施する。
●卒園児である一年生に、来月の夏祭りへの招待状を送付する。

 家庭との連携

●健康チェック表を準備し、プール遊びの有無を確認しながら健康状態を把握し合う。
●お泊まり保育で気になることや伝えておきたいことを事前に聞き、安心して参加できるようにする。
●汗をたくさんかくので、着替えの衣類の有無を毎日確認してもらう。
●水分補給できるように、水筒を用意してもらう。

評価・反省

●暑さも増してきたので水分補給を行うように呼びかけた。プール遊びの前に気分が悪くなる子がいた。改めて水分補給や涼しい場所での休息の大切さを知った。
●プールではみんなダイナミックに遊び、水が苦手という子も元気に楽しんだ。潜ったり泳いだりするなど、できることも増え、友達がやっている姿を見て挑戦する姿もある。まだ暑い日は続くので、安全に楽しくプール遊びを行いたい。
●お泊まり保育も、全員参加で無事に終えることができ、子どもの成長を感じた。「宝箱を見付ける」という目標に向かって、友達と協力し、考えていた。一緒に泊まる経験をし、子ども同士のつながりが一段と深まり、自信もついたようだ。

7月 月案文例＊保育園

8月 月案 文例

お泊まり保育では、保護者と離れて一晩過ごすことができると自信がつくことでしょう。保育園生活で最後の夏、楽しい経験ができるように計画しましょう。

前月末の子どもの姿

- 水に顔をつけたり潜ったりしながら、プール遊びを楽しむ。
- 収穫した夏野菜を、喜んで給食室に運ぶ。
- 夏祭りに向けて、太鼓や、ちょうちん行列に取り組む。

ねらい

- 十分な休息と共に、夏ならではの遊びを楽しみ、健康的な生活を送る。[健康]
- 夏祭りの準備を友達と協力して行う中で、楽しさや達成感を味わう。[協同]
- 夏の遊びを楽しみ、他の遊びを妨げないよう工夫したり試したりして進める。[協同][規範][自然]

内容

【養護】
- 水分補給や休息など、暑い時期の過ごし方を知り、元気に生活する。
- 自分の気持ちや考えを、安心して表す。
- 日陰で遊び、水分補給を自分で行うなど、熱中症に注意しながら過ごす。

【教育】
- 夏の生活の過ごし方を知る。
- プール遊びでの約束を守り、思いきり遊びを楽しむ。
- 同じ目的をもった友達と、遊びを進める楽しさを味わう。
- 異年齢児と関わり、親しみの気持ちをもつ。
- 身近な動植物の世話を進んで行う中で、生長や収穫を喜び、命の大切さを知る。
- 夏の自然事象に興味や関心をもつ。
- 思いを言葉で表現し、友達の思いも聞いて、伝え合う楽しさを知る。
- 絵本や物語に親しみ、内容を想像しながら聞く。

環境構成

【養護】
- 保育室の風通しや、冷房の温度設定に配慮する。
- 子どもの思いや気付きを受け止めて、温かい言葉をかけ、安心して思いが表せるような雰囲気をつくる。

【教育】
- 暑い夏の過ごし方について、考えたり話し合ったりする時間を設ける。
- プールやその周辺の安全や衛生面に配慮する。
- プール遊びが楽しめるような用具を準備する。
- クラスで人気の遊びを把握し、必要な素材や道具を用意する。
- 不思議に思ったことをいつでも調べられるように、夏の自然事象に関する絵本や図鑑を用意する。
- 子どもにとって親しみやすく、話の展開が楽しめる本を用意する。
- 様々な素材や材料を、使いやすいよう分類して用意する。

予想される子どもの姿

【養護】
- 自分たちで風通しのよい場所や日陰を探して快適に過ごす。
- 自分の思いや気持ちを、一生懸命に伝えようとする。
- 運動遊びの後には、手洗い、うがいをする。
- 夏祭りに期待を膨らませながら、毎日を意欲的に過ごす。

【教育】
- 衣服の調節や汗の始末、水分補給などを自分で行う。
- 気の合う友達とイメージを共有し、工夫して遊ぶ。
- 夏祭りなどを通して、異年齢児と一緒に遊ぶ。
- 夏の虫に興味をもって、捕まえたり飼育したりし、図鑑で生態を調べる。
- 楽しかったことを、保育者や友達に自分の言葉で話す。

保育者の援助

【養護】
- 夏の生活に必要な習慣について、子どもに知らせる。
- 子どもの気持ちを温かく受容し、安心して自己を十分に発揮しながら活動できるようにする。

【教育】
- 夏の健康的な過ごし方について話し合い、自分から進んで行うよう促す。
- 安全について具体的な場面をとらえ、気付かせたり、みんなで考え合ったりしながら、約束を守って楽しく遊びが進められるようにする。
- 年下の友達に親しみをもち、優しさや思いやりの気持ちが育つように、言葉かけや仲立ちをする。
- 子どもの発見や驚きに共感し、その場で自然の変化について話したり、命の大切さを知らせる。
- 自分の言いたいことが伝えられるように、助言や仲立ちをする。
- 親しみやすいお話を選び、想像して楽しめるよう読み聞かせをする。
- 一人一人の発想や工夫を受け止め、イメージしたことが実現できるように一緒に考える。

食育

【ねらい】
- 冷たい食べ物を食べ、清涼感を味わう。
- 夏ならではの食品をおいしく食べる経験をする。
- 空腹を感じ、自らランチルームへ行く。

【環境構成】
- 収穫したスイカをプールで冷やす。
- 暑い日は、かき氷を食べる機会を設ける。
- 食材が分かるよう、献立表をはっておく。

【予想される子どもの姿】
- 丸ごとのスイカを運び、その大きさと重さに驚き、色や形に気付く。
- プール後に空腹を感じ、食事を楽しみにする。

【保育者の援助】
- 甘い、冷たいなど、様々な食感を共有し、夏ならではの食べ物を楽しめるようにする。
- 空腹を感じた経験を共有し、昼食の時間を伝える。

職員との連携

- 夏祭りの準備や当日の流れについて話し合い、共通理解を深める。
- お盆休みで異年齢の子ども同士が過ごす日が増えるので、子どもの様子を伝え合い、安心して過ごせるようにする。

小学校との連携

- 小学校と情報交換を行い、夏以降の保育に取り入れられるものは計画に入れる。
- 小学校教職員による訪問研修の後、職員間で話し合い、連携の認識を深める。

家庭との連携

- 夏の暑さで体調を崩しやすいので、食事や睡眠などの健康状態を把握し、生活リズムを整えるように伝える。
- 地域の夏祭りへの参加を募り、子どもの成長した姿を認め合う。
- お泊まり保育での様子を、写真などを使って掲示し、楽しく過ごしたことを伝える。

評価・反省

- 5歳児としての一大イベントの夏祭りがあり、太鼓や、ちょうちん行列に一生懸命に取り組んでいた。当日までには、子どもの中に様々な思いがあり、本番は緊張ぎみの子もいたが、大きな舞台、大勢の人たちの前で最後まで行うことができ、達成感を味わえたようだ。一人一人の努力を認め、次の運動会へとつなげていきたい。
- 感染症が流行することもなく、元気に過ごせた。猛暑日や蒸し暑い日も多く、プール遊びは2グループに分かれて行った。プール遊びを行わない日は水泥遊びをダイナミックに行うなど、夏ならではの遊びを十分に満喫できた。
- 運動会に向けた取り組みが始まり、活動量も増えるので、事前に十分な計画を立てていきたい。

自然：自然との関わり・生命尊重　数字：数量や図形、標識や文字などへの関心・感覚　言葉：言葉による伝え合い　表現：豊かな感性と表現　を表しています。

保育園 9月 月案 文例

残暑が厳しいものの、空はもう秋です。今月は運動会への取り組みが本格的に始まります。5歳児は出番や役割が多く、準備は忙しいけれど嬉しさもいっぱいです。

前月末の子どもの姿

- 夏休みに家族で出かけたことなどを、友達や保育者に嬉しそうに話す。
- 夏の疲れが出て、体調を崩したり生活リズムが乱れたりする子がいる。
- 友達と体を動かしたり踊ったりすることを楽しむ。

ねらい

- 気持ちや考えを受け止められ、自己を十分に発揮して活動する。[表現]
- 友達と共通の目的をもち、相談しながら活動に取り組み、最後までやり遂げた充実感を味わう。[協同][思考]
- 身近な社会事象や自然事象への関心を深め、美しさ、優しさ、尊さなどの感性を豊かにする。[自然][表現]

内容

【養護】
- 活動後の休息、水分補給を行い、健康的に過ごす。
- 励まされたり認められたりして、安心して活動する。
- 朝と夕は涼しいことに気付き、衣服を調節する。
- 生活リズムを整え、健康に過ごす。

【教育】
- 手洗い、うがいの大切さが分かり、健康な生活に必要な習慣を身に付ける。
- 固定遊具の危険な遊び方を知り、安全に遊ぶよう、気を付ける。
- 自分の考えを話したり、友達の気持ちを聞いたりしながら、一緒に遊びを広げる。
- クラスで共通の目的に向かって役割を決め、友達と協力し合う。
- 夏から秋への自然の変化に気付き、関心をもつ。
- 様々な素材や用具を上手に使い、かいたりつくったりする。

環境構成

【養護】
- 休息を取ったり、水分補給ができるコーナーを用意し、室内の温度を調節する。
- 一人一人が意欲的に活動できるよう、コーナーづくりをする。

【教育】
- 健康に過ごすための習慣の大切さや必要性について、子どもと一緒に考える機会をもつ。
- 運動用具を取り出しやすいように整理しておく。
- 運動会に向けて共通のイメージがもてるよう、子どもと話し合う機会をもつ。
- 言葉遊びの楽しさを知り、想像が広がるような遊びを取り入れる。
- 疑問に思ったことをいつでも調べられるように、絵本や図鑑を身近なところに置く。
- 子どもが楽しめる音楽のCDを準備する。
- 表現の幅が広がる材料や用具を十分に用意する。

予想される子どもの姿

【養護】
- 活動後、水分補給や休息を取り、自分で汗をふいたり着替えたりする。
- 朝夕過ごしやすくなり、着替えを進んで行う。
- 自分の気持ちを伝える大切さを知り、保育者に共感してもらうことで気持ちを切りかえようとする。

【教育】
- 危険なことを理解し、約束を守って友達と遊ぶ。
- 友達と共通のイメージをもって遊びを進める。
- 共通の目的に向かって意見を出し合い、協力し合う。
- 自然の事象について疑問に感じたことを友達と図鑑や本で調べる。
- 自分のイメージしたことを自由にかいたり、つくったりして遊ぶ。

保育者の援助

【養　護】
- 帽子をかぶったり、水分補給したりすることの大切さを伝える。
- 一人一人が目標に向かって挑戦している姿を認め、自信につながるようにする。

【教　育】
- 自分で進んで行う姿を認める。気付かないところは分かりやすく伝え、習慣づける。
- 危険な行為や場所については、具体的な場面を伝え、気付けるようにする。クラス全体でも話し合い、意識を高める。
- やり遂げようとする姿を認め、自信につなげる。
- 自然事象などに関わる子どもの疑問に耳を傾け、一緒に考えたり共感したりする。
- 思ったことや考えたことを言葉で表現する姿を見守り、共感したり必要に応じて言葉を補ったりしながら、楽しさが味わえるようにする。
- 製作する中で、一人一人の発想に共感し、いろいろな材料を使って工夫しているところを、周囲の友達にも知らせる。

 ## 食　育

【ねらい】
- 食べ物と体との関係について興味や関心をもつ。
- お月見の意味を知り、十五夜飾りをつくる。

【環境構成】
- 食べ物と体についての絵本や紙芝居を用意し、自由に見るコーナーをつくる。

【予想される子どもの姿】
- 体調を整える食材を知り、いろいろな物を意欲的に食べたり、苦手な物を少しは食べようとしたりする。
- 食べ物を通して秋への移り変わりを感じ、友達と発見を楽しむ。

【保育者の援助】
- 食べ物の力や働きについて知らせ、バランスよく食べることの大切さを伝える。
- 栄養士の話を聞く機会を設け、食べ物に興味がもてるようにする。

 ## 職員との連携

- 運動会についての内容や役割分担、会場の準備などを確認し合い、子どもが楽しめるように保育者同士の連携を図る。
- 避難経路や避難の仕方について、話し合いを進める中で再確認する。

 ## 小学校との連携

- 小学校の体育館で行う運動会に向け、借りる際の注意点やトイレ、駐輪場の利用などについて最終確認を行う。
- 小学校の体育館で、運動会の総練習を行う際、けがや事故への対応や熱中症対策など小学校と連携をとる。

 ## 家庭との連携

- 夏休みで生活リズムを崩している場合は、取り戻せるように家庭と連携する。
- 運動会への参加や協力を呼びかけ、競技内容や時間、観覧時におけるお願い事項などを伝える。
- 敬老の日の集会に祖父母を招待することを伝え、参加を呼びかける。

評価・反省

- 今月から運動会の取り組みが始まった。運動の得意な子、苦手な子といろいろだが、一人一人が運動遊びに楽しく取り組めるよう、努力を認めたり励ましたりしながら活動を進めた。
- 運動会での役割や応援、遊戯や競技に意欲的に取り組んでいる。本番まで気持ちを高めながら、無理のないように行いたい。
- 今月は園外への散歩の機会があまりもてなかったが、戸外遊びを通じて季節の移り変わりを感じることができた。来月はもっと戸外遊びの時間を設け、自然に触れる機会をもちたい。
- 敬老の日の集会では、祖父母を招いてお茶会をし、一緒に昔遊びを楽しんだ。どの子も祖父母のことが大好きで、別れ際に泣く子もいた。

9月 月案文例＊保育園

保育園 10月 月案 文例

過ごしやすい気候になりました。運動会をはじめ、イモ掘り遠足やお店屋さんごっこなど、多くの行事が続く季節です。楽しく取り組めるように配慮しましょう。

前月末の子どもの姿

- 友達と競い合ったり協力したりしながら、体を動かすことを楽しむ。
- 気温差に応じて、衣服の調節を自ら行う。
- 空き箱や廃材を使って、製作することを楽しむ。

◆ ねらい

- 思いを受け止められ、意欲的に活動する。[表現]
- 友達と共通の目的に向かって活動する中で、折り合いをつけながら自分の力を発揮する。[協同][規範][表現]
- 団結力を高めていく中で目的を達成することの喜びを味わう。[協同]
- 秋の自然に触れたり、収穫の喜びを味わいながら、季節の変化に興味をもつ。[自然]

内容

【養護】
- 十分に休息を取りながら、健康で安全に遊び、活動に取り組む。
- 自分の気持ちを保育者に伝えることの大切さを知り、安心して話す。

【教育】
- 自分から必要に応じて、衣服を着脱したり調節したりする。
- 友達と様々な運動や遊びを楽しむ。
- 友達と役割を分担したり、簡単な決まりをつくったりしながら、一緒に遊びを進める。
- クラス全体で運動会に取り組む中で、友達と協力することの大切さ、目的を達成する喜びを味わう。
- 身近な人や地域の人に、進んであいさつする。
- サツマイモの収穫を喜んだり、身近な秋の自然に触れたりして、遊びを楽しむ。
- 秋の自然物を使って、自由に製作を楽しむ。

環境構成

【養護】
- 活動と休息のバランスを考え、休息をゆったり取れるような、時間や空間を設ける。
- 子どもが安心して自分の思いを出せるような、雰囲気をつくる。

【教育】
- 衣服を取り出したり、着脱したりしやすいように、ロッカーやかごなどの配置を工夫する。
- 運動会で使用した用具を出しておき、その後も楽しめるようにする。
- 園外に散歩に行く機会を設け、秋の自然に十分に触れられるようにする。
- 園外に行く機会を設け、地域の人と関わる場をつくる。
- 拾った自然物などを使って製作が楽しめるように、材料や用具などを十分に用意する。
- 人の話を聞く機会や、人前で話す機会を、意図的に設ける。

予想される子どもの姿

【養護】
- 休息や水分補給、衣服の調節を進んでする。
- 自分の考えを言葉で表現する。
- 自分の体の不調を、言葉で保育者に伝える。

【教育】
- 気温の変化や活動に応じて、衣服の調節をする。
- 友達と一緒に積極的に体を動かし、ルールを守って遊ぶ。
- 運動会に向けて話し合い、準備しようとする。
- 園外保育では、地域の人に親しみをもってあいさつする。
- サツマイモ掘りを通して、友達と一緒に収穫の楽しさや喜びを味わう。

保育者の援助

【養護】
- 一人一人の子どもの健康状態を把握し、無理なく活動に参加できるようにする。
- 子どもの気持ちを温かく受け止め、様々な場面で安心して自己を発揮して活動できるように配慮する。

【教育】
- 自分でしようとする気持ちを大切にし、気付かないところは声をかけたり援助したりする。
- 子ども同士の遊びを見守り、必要に応じて仲立ちをし、楽しく遊べるようにする。
- 運動会の取り組みを通して、一人一人の努力を認め、その中で達成感が味わえるような言葉をかける。
- 園外保育を通して、子どもが気付いたことや発見したことに共感し、自然物への関心が高まるようにする。
- 生活や遊びの中で、数、文字、時間などを取り入れ興味をもてるようにする。
- 子どもなりの言葉で表現する姿を見守り、人の話を聞くことの大切さを伝える。
- 一人一人が自由に表現している姿を認め、楽しさや喜びが味わえるようにする。

食育

【ねらい】
- 野菜やくだものを収穫し、旬の食べ物のおいしさを知る。
- 食事のマナーを意識し、友達と楽しく食べる。

【環境構成】
- イモ掘りやカキ取りに必要な道具を用意し、職員間で流れを確認しておく。
- 体に合ったテーブルや椅子であるかを確認する。

【予想される子どもの姿】
- 掘ったイモや、木から取ったカキの生長や色付きの様子を見たり触ったりして、実感し喜ぶ。
- ひじをついたり、片手で食べたりする。

【保育者の援助】
- 収穫した野菜やくだものを見比べながら、子どもたちの喜びや驚き、発見に共感する。
- 正しい姿勢で食べられるように言葉をかけ、マナーを意識づけるようにする。

職員との連携

- 運動会後は午睡がなくなるので、午後の活動内容を話し合い、子どもたちが無理なく進められるように連携を図る。
- 園外に出かける機会が多くなるので、下見を行って危険箇所を確認し、共通理解する。

小学校との連携

- 招待された来月の作品展の見学で、子どもがスムーズに動けるよう、動線の確認などを行う。
- 小学校の体育館の広さなどを見て、園との違いを感じることで、就学への興味を高める。

家庭との連携

- 運動会で力いっぱい取り組んでいる姿や成長した姿を互いに伝え、喜び合う。
- 朝、昼、夕で気温差があるので、調節しやすい衣服を用意してもらう。

評価・反省

- 運動会では、一人一人が力いっぱい取り組むことができた。最後のリレーでは、以前は勝ち負けにこだわっていたが、当日は勝った子も負けた子も満足した表情だった。たくさんの人たちに拍手をもらい、自信につながった。
- 運動会後は午睡がなくなり、午後の活動が増えたため、活動中に眠くなってしまう子がいた。劇遊びの取り組み、文字遊び、当番活動など、内容も増えるので、無理なく楽しく進めたい。
- イモ掘りをしたり、落ち葉を使った製作をしたりして、秋の自然に親しむことができてよかった。引き続き戸外遊びを楽しみたい。
- 今月はイモ掘りや親子遠足と、園外へ出かけることが多かった。一つ一つの行事を終えるたびに、内面の成長が感じられ、けんかも増えるが、自分たちで話し合って解決できるようにしていきたい。

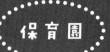 **11月 月案 文例**

木枯らしが吹き、冬がすぐそこまで来ていることを感じます。季節の変わり目は体調を崩しやすいもの。活動前後の手洗い、うがいを習慣づけましょう。

前月末の子どもの姿

- 午睡がなくなり、眠くなったり疲れやすくなったりしている。
- 年下の友達にルールを伝えながら、リレーなどの運動会ごっこを楽しむ。
- 散歩に出かけ、ドングリなどの木の実を拾い、製作や遊びに取り入れる。

ねらい

- 秋から冬への季節の変化に留意し、健康で快適に過ごす。 健康
- 友達とイメージや意見を出し合い、友達とのやりとりの楽しさを感じ、つながりを深めながら遊ぶ。 思考
- 自然の変化のおもしろさ、不思議さ、美しさなどに感動し、興味や関心をもって関わる。 自然 表現

内容

【養護】
- 気温の変化や活動に応じて、快適に過ごす。
- 活動を通して友達とのつながりが深まる中、安心して自己を発揮する。

【教育】
- 病気予防の仕方に関心をもち、手洗い、うがいを進んで行おうとする。
- 戸外で体を動かし、遊びを思いきり楽しむ。
- 友達とイメージを共有しながら、遊びを進める楽しさを味わう。
- 数、文字、時間に興味や関心をもち、生活や遊びの中に取り入れる。
- 身近な動植物の世話をする中で、愛情やいたわりなどの豊かな気持ちをもつ。
- 言葉で伝え合う楽しさ、大切さを知る。
- 歌ったり踊ったりして音楽に親しむ。

環境構成

【養護】
- 暖房器具が安全に使えるよう、あらかじめ点検しておく。
- 一人一人が自己を発揮できるような場を設ける。

【教育】
- 病気について話し合う機会を設け、絵本やパネルシアターで分かりやすく伝える。
- 散歩に出かける機会を多くもつ。
- 十分に体を動かせるよう、戸外遊びの時間を確保し、遊具や用具も十分に用意する。
- 数、文字に触れられるような遊びを取り入れ、絵本や道具などを用意する。
- チューリップの球根を植えるために必要な道具や、世話をするための道具を準備する。
- 会話を楽しめるような雰囲気をつくる。
- 表現することを楽しめるような時間を確保する。

予想される子どもの姿

【養護】
- 自分で衣服の着替えをしたあと、たたんでしまったり、ロッカーの片付けをしたりする。
- 気の合う友達と関わる中で、自分の思いを伝え、気持ちを受け止めてもらうことを喜ぶ。

【教育】
- 手洗い、うがいを自分から行い、友達と互いにやり方を見せ合う。
- 天気のよい日は、戸外での活動を存分に楽しむ。
- 友達と工夫したり考えたりしながら、遊びを楽しむ。
- 保育室内の掲示物、名前や数、時計やポスターに興味を示し、読んだり数えたりすることを楽しむ子もいれば、あまり興味や関心を示さない子もいる。
- 飼育している小動物に優しく語りかけたり、世話をしたりする。

保育者の援助

【養 護】
- 気温差も出てくるので、一人一人の健康状態を把握すると共に、快適に過ごせるように留意する。
- 一人一人の思いに共感したり、励ましたりして、安心して自分を表せるようにする。

【教 育】
- 病気を予防する方法について話す機会を設ける。
- 保育者も積極的に遊びの中に入り、体を動かす心地よさを知らせる。
- 友達とイメージを出し合う姿を見守りながら、必要に応じて言葉をかける。
- 一人一人に合わせて理解できるように、分かりやすく丁寧に伝える。
- 動植物の世話をする中で、子どもの気付きを大切にする。
- 春に咲く花の球根を植えることに、期待がもてるようにする。
- 保育者が一緒に表現することで、楽しさを味わえるようにする。また、一人一人を認めたりほめたりすることで、意欲を高める。
- 散歩や戸外遊びで、自然の変化に目を向ける。

 ### 食 育

【ねらい】
- いろいろな食材に触れ、クッキングをしたり食べたりすることに興味や関心をもつ。
- 育てた米を食べる喜びを味わい、収穫に感謝する。

【環境構成】
- クッキングに必要な用具や器具、材料を用意する。
- ワラや土を片付け、稲作作業を終了する。

【予想される子どもの姿】
- 食材を切ったり煮たり、つぶしたりして、形が変化することを楽しみ、味わう。
- 脱穀、モミすりをして米になり、米をたいておにぎりになる過程を通して、一粒の米の大切さを知る。

【保育者の援助】
- 調理した際の食材の変化（色、形、硬さ、におい）に気付けるような言葉をかける。

 ### 職員との連携

- 発表会に向けて取り組んでいる内容や、子どもの様子について伝え合う。
- 手洗い、うがいなど、子どもの健康管理について確認し合うと共に、保育者もしっかり行うことを徹底する。

小学校との連携

- 作品展の見学について、子どもたちの感想や保育者の反省点などを共有する。
- 来月の発表会に小学校教職員を招待する。

 ### 家庭との連携

- 発表会への取り組みや準備物、子どもの姿を知らせ、成長した姿を喜び合う。
- 感染症の流行の状況を知らせ、手洗い、うがいを家庭でも行ってもらう。
- 外遊び用の上着を用意してもらう。安全のため、フードや首まわりのひもなどがない物、洗える物、自分で着脱できる物をお願いする。
- 秋の懇談会について知らせ、就学に向けて気になっていることや話し合いたいことなどを書いて提出してもらう。

 ### 評価・反省

- 今月の後半は風邪が流行した。予防するためには、手洗い、うがいが大切なことを子どもたちと話し合い、再確認した。発表会の当日は、みんなが元気に参加できることを願っている。
- 午後は散歩に出かけて紅葉を見たり、落ち葉やドングリを拾ったりする機会をつくることができた。友達同士で過ごす時間も増え、更につながりが深まってきている。遊びの中でも、気の合う仲間で好きな遊びを楽しみ、ドッジボールでは意見を出し合いながら進めることができるようになった。今後も子ども同士の関わりを見守っていきたい。

 **12月** 月案 文例

イルミネーションがきらめく12月、クリスマスや年末年始など、ワクワクする行事が続きます。その気持ちにこたえながら、様々な準備を一緒に行いましょう。

前月末の子どもの姿

- 感染症が流行したので、手洗い、うがいをしっかりとして、感染症の予防に努める。
- 劇遊びでは、自分の意見を言ったり友達の意見を取り入れたりして、意欲的に取り組む。
- 寒い中でも体を動かしてドッジボールをし、勝ち負けを競う。

ねらい

- 自己を発揮して活動に取り組む。 [表現]
- みんなで協力し、共通の目的に向かって取り組む大切さを知り、やり遂げた満足感や充実感を味わう。 [協同]
- 冬の自然や社会事象への関心を深める。 [自然]
- 冬至の意味を知り、日が短くなったことや、ユズ湯やカボチャを食べる習慣について知る。 [社会] [自然]

内容

【養護】
- けがや体調不良などを、保育者に言葉で伝える。
- けがをしたときの処置、体調がすぐれない場合にはどうしたらいいかを考え、自分でも行動する。
- 自分の身は自分で守ることや命の大切さを知る。

【教育】
- 手洗いやうがいの大切さを理解し、友達と互いに声をかけ合いながら進んで行う。
- 戸外で体を思いきり動かし、開放的な気分を味わう。
- 友達と協力したり、考えを出し合ったりしながら、共通の目的に向かって取り組む。
- 冬の自然事象や社会事象に興味や関心をもち、冬の訪れに気付く。
- 友達に文字や言葉で伝える楽しさを味わう。
- 絵本や物語に親しみ、イメージを膨らませて友達とせりふのやり取りをし、劇遊びを楽しむ。

環境構成

【養護】
- 保育室内の環境に配慮する（室温、湿度、換気など）。
- 子どもが自己を十分に発揮できるような場を設ける。
- 手ふきタオルを忘れた場合、紙タオルを使えるようにする。

【教育】
- 病気の予防や健康に興味がもてるよう、見やすい位置に掲示物やポスターをはる。
- 戸外で遊ぶ時間を設け、遊具や用具も十分に用意して整える。
- 子どもが十分に考えを出し合ったり、話し合ったりできる時間や場を確保する。
- 冬の自然事象に関する絵本や図鑑を用意する。
- 文字や数字を使って遊べる活動を取り入れる。
- 読み聞かせの時間を、多く設定する。
- リズムを合わせることができるように、手をたたく。

予想される子どもの姿

【養護】
- 気温の変化に応じて、自分で衣服の調節を行う。
- 自分で鼻をうまくかめず、保育者のそばにくる。

【教育】
- 手洗い、うがいが風邪の予防になることを知り、丁寧に行う。
- 友達と鬼ごっこやなわとびなどで、思いきり体を動かして遊ぶ。
- 上手にできている子をまねしたり、友達同士でアドバイスし合ったりする。
- 冬の自然に興味をもったり不思議さを感じ、絵本や図鑑を見る。
- 友達に自分の気持ちを言葉や手紙で伝える。
- 話の中で気に入った言葉や言い回しをまねして、文字をつなげたり物語やせりふをつくったりする。

保育者の援助

【養　護】
●感染症が流行しやすい時期なので、一人一人の健康状態を把握し、快適に過ごせるようにする。
●子どもの気持ちを温かく受容し、一人一人が安心して自己を発揮できるようにする。

【教　育】
●手洗いやうがいの大切さなど風邪予防の習慣が身に付くよう声をかけ、意識づけをする。
●友達と一緒に取り組む姿を認め、楽しさや満足感が味わえるようにする。
●子どもの自然事象への気付きを大切にする。年末年始の行事を話題にし、期待がもてるようにする。
●文字や数字を生活や遊びに取り入れ、理解できるようにする。
●子ども同士で伝え合う姿を見守りながら、必要に応じて言葉をかける。
●保育者も一緒に歌ったり踊ったりして、楽しさを伝える。また、活動の中で一人一人をほめながら、自信をもって取り組めるようにする。
●自分たちで考えた振り付けや合奏を、他のクラスの友達にも見てもらいたいという気持ちを大切にする。

食　育

【ねらい】
●クリスマス会のリクエストメニューに期待をもち、楽しく食事をする。
●食べ終わりの時間を意識しながら、友達と食べる。

【環境構成】
●ツリーやリースなどを飾り、楽しい雰囲気をつくる。
●時計の数字に、終わりの時刻の印を付ける。

【予想される子どもの姿】
●友達とメニューを相談することで会話が増える。
●友達との会話が弾み、食事に時間がかかる。

【保育者の援助】
●給食室と連携を図り、子どもが食べやすい調理法を相談し楽しく食事ができるように配慮する。
●保育者も一緒に食事をしながら、時間を意識できる言葉をかける。

 職員との連携

●子どもが楽しめるように、クリスマス会に向けての内容や役割分担について話し合う。
●発表会で力いっぱい取り組んだ姿を認め、子どもの具体的な成長を職員間で共有する。
●もちつき会の準備について、打ち合わせを行う。

 小学校との連携

●園だよりと学校だよりを交換し合い、年度末に向けて情報交換を行う機会をつくる。
●入学先の小学校を確認し、一人一人の状況を把握して要録の作成を始める。

 家庭との連携

●年末年始の過ごし方について知らせ、生活リズムを整える大切さを伝える。
●冬の感染症予防について園での取り組みを知らせ、家庭と連絡を密に取りながら子どもの体調管理に留意する。
●もちつき会に参加する保護者と、手伝いの内容を伝えるなどして打ち合わせをする。

 評価・反省

●11月後半に流行した風邪は、今月の1週目には落ち着いてきたため、発表会は全員が参加できた。発表が苦手な子、人前でせりふを言うことに緊張してしまう子といろいろだったが、自分なりに力いっぱい取り組むことができたと思う。
●後半はクリスマス会、お正月など、楽しい行事が続いたためか、落ち着きがなかった。楽しいときでも、しっかり話を聞いて活動することや、自分で考えて行動することを伝えていきたい。
●文字遊びがあまり進められなかったが、書道は2回行うことができ、子どもも楽しんで参加していた。
●次月は文集や卒園記念の製作など、卒園に向けての準備が始まるので、職員間で連携しながら計画的に進めていきたい。

1月 月案 文例

お正月のあいさつで始まった1月の園生活は、こま回しや凧あげなどの正月遊びが人気です。最初はうまくいかないかもしれませんが、成功すると嬉しいですね。

前月末の子どもの姿

- 発表会で踊った踊りを友達に教え、楽しさを共有する。
- バケツや空き容器に水を入れて一晩置き、氷が張ったことや園庭に霜が降りたことに驚き、図鑑や絵本を見て調べる。
- 文字や言葉に興味・関心をもち、表現することを楽しむ。

ねらい

- 自信をもって生活を進める。[自立]
- 冬の自然事象に興味や関心をもち、遊びに取り入れて楽しむ。[自然]
- 遊びを通して文字や数量、図形などに関心を寄せ、読んだり数えたりする遊びを楽しむ。[数・字]

内 容

【養 護】
- 体操で体をほぐし、温めてから遊び出す。
- 冬休み中の出来事を保育者や友達に話し、受け止められることで安心する。

【教 育】
- 自分の体に関心をもち、健康的な生活に必要な習慣や態度を身に付ける。
- 寒さに負けず、進んで体を動かして遊ぶ。
- 友達と目標を決め、協力してやり遂げようとする。
- 異年齢児と関わり、思いやりや、いたわりの気持ちをもつ。
- 雪や霜柱など、冬の自然に触れて遊び、興味や関心をもつ。
- 日常生活に必要な言葉をその場に応じて適切に使う。
- 友達と見せ合ったり教え合ったりして、製作する楽しさを味わう。

環境構成

【養 護】
- 保育室などの室内環境を、清潔に保つ。
- 友達同士で遊んだり、一緒に何かに取り組んだりするような場を設け、友達同士のつながりを深められるようにする。

【教 育】
- 手洗い、うがいの大切さを知らせるため、絵本やパネルシアターなどを取り入れて、子どもに話す機会を設ける。
- 体を動かすことを楽しめるよう、十分な時間や場を確保する。
- 正月遊びが楽しめるように用意をする。
- 会話が楽しめるように十分な時間を設け、楽しい雰囲気づくりをする。
- 子どもが親しめる内容のお話を用意する。
- じっくりと製作に取り組めるような時間と場を設け、様々な素材や用具を準備する。

予想される子どもの姿

【養 護】
- 衣服の調節、手洗い、うがいなどを自ら判断して、積極的に行う。
- ドッジボールやサッカーなど、勝敗のある遊びの中で、時には悔しい思いをしたり自信がもてないこともあるが、友達や保育者に励まされて、またやってみようとする。

【教 育】
- 友達と一緒にサッカーやドッジボールなどで、体を十分に動かして楽しく遊ぶ。
- 友達と協力し合い、進める中でぶつかることもあるが、自分たちで解決しようとする。
- 異年齢児に親しみをもち、進んで世話をしたり関わろうとしたりする。

保育者の援助

【養護】
- 体の異常に気付いた際には優しく問いかけ、子どもが安心して話せるようにする。
- 子ども同士で関わる姿を見守り、必要に応じて共感したり励ましたりし、自信をもって生活ができるようにする。

【教育】
- 子ども同士が自分の思いを出し、お互いのよさを認め合いながら遊びが進められるように見守り、必要に応じてヒントを出したり助言したりする。
- 冬の自然に触れ、不思議に思ったことや発見したことを受け止め、感動を共有して遊びを広げる。
- 文字や数については個人差を配慮し、無理なく進めていく。
- 一人一人の話したい思いを受け止め、人に話す楽しさや喜びが味わえるようにする。
- お話の内容が心に残るよう、気持ちを込めて読む。
- つくろうとする意欲が高まるような言葉をかける。

食 育

【ねらい】
- おせち料理など、正月料理に興味や関心をもつ。
- 育てたダイコンの収穫で、冬の寒さに負けない自然の恵みを感じる。

【環境構成】
- 伝統料理に関心がもてるような絵本を用意したり、実際の材料を用意したりして一緒に見る機会をもつ。
- 土づくりから子どもが参加できるよう、苗や肥料を用意する。

【予想される子どもの姿】
- お正月に食べた家庭料理のことで友達と話が弾む。
- ダイコンの葉の大きさに気付く。

【保育者の援助】
- 伝統的な食文化について話し、興味や関心がもてるように働きかける。
- 水やりの大切さを伝え、世話をすると育つことを感じられるような言葉をかける。

職員との連携

- 文字や数字への興味や理解の様子を知らせ、個々に応じて関われるようにする。
- 冬の感染症についての知識を深め、早期発見や予防のために、話し合いをする。

小学校との連携

- 来月の給食体験に向けて、アレルギー児への対応や当日の流れなど小学校教職員と打ち合わせをする。
- 保護者からあがった就学に向けての不安や質問などを、進学先の各小学校に伝え、連携を図る。

家庭との連携

- 休み明けの生活リズムの乱れなどを整えるため、健康管理について連携を図る。
- 凧あげ、こま回し、すごろくなどで遊んでいることを伝え、家庭での遊びの参考にしてもらう。
- 就学に向けて、文字や数字への不安がある保護者には、小学校での取り組みを伝えて安心してもらう。

評価・反省

- 卒園まで残り3か月となり、もうすぐ一年生という期待も膨らんでいる。1月はドッジボール大会、小学校への訪問、卒園に向けてのタイル製作、文集づくりと忙しい月だった。ドッジボールは毎日行い、友達と作戦を立てる姿がたくさん見られた。あまり興味のなかった子も上手に投げられるようになり、徐々に自信をつけていく姿も見られた。みんなで団結して取り組むことができてよかった。
- 文字遊びの中で、かるた取りなどを行い、文字に触れる機会も増えた。今まで興味のなかった子も興味をもちはじめ、楽しんで参加している。遊びの中でも文字を書いたり、手紙を書いたりする姿が増えた。今後も楽しく文字遊びを行っていきたい。
- 来月は小学校への訪問があり、卒園式への取り組みもあるので、一人一人が期待をもち楽しく過ごせるようにしたい。

1月 月案文例 * 保育園

保育園 2月 月案 文例

寒い日が続きますが、体を動かすのが大好きな子どもたちの体は、いつでもポカポカ。木の芽や花のつぼみなどに春の気配を感じながら、元気に遊びましょう。

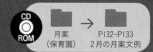

前月末の子どもの姿
- インフルエンザが流行したので、手洗い、うがいをしっかりと行っている。
- 雪が降ったので、雪を集めて坂をつくり、ソリで滑ったり雪合戦をしたり、かまくらをつくったりなど、雪遊びを思いきり楽しむ。
- 給食当番になると、身支度をして嬉しそうに友達に配膳する。

ねらい
- 小学校での生活の仕方を知り、自分なりに遊びや生活など見通しをもって進める。[自立]
- 友達と互いのよさを認め合い、遊びや生活を進める楽しさを味わう。[協同]
- 雪や氷などに関心をもち、調べたり触ったりする。[自然]

内 容
【養 護】
- 健康状態を把握し、異常がある場合は自分から伝える。
- 就学への期待や不安を受け止められ、安心して過ごす。

【教 育】
- 早寝、早起き、朝ごはんなど、基本的な生活習慣を見直し、自分でできるようにする。
- 寒さに負けず、進んで体を動かして遊ぶ。
- 友達との関わりの中で、よいこと、悪いことを自分で判断して行動する。
- 生活や遊びの中で、時刻、時間に関心をもち、見通しをもって行動する。
- 話す相手や場面の違いで、話し方や使う言葉が異なることに気付く。
- 歌詞の意味を知り、気持ちを込めて歌う楽しさを味わう。

環境構成
【養 護】
- 室内外の温度差や換気に気を付け、環境を整えるようにする。
- 就学に対して不安をもつ子もいるので、安心できる雰囲気をつくったり、小学校の楽しい話をする場を設けたりして、期待をもてるようにする。

【教 育】
- 生活習慣の必要性を、再確認する機会をもつ。
- よいこと、悪いことを子どもと考えたり話し合ったりする機会をもつ。
- 冬の自然に触れられるような時間と場を確保する。また、自分たちで調べられるよう、絵本や図鑑を用意する。
- 時刻、時間に関心がもてるよう、カレンダーや時計などを身近なところに置く。
- 自由に文字が書けるよう、取り出しやすい場所に紙や鉛筆を用意する。
- 全身遊びができるよう、用具を準備する。

予想される子どもの姿
【養 護】
- 自分で体調の変化に気が付き、保育者に伝える。
- 就学することが楽しみで、活動に積極的に参加する。

【教 育】
- 手洗い、うがいをすることが習慣となり、進んで丁寧に行う。
- ドッジボールや鬼ごっこなど友達を誘って遊ぶ。
- 友達がいけないことや間違ったことをしていると気が付き、教えたり保育者に伝えたりする。
- 時刻、時間に興味をもつ。
- 初対面の人には敬語を使って話す。
- 歌詞の意味を知ることで、楽しく歌ったり悲しく歌ったりなど、気持ちを込めて歌う。

保育者の援助

【養護】
- 体調が悪そうなときは、優しく問いかけをし、子どもが安心して状態を話せるようにする。
- 子どもの期待や不安を受け止め、安心して過ごせるようにし、就学への期待がもてるようにする。

【教育】
- 進んで行う姿は多いにほめ、周りの子どもにも伝えるなどして意識させる。
- よいこと、悪いことについて、生活や遊びの中で伝える。
- 自分で試してみようとする姿を大切にし、共感して楽しさや喜びが味わえるようにする。
- 生活や遊びの中で時刻や時間について具体的に知らせ、子どもが意識して活動に取り組めるようにする。
- 保育者も場の状況に合った話し方をするようにし、子どもが自分で気付けるようにする。言葉が見付からない子には適切な言葉を補い、楽しく会話ができるようにする。

食育

【ねらい】
- 食事のマナーに気を付けながら、友達や異年齢児と食事を楽しむ。
- 豆まきを通して、日本の食文化について考える。

【環境構成】
- 食器の置き方、箸やスプーンの使い方など、絵カードを見せながら再確認する。
- 豆、イワシの頭、ヒイラギを、よく見える場所に飾る。

【予想される子どもの姿】
- 保育者や友達に教えてもらいながら正しい箸の持ち方や正しい姿勢、座り方などを意識する。
- 節分飾りを見付け、においや感触などを感じて言葉にする。

【保育者の援助】
- 食事のマナーは一人一人に応じて伝え、楽しく食事ができるように援助する。
- 節分の意味を、絵本や紙芝居を読んで分かりやすく伝える。

職員との連携

- 豆まき、造形展、フェスティバルに向けて、目的や内容、準備物を確認し、当日の役割分担について話し合う。
- 子どもの育ちについて細かく話し合い、保育要録の作成につなげる。
- 小学校の公開授業の様子を伝え、情報を共有する。

小学校との連携

- 小学校教職員が就学児の様子を見学する際、個人の発達や配慮すべき点などについて伝える。
- 就学に向けてや小学校生活への不安を感じている保護者と、小学校とをつなぐ機会をもつ。

家庭との連携

- 就学に不安を感じる子どもには、安心感がもてるよう、話をしてもらうなど家庭にも協力をお願いする。
- 感染症の流行についての情報を掲示し、引き続き手洗い、うがいを丁寧に行うことを呼びかける。
- 生活発表会への取り組みを伝え、努力している姿を認め、互いに成長を喜び合う。

評価・反省

- 活動の中で、友達と相談しながら進める姿もたくさん見られ、成長を感じた。小学校訪問では校舎内を見学したり、ランドセルを背負わせてもらったりし、就学への期待も高まったようだ。
- 今月、一度だけ降った雪で喜んで遊んだ。霜柱や氷には、あまり触れることができず残念だった。
- 卒園まで残りわずかとなり、歌や卒園式への取り組みも始まっている。みんなで取り組む最後の行事なので、友達と協力する楽しさを感じられるようにしたい。
- 造形展では、みんなで協力して「お菓子のお家」をつくり上げたことが大きな達成感につながり、次は何をつくろうかと話し合うほどだ。子ども同士の絆も強まったようだ。

 # 3月 月案 文例

小学校入学への期待と、園生活が終わるさみしさや不安が入り混じる3月。子どもたちの気持ちを受け止めながら、巣立っていく姿を笑顔で見送りましょう。

前月末の子どもの姿
- 小学校を訪問し、就学への期待に胸を膨らませている。
- 卒園式に向けて、保護者へ伝える感謝の言葉を考えたり、絵にかいて表現したりする。
- 友達と一つの作品をつくり上げ、達成感を味わう。
- クラス全体で遊び、友達同士のつながりを楽しんでいる。

ねらい
- 成長を認められ、就学への期待や不安を受け止められながら、安定した生活を送る。健康 自立
- 園生活を振り返り、仲間の中でお互いを認め合い、自信をもって行動する。自立
- 早春の自然に気付き、興味や関心をもつ。自然

内 容
【養 護】
- 自分の思いを保育者に話すことで落ち着く。
- 寒い場合には自分で衣服を調節する。
- 就学への期待を高めながら、様々な活動を意欲的に行うようになる。

【教 育】
- 健康な生活に必要な習慣や態度を身に付け、自信をもって生活する。
- 友達と積極的に体を動かし、運動や遊びに取り組む。
- 一緒に過ごした友達や身近な人に対し、感謝の気持ちをもつ。
- 異年齢児との交流を通し、いたわりや思いやりの気持ちをもつ。
- 卒園式やお別れ会などで、身近な人々に感謝の気持ちを伝える。
- 卒園式の歌などを、気持ちを込めて歌う。

環境構成
【養 護】
- 室内外の温度差や換気に留意し、よい環境を保つようにする。
- 就学に対する不安を受け止めたり、安心できる雰囲気をつくったりして、小学校のことを話したり、自信をもてるように働きかけたりする。

【教 育】
- 健康に過ごすために必要な習慣について、話し合う機会をもつ。
- お世話になった人々、友達の大切さに気付くことができるよう、話し合う機会をもつ。
- 異年齢児や他のクラスの保育者などと触れ合う場を設け、感謝の気持ちがもてるようにする。
- 戸外遊びや散歩の機会を設け、春の訪れを感じられるようにする。
- 掃除をする意味を伝える機会を設ける。
- 保護者への感謝の言葉を考える場を設ける。

予想される子どもの姿
【養 護】
- 大きくなったことを喜び、就学への期待をもつ。
- 自信をもって生活や遊びに取り組む。
- 就学への期待が高まり、友達と小学校について楽しく話す。

【教 育】
- 健康に過ごすための手洗い、うがいを積極的に行う。
- 友達と、園での思い出や小学校への期待を話題に会話する。
- 身近な人に感謝の気持ちをもち、手紙を書いたりプレゼントをつくったりする。
- 感謝の気持ちを言葉にして伝える。
- 式や様々な場面で気持ちを込めて歌い、楽しさ、心地よさ、さみしさなどを味わう。

保育者の援助

【養護】
- 子どもの健康状態を把握すると共に、体に異常が見られる場合は優しく問いかけ、子どもが安心して状態を話せるようにする。
- 子どもの期待や不安を受け止め、安心して過ごせるようにし、就学への期待がもてるようにする。

【教育】
- 身近な人たちへ感謝の気持ちがもてるよう、言葉をかける。
- 異年齢児に優しく関わる姿を認める。
- 春の自然と触れ合う中で、子どもの感動や発見に共感する。
- 掃除をする意味を伝え、感謝の気持ちをもちながら取り組めるようにする。
- 園生活を振り返り、子どもと保護者への言葉を考える。
- 歌詞の意味を丁寧に伝え、心を込めて歌えるようにする。
- 喜びの気持ちで卒園式に臨めるようにする。緊張をほぐす言葉をかける。

食育

【ねらい】
- 給食室の職員へ、感謝の気持ちをもつ。
- 担任以外の職員と一緒に食べる楽しさを味わう。

【環境構成】
- 調理員や栄養士と給食や、おやつを食べられる場を設定する。
- 3〜4人ずつ交代して、園長、事務所の職員、乳児クラスとの食事を楽しむ。

【予想される子どもの姿】
- 調理員や栄養士と、献立や好きなメニューのことを話しながら楽しく食べる。
- 子ども同士が誘い合い、準備や片付けを進んで行う。

【保育者の援助】
- いつも給食をつくってくれる調理員や栄養士に、感謝の気持ちを伝えられるよう言葉をかける。

職員との連携

- 卒園式、お別れ遠足、お楽しみ会などの行事の内容や役割分担を決め、スムーズに進行するように打ち合わせをしっかりとする。
- 小学校との連携、交流活動から見えた子どもの姿や反省を共有し、園全体で保育につなげるようにする。

小学校との連携

- 一年間継続した交流会について、その内容や一人一人の姿を小学校教職員と伝え合い、次年度へとつなげる。
- 園長や担任保育者が小学校の卒業式に参加する。

家庭との連携

- 子どもの育ちや課題を通して、就学までに準備しておくことを伝える。
- ロッカーの荷物と、今年度の製作物の持ち帰りをお願いする。
- 小学校生活と同じ時間に起きることに慣れるよう、規則正しい生活を保つ大切さを知らせる。

評価・反省

- 残り一か月の園生活は楽しい活動が盛りだくさんだった。卒園式に向けて意欲的に取り組んだため、式に立派に参加することができた。保育者とのドッジボール、お別れ遠足、お楽しみ会、手づくりおやつ会など、友達や保育者との楽しい思い出がたくさんできてよかった。
- 卒園式やお楽しみ会には、堂々とした姿で臨むことができ、5歳児の底力を見ることができた。就学に向け、期待をもっている反面、卒園式後には「嫌だー」「保育園にいたい」と泣く子もいて、園生活を楽しんでいたんだなと感じられた。甘えが強くなり、抱っこを求めてきたり、保育者のそばを離れなかったりする子が多くいたので、十分に受け止めながら、残りの日数を楽しく過ごしたい。

3月 月案文例 ＊保育園

幼稚園・認定こども園 4月 月案 文例

園生活の最後の一年がスタートします。新しい環境に慣れて安心して過ごし、5歳児としての自覚をもって主体的に活動できるように、サポートしましょう。

月案（幼稚園・こども園） P136-P137 4月の月案文例

今月初めの子どもの姿

- 進級したことを喜び、笑顔で登園する。
- 環境の変化に戸惑いが見られるが、知っている友達と新しい玩具などで遊び、安定している子もいる。
- 5歳児としての自覚をもち、進んで新入園児や年下の友達の世話をする。
- 当番活動に、積極的に取り組む。
- 春らしい草花を見たり、遊びに使ったりする。

月のねらい

- 遊びや生活を通して、保育者や友達と親しむ。[健康][協同]
- 新しい生活の仕方を覚え、身の回りのことは自分で行う。[自立]
- 自分の好きな場所や遊びを見付け、安定した気持ちで過ごす。[健康]
- 草花の開花や生長、春の生き物の様子や自然を見たり、感じたり触れたりすることを楽しむ。[自然]

週のねらい

- 簡単なルールを理解して守り、集団遊びを楽しむ。
- 新しい保育者やクラスの友達の顔と名前を覚える。
- 5歳児クラスになったことを喜び、入園式に参加する。
- 一日の流れに見通しをもち、「これが終わったら次は○○をする」という予測のもとで行動する。
- 飼育している生き物の世話を進んで行う。
- 友達や保育者と一緒にイメージを出し合いながら、こいのぼりづくりに取り組む。
- 母の日のプレゼントづくりでは、母親のことを思いながら様々な素材を使って取り組む。
- 園庭の春の自然に気付き、興味や関心をもつ。
- 3歳児の世話をしたり当番活動をしたりして、5歳児としての自覚をもつ。

内容

- 入園式の会場の準備やリハーサルを行う。
- 3歳児へのプレゼントづくりをして、年下の友達に親しみの気持ちをもつ。
- 園庭や園の周辺を散歩し、春らしい植物の様子を知る。
- 飼育動物の小屋へ行き、ウサギの世話の仕方を知る。
- ヨモギ団子づくりを通し、つくることや食べることの楽しさを感じる。
- 親子レクリエーションに参加し、体操、ゲーム、昼食を親子で楽しむ。
- 新入園児歓迎会で「歓迎の言葉」を言い、歓迎する気持ちをもつ。
- 色鬼や氷鬼など、簡単なルールのあるゲームの楽しさを知る。
- 歌詞のイメージを膨らませて、「森のくまさん」や「こいのぼり」などを楽しんで歌う。
- クラスのみんなと体を動かして、様々なゲームや遊びを楽しむ。

環境構成

- タケノコやヨモギがのっている図鑑や絵本を並べて、いつでも見られるようにする。
- ウサギが食べられる草について話し、園内のオオバコ、ナズナ、タンポポ、シロツメクサなどをつみ取って与える機会をつくる。
- 園内にこいのぼりを飾り、製作のための材料を準備して、つくりたい気持ちが生まれるようにする。
- 安心して遊びだせるように、4歳児クラスで使っていた玩具を用意する。
- 園庭で遊ぶ際は、他学年とぶつからないように場所の配慮をする。
- みんなで決めた当番活動や、標語などを分かりやすく掲示する。

保育者の援助

●こいのぼりの製作では、一人一人がつくった作品を集合させることで大きなこいのぼりになることを話し、クラスの意識がもてるように言葉をかける。
●5歳児クラスになった喜びや嬉しい気持ちに共感して、一人一人の話を聞く。
●当番活動や年下の友達の世話などに、意欲的に取り組む姿を認める。
●それぞれが好きな遊びや場所を見付けて、安心して過ごせるように援助する。
●友達とトラブルが起きた際には、どうすればよいかを一緒に考え、自分の思いを言葉で伝えること、友達の思いを聞くことへと導く。
●うんていや登り棒など、難しいことに挑戦する姿を見守り、励ます。
●自分の気持ちを伝えられない子には、しぐさや視線からその思いを読み取り、温かく受容して、思いが満たされるようにする。

 ### 小学校との連携

●園だよりや学校だよりの交換を行い、互いの行事内容などについて情報を交換する。
●入学児童の状況の確認や互いの教育内容などについて、小学校教職員と意見を交わす。

 ### 家庭との連携

●不安をもつ保護者には、丁寧にこたえる。
●子どもにとって進級は嬉しいだけではなく、緊張や不安もあることを伝える。努力する姿を認め、甘えを受け止めてもらえるようにする。
●身の回りの始末、食事のマナー、手洗い、うがい、排泄など、基本的な生活習慣について話し、改めて確認してもらうよう、懇談会やおたよりなどで伝える。
●5歳児としての行動が続くことで疲れが出るので、早寝早起きを心がけ、健康管理に気を付けてもらう。

 ### 食育

●季節を感じながら明るい雰囲気で食事ができるよう、園庭の草花をテーブルに飾る。
●園庭や公園など、戸外で食事をする機会を設ける。
●食事のマナーを意識しながら食べ、身に付けられるようにする。
●食べきれないものや食べられないものについては優しく声をかけて量を減らすなどし、楽しく食事ができるようにする。

職員との連携

●前年度の担任から子どもの様子や家庭状況などを引き継ぎ、一人一人について把握する。
●安心して過ごせる場所は一人一人違うことを職員全員が理解し、危険がない限り、どこで遊んでいても温かく見守る。
●トラブル時の対応が保育者によって変わることのないよう、基本的な対応は職員同士で共通理解しておく。

 ### 評価・反省

●天気のよい日は、園庭で十分に体を動かして遊んだり、裏山を散歩したりして、春の自然に触れて遊ぶことができた。戸外に出ると、子どもの気持ちも解放的になり、泣いている子も保育者から離れて遊ぶ姿が見られた。次月も積極的に戸外遊びの時間を設けていきたい。
●楽しみにしていた当番活動が始まり、どの子も張り切っている。やり方が分からない子に対して説明がうまくできずトラブルになったり、気の進まない当番に当たった際にトラブルが起きたりすることがあった。当番活動の意味を話し合い、みんなが協力して行う大切さを伝えたい。
●製作が好きな子どもが多く、こいのぼり製作も楽しんで行った。でき上がったこいのぼりを保育室に掲示すると、迎えの保護者に得意げに説明していた。同じ形のこいのぼりでも、飾り付けには個性が出ている。そのことを保護者にも話した。でき上がりの評価だけでなく、つくっている過程での育ちも伝わればと思う。

幼稚園・認定こども園 5月 月案 文例

新しい生活も落ち着いてきて、友達と好きな遊びを見付けて楽しむようになります。自分の思いや考えを伝え合う姿を見守り、大切にしましょう。

前月末の子どもの姿

- 友達の遊ぶ姿をじっと見たり、その遊びをまねしたりする。
- 「○○したい！」と自分の気持ちを言葉で保育者に伝えられる子もいれば、なかなか言えず、しぐさで伝える子もいる。
- 5歳児クラスとしての生活に慣れ、自分のやりたい遊びをすぐに見付けて遊び出す。

月のねらい

- 様々な検診や検査を受けることを通して、自分の体や健康の大切さを知る。[健康][思考]
- あいさつや返事など、生活や遊びに必要な言葉を使って円滑な友達関係を築く。[言葉]
- 友達と関わって遊ぶ楽しさを感じる。[協同]
- 友達や保育者と、体を思いきり動かして思いを表現することを楽しむ。[協同][表現]
- 春の自然に興味や関心をもって、見たり触ったりする。[自然]

週のねらい

- 災害時や火災時に、安全に行動する方法を知る。
- 自分の考えを伝え、友達の考えも受け入れて、お店屋さんごっこのイメージを広げる。
- 友達と遊びの場をつくり、やり取りをしながら楽しむ。
- 興味をもった遊びに、集中して取り組む楽しさを感じる。
- お店屋さんごっこに必要なものに気付き、自分からつくろうとする。
- はさみ、のり、セロハンテープなどを安全に使い、自分がイメージしたものをつくる。
- 身近な植物、虫などに興味や関心をもち、気付いたことを伝え合う。

内容

- 地震避難訓練で、災害時の安全な行動や避難の方法を知る。
- 姉妹園を訪問して、道路や横断歩道の安全な歩き方や地域の様子を知る。
- 歯科検診の受け方や意味について知り、歯を大切にする気持ちをもつ。
- 開きたいお店屋さんについてアイデアを出し合い、期待をもつ。
- 友達と好きな遊びを見付けて遊ぶ。
- 友達や保育者に思ったこと、感じたことを言葉で伝える。
- はさみやのりの使い方を知り、製作物をつくることを楽しむ。
- 簡単なルールのある遊びを、友達と楽しむ。
- 3歳児クラスに行き、昼食の準備を教え、一緒に行う。

環境構成

- いろいろな検診を実施する理由を伝え、健康を意識し、手洗い、うがいや歯磨きの大切さを考えられるようにする。
- お店屋さんごっこの準備では、つくりたい物がつくれるよう、廃材などの材料を十分に用意しておく。
- つくった物を保管する場所を確保しておく。
- イメージに合った物をつくりたい思いを受け止め、参考にできるように実物や絵本などを用意したり、本物らしくつくれるような材料を用意したりする。
- 捕まえた虫などを入れる飼育ケースを用意する。
- 栽培物への水やりがしやすいよう、子どもが扱えるじょうろを用意する。
- 夏野菜の生長を楽しみにできるよう、絵本や図鑑などを用意する。
- 当番の手順が、見れば分かるように、絵にかいてはっておく。

保育者の援助

- 保育者は正しく丁寧な言葉を使うことを心がけ、一人一人が愛されていると感じられる感覚を育む。また、その中で子どもが自らあいさつしたい、と感じられるように働きかける。
- 友達同士のトラブルは、見守ったり、互いの言いたいことが正しく伝わるよう言葉を添えたりし、自分たちで話し合って解決できるようにする。
- 自然に触れた際の子どもの発見や考えに共感し、一緒に楽しむ。
- 簡単なルールのある遊びを提案し、保育者も一緒に戸外で体を動かして遊ぶ。
- トラブルの際は、双方の子どもの思いを保育者が受け止め、相手にも思いがあることに気付くよう仲立ちをする。
- 保育者も子どもと一緒に体を動かして遊び、楽しさを共有する。

食育

- ソラマメのさやの感触を伝える。
- 夏に収穫する野菜の苗や種を植え、生長や食べることについて話し合う機会をつくる。
- 野菜を植えるためには土づくりが必要なことを知らせてから、一緒に作業を行えるようにする。
- ヨモギが身近な場所に生えていることを知らせ、子どもが散歩時に見付けられるように援助する。

職員との連携

- お店屋さんごっこの段取りや、売ったり買ったりする方法について話し合う。
- こどもの日の集いでは、子どもの動きを予測し、安全に遊べるよう保育者は連携して配慮する。
- 歌、フルート、ギターなど、特技がある保育者に誕生会の出し物として披露してもらう。
- 4歳児と一緒に行く園外保育では、保育者間で安全な道順や歩き方などを確認しておく。また、現地の公園では子どもを見渡せる場所に立って見守る。

小学校との連携

- 小学校の運動会で、未就学児レースに参加する。
- 地域の小学校や周辺の公園など、探検する機会をもち、就学への期待を膨らませる。

家庭との連携

- お店屋さんごっこで、製作に取り組む様子を伝え、家庭にある廃材を集めて、協力してもらう。
- 懇談会では子どもの食事についての話題を取り上げ、各家庭と情報を交換する。
- 希望者には必要に応じて個人面談や家庭訪問を実施し、家庭での様子や保護者との関わり、園での様子について話し合い、お互いの信頼関係を築く。
- 子ども同士のトラブル時の対処について、保育者の基本的な対応を伝えておく。

評価・反省

- 保育参加では、まず室内で簡単な紙飛行機づくりをした。ほとんどの保護者が参加してくださり、親子で色塗りもして、楽しみながらつくることができた。風が強く、うまく飛ばない子が多かったが、それでも保護者と一緒ということで盛り上がった。公園からの帰り道、いつもは自分でしっかり歩く子も、疲れと甘えからか保護者におんぶしてもらう子が数人いた。ふだんは子どもなりに気を張っているのだなと思った。
- 飼育当番に慣れてきた。手順を絵にかいて分かりやすく知らせることで、スムーズに行えるようになり、よかった。協力して行うことの大切さや楽しさを感じてもらいたい。
- お店屋さんごっこでは、製作に励んでいる。家から次々と廃材を持ってきては熱心に取り組む子、途中で飽きてしまう子などいろいろだが、保育室がつくった物でいっぱいになる様子を見て、どの子も期待しているようだ。当日の流れについて子どもと確認したい。
- 体育指導が始まった。初対面の講師に自己紹介をする際、恥ずかしがるかなと思ったが、みんな大きな声ではっきりと名前を言うことができて、驚いた。5歳児クラスになった嬉しさが表れたのだと思った。

幼稚園・認定こども園 6月 月案 文例

雨の日が多くなる、この時期。自然に触れられるような環境を用意したり、発散できる遊びを提案したりして、梅雨の季節を楽しく過ごしたいものです。

月案（幼稚園・こども園）→ P140-P141 6月の月案文例

前月末の子どもの姿

- お店屋さんごっこの準備で、同じ場所に居合わせた友達と活動することを楽しんでいる。
- 園庭で見付けた虫や幼虫を飼育ケースに入れ、図鑑で調べている。
- 当番のやり方が分かり、忘れている友達に声をかけ、やり方を確認しながら行う。
- うんていや登り棒などへの挑戦が続いている。

月のねらい

- 友達と意見を出し合って遊びを進めたり、製作をしたりする楽しさを感じる。[言葉][表現]
- 自分なりの目的をもって取り組む。[自立]
- 梅雨期ならではの身近な植物や生き物などに、興味や関心をもつ。[自然]
- 梅雨から夏に変わる際の気候や自然に気付き、生活や遊びを工夫する。[自然][思考]

週のねらい

- 友達と砂や泥の感触を味わいながら、遊ぶことを楽しむ。
- 雨が降る様子や雨上がりの様子を観察し、梅雨を楽しむ。
- 雨の日の散歩を楽しむ。
- 七夕の由来を知り、笹飾りをつくったり歌を歌ったりして、行事を楽しみにする。
- 歯に関心をもち、歯磨きの大切さを知る。
- 栽培している夏野菜の世話を通して、生長に関心をもち、収穫を楽しみにする。
- 行事に向けて、意欲的につくったり準備をしたりすることを楽しむ。
- 季節の移り変わりを感じ、気温や天気に合わせた生活に関心をもつ。

内容

- 電車内でのマナーを守って動物園へ遠足に行き、様々な動物に親しみ、その特徴に気付く。
- 歌の情感やイメージをもって「大きな古時計」を歌うことを楽しむ。
- 園内の様々な植物の実や、花の様子に気付く。
- 水遊びへの期待をもって、プールの清掃をする。
- 園庭のウメの実で、ウメジュースづくりをする。
- 友達と誘い合って、体を動かして遊ぶ。
- 砂や泥で山や川などをつくり、水を流して遊ぶ。
- 雨が降っているときや、雨がやんだときの様子に興味をもつ。
- 歯の役割を知り、歯を大切にすることや歯磨きの習慣について見直す。
- 七夕の笹飾りをつくることを楽しむ。
- 自分の思いが相手に伝わることや、相手の思いも聞くことに心地よさを感じる。

環境構成

- いろいろな種類のジャガイモを並べておき、色、形の違いや、土の中の様子に気付けるように声をかける。
- 砂糖に漬けたウメは、子どもから見える場所に置いて、果汁が出てくるのを観察できるようにする。
- 雨のしずくが落ちてくる場所に、空き缶やバケツ、ペットボトルなどを置き、音の違いに気付けるようにする。
- 砂場で山づくりや川づくりが楽しめるよう、大型シャベル、バケツ、といなどの用具を十分に用意しておく。また、裸足になって遊ぶ子もいるので、危険物が落ちていないか確認する。
- 雨の日でも体を動かして遊べるように場を確保し、巧技台、マット、フープなどを用意する。
- 色水遊び、シャボン玉遊び、ボディーペインティング、泥んこ遊びなどが楽しめるように用具を準備する。

保育者の援助

- プール遊びの約束事を、みんなで確認し合えるようにする。
- 七夕の由来について話したり、絵本や紙芝居などを読んだりして興味をもてるようにする。
- 七夕の飾り切りは、保育者がやって見せ、切り込みの入れ方を知らせる。
- プールの清掃では、子どもにスポンジやたわしを渡し、掃除の仕方を説明する。
- ジャガイモの収穫では方法を説明し、ジャガイモに傷を付けないよう掘ることを話す。土に触れるのを嫌がる子には無理強いせず、友達が掘っているのを見て、できることを行うように促す。
- 雨が降る様子や、雲の色や動き、音など、様々な角度から雨を楽しむような提案をする。
- 目的に向かって、くり返し努力する姿を認める。

 食　育

- ジャガイモの収穫では、土の感触を楽しみ、ジャガイモが土の中でどんなふうにできているかを見られるように準備する。
- 収穫したジャガイモでカレーづくりをして、自分でつくる満足感を得られるようにする。
- 収穫した野菜にはどんな食べ方があるか、みんなで知っていることを話し合う機会をつくる。
- よくかんで食べることの意味を知らせる。

 職員との連携

- ジャガイモの収穫では、当日の進め方を確認し、円滑に行えるように下準備をしておく。
- 笹飾り用の笹をどこから入手するか、情報を交換し合う。
- 七夕集会の内容について話し合い、担当者同士で協力しながら準備を進める。
- プール遊びでは、他のクラスの子どもでも、皮膚の様子や体調などに留意して伝え合い、感染症の流行に十分気を配る。

 小学校との連携

- 小学校教職員に、生活科の授業の内容などについて話を聞く。
- 来月行われる園の夏祭りへの招待状を作成し、小学校へ渡しに行く。

 家庭との連携

- プール遊びに向けて、治療が必要な病気について早めに知らせ、プール遊びに参加できるよう協力をお願いする。
- 泥んこ遊びやボディーペインティングなどをすることを知らせ、汚れてもよい服の準備をお願いする。
- 七夕の短冊を配布し、願い事を子どもと一緒に考えて書いてもらう。
- 暑くなってくるので、子どもが飲みたいときに水分補給できるよう水筒の持参をお願いする。
- 歯の大切さ、歯ブラシの選び方、歯磨きや仕上げ磨きについて知らせる。
- 雨の日の交通安全について知らせ、傘を差しながらの自転車の乗車は危険なことを呼びかける。

 評価・反省

- 毎年、プールの清掃は5歳児の役割なので、子どもは以前から楽しみにしており、当日も一生懸命にゴシゴシとこすっていた。きれいになったプールを見て「早く入りたい！ 水中じゃんけんをしたい！」と意欲を語る子もいた。プール開き目前なので、プール遊びでの約束事を確認し、安全で楽しく行いたい。
- 家庭で保護者と書いてもらった短冊の願い事では、ひらがなを覚えた子が自分で書いたものも多く見受けられた。短冊を通して、文字に興味をもった子もいたようだ。一人一人の様々な願い事に、その子らしさや家庭での様子が垣間見られて、ほほえましかった。
- 色水を入れる容器が足りなかったため、取り合いになるグループがあった。今後は十分な数を用意しておきたい。

幼稚園・認定こども園 7月 月案 文例

プール遊びが始まり、夏の行事に関わる活動も増えます。友達と楽しい時間を共有したり、協力して行事の準備を進めたりする中で、信頼関係が深まります。

前月末の子どもの姿

- 音楽会に向けて、鍵盤ハーモニカの演奏の仕方を友達同士で教え合って取り組んでいる。
- 友達と一緒に場をつくり、好きな遊びをしている。友達のしていることに刺激を受けてやってみたり、意見を言ったりしながら遊んでいるが、意見が合わずにトラブルになる姿もある。
- 当番活動がスムーズに行えるようになる。

月のねらい

- 自分なりの目標を決めて、プール遊びを楽しむ。[自立][自然]
- 夏の自然事象や身近な植物の変化、どんな虫がいるかなどについて友達や保育者に伝えたり、図鑑などで調べたりする。[自然][数・字][言葉]
- 一日の見通しをもって過ごす。[健康]
- 自分、友達、保育者、それぞれの考えを出し合って、工夫しながら遊ぶ。[思考][言葉]

週のねらい

- 友達と話をしながら、遊びを進める。
- 色水遊び、シャボン玉など、いろいろな水遊びを通して、試したり工夫したりして遊ぶ。
- 七夕や星について興味や関心をもつ。
- 七夕集会で、歌ったり短冊に書いた願い事について話したりする。
- プール遊びの約束事を確認する。
- 顔を水につけたり、バタ足をすることに挑戦する。
- 夏野菜の生長に関心をもち、収穫して食べることを楽しむ。
- 1学期が終わることを知り、夏休みに期待をもつ。
- 夏休み中の過ごし方について知り、健康に過ごすこと、安全に過ごすことを意識する。
- 夏祭りやお泊まり保育の内容を知り、期待をもつ。

内容

- 七夕集会に参加して七夕のことを知り、自分の願い事について考える。
- 夏野菜の収穫をして、野菜の色、感触、味、においなどに興味をもつ。
- プラネタリウム見学に行き、星や月について知る。
- 保護者の会が開催するバザーに参加し、物を大切にすることを知る。
- カレンダーを見ながら、夏休みまでに行う大掃除や物を持ち帰ることなどを確認する。
- プール遊びでの自分なりの目標を書いて、はる。
- プール遊びの約束事について、みんなで話し合う。
- プール遊びでは、自分が目標としていることに向かって取り組む。
- 友達がしている遊びを見て、自分の遊びにも取り入れてみようとする。
- 夏休みを健康で安全に楽しく過ごすためには、どうすればいいかを話し合う。

環境構成

- 笹飾りはクラスごとに飾り、子どもや保護者が見やすいように設置する。
- 七夕の歌のCDを用意したり、紙芝居や絵本を置いたりして、七夕への興味をもてるようにする。
- 毎日の天気、気温、プールの水温を確認し、気持ちよくプール遊びができるようにする。
- プール遊びの約束事を分かりやすく知らせるため、絵をかいて見やすい場所にはっておく。
- プール遊びに気が進まない子でも水遊びが楽しめるよう、小さなプールも準備しておく。
- プールで楽しく遊べるように、ペットボトル、牛乳パック、じょうごなど、いろいろな用具を準備する。
- 星や宇宙への興味や関心がもてるよう、図鑑や絵本を用意する。

保育者の援助

- 友達の考えのよいところや楽しいところを周りの子どもに伝え、遊ぶきっかけをつくる。
- プール遊びや水遊びを通して、子どもの楽しい気持ちに共感し、一緒に遊ぶ。
- 友達と工夫したり試したりする姿を見守り、必要に応じて助言する。
- プール遊びでは、個人が目標に挑戦する時間と、みんなで遊ぶ時間を分けて設ける。
- プール遊びが苦手な子には、小さなプールで楽しむことができるように配慮する。
- 夏休みの過ごし方について記したカレンダーを使い、夏休み中の予定や家の手伝いをすることなども話す。
- 大掃除では掃除の方法を伝え、みんなで協力して、きれいにしたことを認める言葉をかける。
- 遊びの中で起こったトラブルは大切に受け止め、できるだけ自分たちで解決できるようにする。

食育

- 園で育てたジャガイモを収穫し、調理方法について話し合う。
- ミニトマトやナスなどを収穫し、夏野菜への関心を引き出す。
- ニンジンを星形に抜いたり、オクラを輪切りにしたりして、道具の使い方を知らせる。
- 七夕集会の後、給食も七夕メニューであることを知らせ、食と文化の結び付きを伝える。

職員との連携

- 七夕メニューについて、給食担当の保育者から子どもへ話してもらうよう打ち合わせる。
- プール遊びでは職員同士が連携し、プールサイドを走る子、トイレに行きたい子を把握し、楽しく遊べるようにする。
- 夏祭りの出し物について話し合い、準備を進める。
- お泊まり保育のスケジュール、準備する物などについて話し合う。

小学校との連携

- 小学校教職員と共に、幼小連携研修会を実施する。
- 夏祭りでの5歳児や招待した一年生たちの様子を、小学校教職員と伝え合いながら確認する。

家庭との連携

- プール遊びや暑さなどで着替える機会が増えるので、衣類など持ち物への記名を徹底するように再度お願いする。
- 暑さに加え、水遊びの疲れもあるので、家庭でも十分に休息を取り、栄養もしっかりとることなどをおたよりで知らせる。
- 個人面談では、園での遊びや生活、友達との関わり、成長したところなどについて話し、子どもにとって必要な経験や家庭での過ごし方について語り合う。
- クラスだよりなどで、お泊まり保育や夕涼み会について知らせる。
- 七夕の短冊に、親子で願い事を考えて書いてもらうことをお願いする。文字は無理に子どもが書かなくてもよいことも伝える。

評価・反省

- プラネタリウム見学をした。初めての体験だった子も多く、暗くなることに不安を感じる子もいた。友達同士で手をつないだり、肩を寄せ合ったりして始まるのを待っていた。内容も子ども向けで分かりやすかったため、始まると興味深く聞き、楽しめたようだ。星や月、宇宙についてはふだんあまり意識したことがなかったが、園でも図鑑や絵本などを用意して、読み聞かせようと思う。
- プール遊びでは自分なりに目標をもって努力する姿が見られ、達成したときは満足そうにしていた。流れるプールや宝探しは毎回、盛り上がり、自然と顔が水につけられるようになる子もいた。小学校でも水泳の授業はあるので、水に慣れてくれればと思う。周りの子がやっているとつられてやる姿があるので、見逃さずに認め、自信につなげたい。

幼稚園・認定こども園 8月 月案 文例

夏祭りやお泊まり保育では、様々な経験をすることで、達成感や自信が生まれます。職員間でしっかりと準備をし、家庭とも連携しながら臨みましょう。

月案（幼稚園・こども園）P144-P145 8月の月案文例

前月末の子どもの姿

- プール遊びを楽しみにし、「今日はプール遊びができます」と知らせると大喜びで支度をする。水着への着替えも自分でできるようになり、頼もしい。
- 夏休みに入ることを楽しみにし、「おばあちゃんちに行くんだ」「海に行く」など、予定を嬉しそうに話す。
- 暑さのために食欲が落ちたり、生活リズムを崩したりする子どもが見られる。
- プールでは、水に潜る、バタ足など、できることが増えてきている。
- 自分の主張を通そうと、友達とトラブルになる。

◆ 月のねらい

- 夏の自然に興味や関心をもつ。[自然]
- 夏の生活の仕方を身に付ける。[健康]
- 夏祭りで異年齢児との関わりを深める。[規範]
- 夏祭りに参加し、友達や保育者、保護者と遊ぶことを楽しむ。[協同]
- お泊まり保育を経験し、自信につなげる。[自立]
- 健康的に夏の生活を楽しむ。[健康]
- 虫の成長や変化に興味をもつ。[自然]
- 夏の遊びを通して、子どもの関わりを深める。[協同]

◇ 週のねらい

- 友達と遊びのイメージを広げ、やりたいことや考えたことを伝え合いながら遊ぶ。
- 友達と協力して活動し、お泊まり保育を体験する。
- プール開放で、水の気持ちよさを感じながら遊ぶ。
- 自分なりの目標をもち、くり返し取り組む。
- 運動遊びを楽しみ、思いきり体を動かす。
- 自分のロッカーの整理整とんを進んで行う。
- 植物の生長に興味をもつ。
- 夏の風物詩に親しむ。

内容

- できるようになったことをくり返し行い、自信をつける。
- 自分の体験したことを、絵にかいて表現する。
- 草花をつんで、色水づくりを楽しむ。
- 虫のいる場所を見付け、みんなに知らせる。
- ゲームを通して、いろいろな人とやり取りをする。
- 自分のまかされた場所を、きちんと掃除する。
- お泊まり保育の際、買い物係、食事係、布団係など分担したそれぞれの係の仕事を最後まで行う。
- キャンプファイヤーや花火などを安全に楽しむ。
- かき氷、綿あめ、ヨーヨーつり、バザーなど、夏祭りならではの出し物を楽しむ。

環境構成

- 輪投げや魚つりゲームなど、親子で一緒に楽しめる物を用意しておく。
- 盆踊りの曲に合わせて太鼓がたたけるよう、曲や場所の準備をしておく。
- 飼育ケースなどを園庭にすぐに持ち出せるようにしておく。
- 雲や虫を見たら図鑑などで調べられるよう、本棚の出しやすい場所に入れておく。
- 水に浮く物（発泡スチロール、木など）と沈む物（くぎなど）を用意して、水の不思議さが体験できるようにする。
- 子どもが安全にお泊まり保育を体験できるように計画し、準備をする。
- 火の扱いには十分に注意し、子どもにも約束事を知らせる。
- 子どもがやりやすいようにえさ、きりふきなどを用意して、カブトムシの世話を交代でできるようにする。
- 夏期保育中、異年齢の子どもが一緒に楽しめる遊びを用意しておく。

「幼児期の終わりまでに育ってほしい姿」の [健康]：健康な心と体　[自立]：自立心　[協同]：協同性　[規範]：道徳性・規範意識の芽生え　[社会]：社会生活との関わり　[思考]：思考力の芽生え

保育者の援助

●子どもが自らやろうとしたことや、できたことをそのつど認め、自信につなげる。
●保育者も子どもと一緒に夏の行事を楽しみ、感じたことを言葉で表現する。
●自分でしていることを見守り、危険がない限りは手や口を出しすぎないように心がける。
●プール遊びの前に、友達を押さない、走らないなどの約束事を知らせる。
●様々な運動遊びを通して、走る、投げる、とぶなどの経験を重ね、運動すると楽しくて気持ちがよいことを味わえるようにする。
●夏の疲れに配慮し、無理のない活動を設定する。
●経験したことを話すのに耳を傾けて、それを絵に表現できるように言葉をかける。
●できたことを認め、子どもが「やればできるんだ」と実感できるようにする。

食育

●朝ごはんの大切さを伝え、自分の健康に関心がもてるようにする。
●収穫活動を通して、野菜やくだものの生長には時間がかかり、それを育ててくれる人がいることに気が付けるよう話す。
●旬の野菜や魚について知らせ、その特徴や栄養に関して話す。
●手伝いを通して、家庭での自分の役割について考えるきっかけとなるよう話す。

職員との連携

●夏休み中の行事について、打ち合わせを綿密に行い、担当する仕事を協力して行う。
●お泊まり保育の役割分担について話し合い、協力して安全に楽しく行えるようにする。
●プール遊びでは、学年ごとに安全かつスムーズに行えるよう、詳細な予定を組み、各職員の配置場所などを決めておく。

小学校との連携

●小学校教職員が施設見学を行う際、入学予定の子どもの様子を伝える。
●小学校で行われる地域の夏祭りに参加する。

家庭との連携

●夏祭りの出し物について知らせ、保護者コーナーへの協力を求める。
●お泊まり保育への不安や気になることなどは、いつでも相談してもらうように呼びかける。
●暑さから体調不良の子どもが増えるので、朝ごはんを必ず食べてくるように伝える。
●プール遊びに意欲的に取り組んでいる姿を伝え、見学日には見てもらえるよう呼びかける。
●夏休み中に絵をかけるよう、画用紙などを渡しておく。
●感染症の疑いはないか、情報の交換を行う。

評価・反省

●虫探しがクラスではやっていて、見つけた虫を輪になって囲み、盛り上がっている。そこへ加われない虫が苦手な子どもへの配慮があまりできなかったことを反省する。
●夏期保育は異年齢の子どもと遊ぶ場面が多かった。あまり声をかけずに見守るようにしたら、3歳児に自分から積極的に関わり、優しく接する姿があり、嬉しく思った。
●夏祭りを通じて、地域の方との交流が活発にできた。こんなにも多くの方々に支えられていることを知り、感謝の気持ちにつながった。
●水遊びの後のゆったりとした環境を、十分に整えることができなかった。また、遊びのルールを理解できない子どもがいたことに、気付けなかったので、次月は配慮したい。
●夏期保育中は、異年齢児で遊ぶことが多いので、遊びの設定が広がりやすいものの方がよかった。

9月 月案 文例

幼稚園／認定こども園

運動会に向けての取り組みが始まり、体を動かす機会も多くなることでしょう。まだ残暑が続くので、一人一人の体調に配慮しながら準備を進めたいものです。

前月末の子どもの姿

- 夏休みに体験したことを保育者や友達に嬉しそうに伝える。同じ経験をした子がいると、「ああだった」「こうだった」と話が盛り上がっている。
- 園庭の植物に、毎日水やりをする姿が見られる。
- 友達と鉄棒で前回りをしている。
- 日焼けした肌を友達に見せて、どちらが焼けているかを自慢し合う。
- 休み中に覚えた歌を、友達と歌う姿が見られる。

月のねらい

- 自分のもっている力を発揮しながら、友達と協力して目的に向かって努力する。[自立][協同]
- 友達と自分を比べたり、競争したりしながら運動遊びを楽しむ。[規範][思考]
- 運動遊びに楽しく取り組む。[健康]
- 友達と体を動かすことを楽しむ。[協同]

週のねらい

- 友達や保育者との再会を喜び、夏休み中の出来事を話す。
- 自分なりにイメージをもって遊ぶ。
- 避難訓練を通して、地震が起きた際の行動を身に付ける。
- 友達と体操をしたり、リズムに合わせて踊ったりすることを楽しむ。
- 祖父母を招いての敬老会に向け、準備を進める。
- お年寄りと関わることで、親しみや尊敬、感謝の気持ちをもつ。
- クラスの友達と共通の目的をもち、仲間意識を感じながら活動に取り組む。
- プール納めの集会で、できるようになったことを発表する。

内容

- 枝、葉、実、花など、身近な自然の材料から、様々な物がつくれることを知る。
- 園生活の一日の流れを思い出し、身の回りのことを進んで行う。
- 敬老会に向け、招待状やプレゼントをつくったり、どんな遊びをするかを話し合ったりする。
- 高齢者施設を訪問し、歌ったり、一緒に遊んで昔遊びを教えてもらったりする。
- 運動会に必要な道具を出して、使って遊ぶ。
- 地震が起きた際、自分の身を守るための安全な行動について知る。
- 運動会での5歳児の役割を理解し、グループ分けや準備を行う。
- 自分たちで選んだ曲で行うリズムダンスに取り組み、身に付ける物をつくる。
- 玉入れやリレーなど、運動会の種目を楽しんで行う。

環境構成

- 敬老会に向け、歓迎の気持ちを表す装飾をする。
- 園庭には各種目のラインを引いておき、子どもが自発的にリレーやかけっこに取り組めるようにする。
- 1学期に楽しんだ遊びがすぐできるよう、道具や遊具を整えておく。
- 海、プール、キャンプ、お祭など、夏休み中の経験を生かした遊びができるような道具を用意しておく。
- 運動会に必要な旗やメダルなどを準備し、運動会への期待を高める。
- 自分たちの運動会にも生かせるよう、小学校の運動会を見学に行く。
- 運動会に必要な物、つくりたい物を製作するための材料を用意する。
- リズム遊びや運動遊びを気軽に楽しめるよう、道具を身近な場所に用意しておく。

保育者の援助
- 夏休み明けは、疲れている子、久しぶりの園生活に不安を感じている子など、子どもの様子を把握する。
- 身の回りのことや持ち物の整理などは、声をかけ、自分でできるようにする。
- 避難訓練では「お・は・し・も」の約束を守って行動すること、保育者の指示を聞いて行動することを知らせ、避難場所へ移動できるように誘導する。
- リズムダンスでは、保育者も一緒に踊って楽しみ、表現豊かに動いて見せる。
- あやとり、お手玉、べいごまなど、祖父母と子どもが遊べるような遊具を用意して、一緒に楽しめるようにする。
- 運動会の競技への取り組みで負けて泣く子には、その気持ちを受け止めて共感し、本番への意欲につながるようにする。

 ### 食育
- お月見団子づくりを通して、お月見の風習を伝える。
- お月見に際して、くだものや野菜、ススキなどを飾ることを伝え、食文化に関心をもつようにする。
- 夏野菜の収穫で楽しかったことを思い出しながら、次に栽培する野菜に期待をもたせる。
- 昼食時のマナーを見直し、あいさつ、箸、スプーン、フォークの持ち方などを確認する。

 ### 職員との連携
- 運動会に向けて、担当する役割をしっかりと把握し、疑問点ややりづらい点などは、そのつど相談し、スムーズに進むように気を配る。
- 敬老の日の集いでは、祖父母だけでなく近隣のお年寄りにも声をかけて招待し、地域との連携を図ることを共通理解する。
- 夏休み中の行事について報告し合い、2学期の保育に生かす。
- 時には広い場所で、のびのびと遊べるよう、近隣の小学校の校庭を借りることを検討する。

小学校との連携
- 今後の交流活動について、小学校教職員と保育者とで事前打ち合わせを行う。
- 運動会の予行演習で小学校に行くまでの道順や道路標識などを、子どもと確認する。

 ### 家庭との連携
- 夏休み明けは、生活リズムが乱れやすいので、規則正しい生活の大切さについて知らせる。
- プールでできるようになったこと、努力した姿などを伝え、成長を共に喜ぶ。
- 災害時の引き取り方法についておたよりなどで知らせ、共通理解を図る。
- 祖父母を敬老会へ招待することを知らせ、参加を呼びかける。
- 運動会当日のお願い事項や、保護者参加の競技についておたよりなどで知らせる。
- 運動会への取り組みでは暑さもあり、疲れが出るので、家ではゆっくり休み、当日に向けて体調を整えてもらうようにする。

 ### 評価・反省
- 敬老会で祖父母が来た子もいれば、来ない子もいる。来ていた子は、祖父母が帰るときにさみしくなって泣いていた。その姿を来ない子がなぐさめており、成長したなと思った。敬老会では祖父母とあやとりをしたり、お手玉を教えてもらったりして、なごやかに過ごすことができた。帰り際にはみなさんが「楽しかった、孫や孫の友達と遊べていやされた」と言ってくださり、嬉しかった。ひざが痛いとおっしゃる祖父母が多数おられたので、椅子の用意や足元に物が落ちていないかなど配慮したいと思う。
- 運動会に向けての活動が多くなりがちで、子どもから「疲れた」という声が聞かれた。5歳児は種目以外にも役割がある。当日までやりたい気持ちが続くよう、活動のしすぎには気を付けなければと反省した。

幼稚園・認定こども園 10月 月案 文例

運動会を通して、友達とのつながりがいっそう強くなります。また、自然物を使った遊びや収穫体験では、秋の自然に興味をもつきっかけをつくりましょう。

月案（幼稚園・こども園）10月の月案文例 → P148-P149

前月末の子どもの姿

- 運動会に向けて、意欲的に活動し、本番に期待をもっている。
- 親子でかいた万国旗を保育室につるすと、運動会への期待がますます膨らみ、「あと何回寝たら運動会？」と聞いて楽しみにする。
- 体を動かす気持ちよさを感じ、運動遊びをくり返し楽しむ。

月のねらい

- 共通の目的に向かって、友達と一緒に工夫しながら取り組む。[協同]
- 運動会で様々な競技や役割を担い、最後までやり遂げる喜びや満足感を味わう。[自立]
- 公園でドングリを見付け秋の訪れを五感で感じ、自然に親しむ。[自然][表現]
- イモ掘り遠足で実りの秋を感じ、みんなで食べる喜びを感じる。[自然]

週のねらい

- 走る、跳ぶ、投げる、引っ張るなど、様々な運動に取り組み、力を出しきる達成感を味わう。
- 同じ目的に向かって、力を出し合って取り組む。
- 運動会に向けて自分の役割が分かり、意欲的に取り組む。
- 運動会に参加し、力を合わせてやり遂げる心地よさを感じる。
- 最後までやりきる気持ちをもち、くり返し行い、達成感を味わう。
- 自分の考えや抱いているイメージを、保育者や友達に伝えながら遊ぶ。
- 友達の考えに耳を傾けようとする。
- イモ掘りを通して、土に触れる楽しさを味わう。

内容

- 運動会のリハーサルに参加し、全体の流れを理解して自分の役割に取り組む。
- 運動会に参加し、友達と力を合わせて取り組んだり、他学年の競技を見たりして楽しむ。
- 友達と協力して運動会の会場に飾る製作をしたり、でき上がった物を設置したりする。
- 運動会後も競技やダンスなどを再現して楽しむ。
- 組体操を通じて、友達と協力してやり遂げる楽しさ、心地よさを感じる。
- 様々な競技を行い、保護者や保育者から認められる嬉しさを感じる。
- 季節の移り変わりを感じ、土、つる、サツマイモに触れながらイモ掘りを楽しむ。
- イモ掘りを体験し、土の中にいる虫やイモができている様子を知る。
- イモ掘りを思い出しながら、製作を楽しむ。

環境構成

- リズム遊びやリレーなどを何度もくり返して行えるよう、必要な物を出したり、園庭に線を引いておいたりする。
- 運動会用の旗や入場門、ポスターなどをみんなでつくり、掲示や設置をして期待を膨らませる。
- 競技に必要な道具をプログラムに沿ってスムーズに取り出せるように整理して置いておく。
- 散歩などでドングリや色のきれいな葉を拾う機会をつくり、秋の自然を感じられるようにする。
- 保育室ではスイセンの水栽培をして、根や発芽の様子に気付けるようにする。
- 拾ってきた木の実を調べられるよう、図鑑を用意しておく。
- いろいろな種類のドングリを飾り棚などに置き、種類を当てるコーナーをつくる。

「幼児期の終わりまでに育ってほしい姿」の [健康]：健康な心と体　[自立]：自立心　[協同]：協同性　[規範]：道徳性・規範意識の芽生え　[社会]：社会生活との関わり　[思考]：思考力の芽生え

保育者の援助

- 係の仕事を子どもたちと話し合い、意欲的に取り組めるよう援助する。
- 種目に集中して取り組むために、待ち時間が長すぎないよう配慮する。
- 運動会後は、一人一人の取り組みについて具体的に伝え、自信がもてるようにする。
- 運動会を通じて一人一人の成長をとらえ、今後の活動に生かす。
- 行事ではどんなふうに楽しみたいか、何をしたいかを子どもと話し合い、主体的に関われるようにする。
- これから先の行事を伝え、卒園までにどんなことをしたいか、子どもと話し合う機会をつくる。
- ドッジボールなどのルールのある遊びをする際、ルールを守れていない子どもがいたら、そのつど説明し、楽しく続けられるように援助する。
- 年下の友達の気持ちを伝え、優しく関わるように伝える。

食育

- 掘ってきたサツマイモを焼いたり、干したり、ふかしたりして、調理方法の違いを伝える。
- 一人一人の食事のマナーを確認する。
- 収穫の秋、味覚の秋という言葉を知らせ、どんな意味かをみんなで考える場をつくる。
- 栄養と体の関係を伝える。
- 収穫した野菜を観察して、命の大切さに気付ける言葉をかける。

職員との連携

- 運動会に向けての子どもの取り組みについて報告し合い、当日の流れを再確認すると共に、予測される事態への対応について打ち合わせをする。
- イモ掘り遠足にあたり、保育者の持ち物、バスの中での過ごし方、現地で行うことなどについて打ち合わせをする。園に残る保育者もスケジュールを把握し、緊急の際に備える。

小学校との連携

- 各小学校の就学時検診の日程を把握し、進学先の小学校と必要な情報交換を行う。
- 運動会での利用後、後片付けの確認やお礼、来年度の使用について小学校へあいさつに行く。

家庭との連携

- 運動会で子どもが努力した姿を認め、できるようになったことや、あきらめずにくり返し取り組んだことを、認める言葉をかけてもらうように伝える。
- 運動会の親子競技では、スキンシップが図れるような種目を考え、事前にやり方を知らせる。
- 運動会の当日は、緊張や不安からいつもとは違う姿が見られることもあると伝え、応援してもらうようにお願いする。また、観覧にあたってのマナーについても呼びかける。
- イモ掘り遠足にあたり、イモを入れる袋や長靴など必要な物を用意してもらう。
- サツマイモを持ち帰る際に、家庭でどんな調理をしたか、子どもへ伝えてもらう。
- 木の実や枝、落ち葉などが豊富な公園などの情報を保護者からも聞き、散歩に生かす。

評価・反省

- 運動会では、5歳児の出番が多いので当日も慌ただしかったが、応援や体操の手本、3歳児のかけっこのお手伝いなど、しっかりと役割を果たすことができた。終了後も綱引きや玉入れをしたがるので、しばらくの間用具を出しておこうと思う。
- お店屋さんごっこが進んでいる。アクセサリー、牛乳パックの電車、カプセルの中身づくり、ゲームなど、たくさんの物ができている。製作が好きな子は熱心だが、得意でない子は進まないため、「○○ちゃんがつくってくれない」と言う子もいる。そのつど、その子なりに取り組んでいることを伝え、自分と同じ思いの子ばかりではないことを知らせる。当日はみんなで協力して行えるように声をかけていきたい。

10月 月案文例 ＊幼稚園 ＊認定こども園

幼稚園・認定こども園 11月 月案 文例

しだいに肌寒くなる季節ですが、戸外で元気に遊べるような環境をつくりましょう。自分たちで健康に気をつけられるよう、声をかけることも大切です。

月案（幼稚園・こども園）11月の月案文例 → P150-P151

前月末の子どもの姿

- 運動会を経験し、クラスの友達と取り組む楽しさを味わい、満足感を得た。
- 友達と誘い合って、運動遊びやごっこ遊びを楽しむ。
- サツマイモの収穫を喜び、みんなで豚汁の用意をして味わうことを楽しんだ。
- ドングリや落ち葉を拾い、遊びに取り入れて楽しむ。

月のねらい

- 目的に向かって、友達と力を合わせてやり遂げたり、自分なりに工夫したりする。[自立][協同]
- 身近な自然に触れ、秋から冬への季節の移り変わりを感じながら遊ぶ。[自然]
- 手洗い、うがいの大切さを知り、自ら行う。[健康]
- お話の世界に入り、役になりきって遊ぶ。[言葉]
- クラスで考えを出し合い、協力して遊ぶ。[協同][言葉]
- いろいろな仕事に興味をもつ。[社会]

週のねらい

- 秋の自然に触れ、親しみながら季節が冬へと移っていくことを感じる。
- 考えていること、イメージしていることを出し合い、遊びを進める。
- 友達と試したり工夫したりして、積極的に遊ぶ。
- 気温の変化に対応した生活をすることを知り、自分で行う。
- 寒さに負けず、戸外で遊ぶことを楽しむ。
- 発表会へ期待を膨らませ、劇ごっこを楽しむ。
- 自分なりに挑戦して遊ぶことを楽しむ。
- いろいろな表現方法を知り、自分の気に入った方法で表現する。
- 異年齢児と一緒に、秋の自然に触れて遊ぶ。
- 楽器に興味をもち、鳴らすことを楽しむ。

内容

- 今までの経験を生かし、遊びがもっと楽しくなるように工夫しながら遊ぶ。
- 友達と自分の考えを互いに受け入れることで、遊びがより楽しくなることを感じる。
- 園庭や公園で、落ち葉遊びをする。
- ドッジボールや鬼ごっこをして、異年齢児と楽しく遊ぶ。
- 大太鼓、木琴、トライアングルなど様々な楽器に触れ、扱い方や音色を知る。
- 劇遊びでは、自分たちで工夫して表現する楽しさを味わう。
- 薄着の習慣を身に付け、体を動かして遊ぶ楽しさを感じる。
- 長なわとびをみんなで跳ぶ楽しさを味わう。
- 朝の寒さ、風の冷たさを感じ、冬に近づいていることを感じる。

環境構成

- なわとびカード、鉄棒カード、とび箱カードなどをつくり、できたことに印をつけ、意欲的に挑戦できるようにする。
- 楽器を自由に使えるように準備しておく。また、大切に扱うように声をかける。
- 空気が乾燥する時期なので、湿度調節をする。
- 戸外遊びが楽しくできるように、ラインを引いたり、なわとびのなわを用意しておいたりする。
- ドングリや落ち葉でつくった物を飾り、工夫に気付いたり自信をもったりできるようにする。
- 使いたい素材を子どもが取り出して使えるように、分かりやすい場所に収納する。
- 遊びに必要な物がつくれるよう、様々な素材（段ボール、空き箱、ペットボトル、牛乳パックなど）を十分に用意しておく。

「幼児期の終わりまでに育ってほしい姿」の [健康]：健康な心と体　[自立]：自立心　[協同]：協同性　[規範]：道徳性・規範意識の芽生え　[社会]：社会生活との関わり　[思考]：思考力の芽生え

保育者の援助

- なわとびや鉄棒に挑戦する姿を認め、保育者も手助けしながら一緒に行い、できたときの喜びを共に感じる。
- 風邪の予防のため、手洗い、うがいを保育者が率先して行う姿を見せる。
- ドッジボールや鬼ごっこなどは保育者も参加して、一緒に楽しみながら子どもの様子を知る。
- 落ち葉の色、風の冷たさなど、秋の自然について子どもの気付きを受け止め共感する。
- 表現する楽しさを味わえるように、様々な表現遊びを提案する。
- 子どもがつくった作品は、名前を付けて大切に扱う。
- 劇の展開について話し合い、みんなでつくり上げる楽しさを感じられるようにする。
- 家族の仕事などを通して、身近なところではどのように働いている人がいるのか、考える機会をもつ。

 ### 食 育

- 秋の食べ物について話し、季節と食べ物の関係に気付けるようにする。
- 小学校の給食を意識し、食事のマナーを見直したり、苦手な物に挑戦したりできるよう声をかける。
- ごはんとおかずを交互に食べることを伝え、食べ方を意識できるようにする。
- バランスのよい食事の重要性を伝える。
- 風邪を予防するためにも、食事が大切であることを伝える。

 ### 職員との連携

- 小学校就学に向けて、子どもの気になる行動について担任が報告し合う。
- 生活や遊びを通して、今どんな育ちの段階であるか報告し合いながら把握し、今後の活動の参考にする。
- 保育者同士でよいところを見付け合い、得意なことが更に得意になるよう互いに磨き合う。
- 発表会に向け、打ち合わせを行う。

 ### 小学校との連携

- 学校公開日に保育者が参観する。
- 小学一年生との交流会で、教科書の入ったランドセルを背負ったり、教室にある椅子に座ったりして、憧れの気持ちを高める。

 ### 家庭との連携

- 就学前健診が行われる時期なので、不安なことや気になることなど保護者の気持ちを受け止める。近隣の小学校の健診の予定表をはりだし、保護者に知らせると共に、当日の活動について配慮する。
- 作品展へ向けての取り組みについて知らせる。できばえだけでなく、そこに至るまでの過程が大切なことを伝え、努力している姿を写真などで伝える。
- 保護者懇談会では、子どもの兄や姉をもつ保護者から小学校の生活や心構えなどについて話を聞き、初めて就学する子の保護者に参考にしてもらう。
- 咳や鼻水が出る子の園での様子を伝え、家庭での様子も尋ねる。
- 発表会に向けての取り組みを伝え、期待をもってもらう。

 ### 評価・反省

- 活動や食事は、「長い針が○のところまでに終わらせよう」と知らせ、時間を意識して行動することを心がけた。決められた時間内でやろうとすることや、時計を見ることに慣れるようにしたい。
- ドングリやマツボックリ、きれいに色付いた落ち葉などを使って秋の製作をした。友達や保育者と、つくりたい物のイメージを抱きながら組み合わせるのが楽しいようで、自分なりに工夫していた。接着剤や油性ペンの使い方にも慣れ、自分でどんどん進めていた。
- ビオトープでメダカを、保育室でザリガニを飼っている。えさやりや、飼育ケースを洗うなどの世話をし、大事に育てている。図鑑を見て、えさや生態を調べるなど、よい経験になっている。

幼稚園・認定こども園 12月 月案 文例

発表会やクリスマス会、もちつき大会などの行事が多い時期。目的をもって活動に取り組み、表現する喜びを感じたり、伝統文化への関心を深めたりします。

前月末の子どもの姿

- 寒くなったが、薄着で園庭に出て砂遊びや鉄棒で遊んでいる。年下の友達に優しく接し、一緒に遊ぶ姿も見られる。
- 作品展に向けての製作が進んでいる。共同製作では時々「○○ちゃんが〜してくれない」などの声も聞かれるが、トラブルにはならず、お互いの気持ちを受け入れながら落ち着いて製作している。

月のねらい

- 年末年始の行事を知り、親しむ。[社会]
- クラスの友達と一つの作品をつくり上げる喜びを感じ、保護者らに見てもらい満足感を得る。[協同]
- 友達と考えやイメージを出し合い、自分たちで遊びを進めることを楽しむ。[言葉][思考]
- 寒さに負けず、友達と戸外で体を動かして遊ぶことを楽しむ。[健康]

週のねらい

- 冬の自然現象に気付き、興味や関心をもつ。
- 戸外で体を動かして遊ぶことを楽しむ。
- クリスマスやお正月が来ることに期待する。
- 2学期が終わることを知り、冬休みやお正月を楽しみにする。
- 今年という一年が終わること、1月からは新しい一年が始まることを知る。
- クリスマスの由来について知り、クリスマスツリーを飾る。
- 冬を健康に過ごすために、必要なことを知る。
- 保育室などの大掃除をして、1月から気持ちよく過ごせるようにする。
- クラスの友達とのつながりを感じながら、共通の目的に向かって工夫したり協力したりする。

内容

- 保育室や玩具、遊具などの大掃除を行い、年末年始を迎える準備をする。
- もちつきや年賀状づくり、大掃除など、年末年始の過ごし方を知る。
- 発表会で自信をもって、のびのびと楽しく表現する。
- 発表会の様子をビデオで鑑賞し、みんなで力を合わせてやり遂げた喜びを感じたり、友達のよさに気付いたりする。
- 冬休みの過ごし方を話し合い、規則正しい生活を心がける。
- いろいろなお正月遊びに興味をもち、挑戦する。
- 風邪の予防を意識し、手洗い、うがいをする。
- トランプやかるたに興味をもち、みんなで遊ぶ。
- クリスマスお楽しみ会に期待をもち、キャンドルサービスを行う。
- 身の回りの物を片付けたり大掃除をしたりして、きれいな保育室で新年を迎える。

環境構成

- 暖房を使う際は、換気や湿度に気を配る。
- 発表会のための看板、プログラム、招待状などを子どもと一緒に準備する。
- クリスマス会では、サンタクロースの登場で子どもが夢を抱けるような演出を考える。
- 新しい年のカレンダーを掲示し、1月の予定などを話し合う。
- 子どものイメージを形にできるような素材や道具を用意する。
- ドングリやマツボックリ、サツマイモのつるなどがクリスマスリースに使えることを知らせ、自然素材を組み合わせてつくれるように材料を準備する。
- 年末年始を迎えるのにふさわしい保育室、園内の環境をつくる。

保育者の援助
- 友達と一緒に楽器を鳴らしたり、歌ったりしてクリスマスや年末の雰囲気を楽しめるようにする。
- 手洗い、うがいは戸外から戻った際だけでなく、食事の前や活動の合間にも行うように声をかける。
- 発表会の当日、緊張したり不安が強かったり、興奮する子には優しく声をかけ、いつものように楽しく行えばよいことを伝える。
- クリスマスやお正月に関する絵本を読み聞かせ、楽しみにする気持ちをもてるようにする。
- かるた、すごろく、こま回しなどの正月遊びが楽しめるように用意し、保育者も一緒に遊ぶ。
- 寒いときの衣服の調節、手洗い、うがいの大切さについて話し、健康管理を意識できるようにする。
- 当番活動をする仲間で声をかけ合い、相談しながら自分たちで進めていくように伝える。

 ### 食 育
- もちつき会で、もち米をふかしてつくと、もちになることを実際に見て、食べ物のでき方に興味をもてるようにする。
- あいさつをすること、箸、スプーン、フォークを正しく使って食べることなど、食事のマナーを再確認し、栄養にも目を向けられるように話す。
- おせち料理について、どんな食べ物があるか話す機会をつくる。

 ### 職員との連携
- 発表会では、職員同士の連携を図り、それぞれの出し物がスムーズに進むよう協力して行う。
- もちつき会では、もち米や杵と臼などの道具が必要になるので、協力して準備しておく。
- クリスマス会では、子どもの「サンタクロースに会える」という夢を壊さないよう、期待が膨らむような演出を心がけ、職員で協力し合う。
- クリスマスツリーの片付け、正月飾りの準備は子どもも参加できるように話し合っておく。

 ### 小学校との連携
- クリスマス発表会に小学校教職員を招待し、5歳児の様子を見てもらう。
- 来月のもちつき大会について、小学校教職員と打ち合わせを行う。

 ### 家庭との連携
- 発表会については、本番までの過程が大切なことを伝える。当日は大勢の前に出ることで緊張し、いつもの姿ではないかもしれないこと、小さな声でも努力していることなどを理解してもらう。
- 冬休み中は規則正しい生活を送り、生活リズムを崩さないようおたよりなどで伝える。
- 凧あげ、かるた、すごろく、こま回しなど、お正月らしい遊びを紹介し、冬休み中の遊びの参考にしてもらう。
- 個人面談などで園での様子を伝え、家庭での様子も聞き、就学に向けた情報交換をする。
- 今の子どもたちの様子や育ちを伝えながら、卒園までに園と家庭とで大切にしていくことを伝える。

 ### 評価・反省
- クリスマスのリースづくりでは、個性豊かな作品ができ上がった。穴に毛糸を通す手つきもよく、手先が器用になったと感じた。自分の中でイメージを膨らませてつくり、でき上がると友達と見せ合っていた。
- 自分の思いを伝えながら、相手の思いにも気付き、友達同士の会話がスムーズになっている。時にはトラブルもあるが、仲介しようとすると「自分たちで話し合うから、先生は向こうへ行ってて」と言うこともあり、自分たちで解決しようとする力が付いていることを感じた。
- 自分の思いどおりにいかないことがあっても、怒ったり泣いたりするのではなく、「それならこうしよう」と話をして、別の方法を見付けようとする姿勢が見られる。自分の思いを主張しながら友達の思いも聞くことで、うまく解決する経験をしてほしい。

幼稚園・認定こども園　1月　月案　文例

かるたや羽根つき、すごろくなど、正月遊びを用意して、新年の雰囲気を味わいましょう。遊びを通じて、文字や数字に親しむきっかけにもなります。

月案（幼稚園・こども園）　→　P154-P155　1月の月案文例

前月末の子どもの姿

- 冬休みの出来事を、友達や保育者と楽しそうに話している。
- 戸外遊びの後は、手洗い、うがいを進んで行う。
- 友達としりとりなどの言葉遊びを楽しんでいる。
- 寒さに負けず、鬼ごっこやドッジボールなどの戸外遊びをする。

月のねらい

- 手洗いやうがい、衣服の調節をして、健康に過ごす。[健康]
- 友達と共通の目的をもって遊び、思いを伝え合いながら活動する。[協同][言葉]
- 友達とルールを守って遊ぶことを楽しむ。[規範]
- お正月の遊びに挑戦し、くり返しやってみようとする。[社会]
- 文字や数などに興味や関心をもち、生活の中で書いたり数えたりすることを楽しむ。[数・字]
- 雪、霜柱、氷などの冬の自然事象に触れる。[自然]

週のねらい

- 新年の雰囲気を感じながら、3学期の園生活に期待をもつ。
- 手洗い、うがい、衣服の調節など、寒い時期の過ごし方を知り、自ら行おうとする。
- 寒さに負けず、なわとびや鬼ごっこなどをして戸外で体を動かすことを楽しむ。
- 行事に向けて、友達と一緒に歌ったり踊ったり劇ごっこをしたりする。
- かるたやトランプ、すごろくなどを通して、文字や数字に関心をもつ。
- 自分たちでゲームを進めながら、競ったり比べたりして遊ぶ。
- 冬の自然を見て、興味をもったり調べたりする。

内容

- 園生活の流れを見通して、意欲的に活動する。
- 自分のやりたい遊び、好きな遊びに没頭し、満足できるまでやろうとする。
- 絵の具を使ってかいたり塗ったりしながら、製作遊びをする。
- 天気のよい日には戸外で体を動かして遊び、気に入ったことは何度もくり返して楽しむ。
- 思ったことや感じたことを自分の言葉で伝えようとし、相手の思いも聞く。
- 文字や数字を書いたり、書いたものを保育者や友達に見せたりする。
- 雪や氷、霜柱、息が白くなることなど、冬の自然事象に触れて、考えたり興味をもって調べようとしたりする。
- 手洗いやうがいの大切さが分かり、進んで行う。
- 好きな歌を歌ったり、音楽に合わせて踊ったりすることを楽しむ。
- 文字が少ない絵本を自分で読もうとしたり、保育者に読んでもらったりする。
- 物語の世界を楽しみ、想像を膨らませて、ごっこ遊びなどを楽しむ。

環境構成

- 子どもが興味のある遊び、挑戦したいことに取り組めるよう、いろいろな遊具や用具を準備し、時間を保障する。
- 画用紙、新聞紙、絵の具を使うときに必要な道具一式が自分で用意できるよう、取り出しやすい場所に収納しておく。
- かるた、トランプ、すごろくなどを用意し、遊びながら文字や数字に興味をもてるようにする。
- 朝、登園したときに氷が張っているところを見られるよう、バケツや空き容器を用意して水を入れておく。

「幼児期の終わりまでに育ってほしい姿」の　[健康]：健康な心と体　[自立]：自立心　[協同]：協同性　[規範]：道徳性・規範意識の芽生え　[社会]：社会生活との関わり　[思考]：思考力の芽生え

保育者の援助

- 冬休みに経験したことを、みんなの前で話す機会を設ける。なかなか話し出せない子には優しく援助し、話しやすい雰囲気をつくる。
- 正月遊び、昔遊び、戸外遊びなど様々な遊びをする際、子ども自身で進める喜びを感じられるように、保育者はできるだけ見守る。
- 見通しをもち、片付けたり準備したりする姿を見守る。
- 目標に向かって努力する姿を、見守ったり励ましたりしながら自信へつなげる。
- なわとび、鉄棒などにくり返し取り組む姿を認め、できたときは共に喜び、達成感を得られるようにする。
- 寒さから室内で遊ぶ子が増えるが、保育者が率先して外へ誘い、一緒に遊ぶ。
- こま回し、羽根つき、お手玉、あやとりなど、昔ながらの遊びを子どもの前でやって見せ、興味をもてるようにする。

 ## 食 育

- 七草がゆを食べる理由について話し、七草の種類を伝える。
- おせち料理やお雑煮の話題を取り上げ、家庭でどんな正月料理を食べたか話し合い、食事への関心を広げる。
- 鏡開きでは、おしるこを食べながら鏡開きの由来を話し、もちの種類、もちの食べ方など日本の食べ物に興味をもてるようにする。

 ## 職員との連携

- 延長保育や預かり保育などで、通常の保育室とは別の部屋で遊ぶ場合、子どもが好きな遊びを継続できるよう、興味のある遊びや、ふだんから親しんでいる遊びを、保育者同士で情報交換しておく。
- 正月遊び、昔遊びが得意な保育者に、率先して子どもと遊び、やり方のコツや、くり返し行うことが大切だということを子どもに伝えてもらう。

 ## 小学校との連携

- もちつき大会に一年生を招待する。園児との混合のグループをつくり、もちつきや正月遊びを一緒に楽しめるようにする。
- 家庭と連携しながら就学への期待がもてるよう、言葉をかける。

 ## 家庭との連携

- 抜き打ちの防犯訓練については、子どもに実施することを伝えないでいてもらう。
- ノロウイルスなどの感染性胃腸炎が流行することを知らせ、調理前の手洗い、食品を十分に加熱すること、嘔吐の際の処理の仕方などを保健だよりなどで伝える。
- 懇談会などでは小学校就学へ向けて、見直したい生活習慣や身だしなみなどについて話題にする。
- 雪が降った際には雪遊びをすることを知らせ、長靴や手袋、はきかえ用の靴下などを用意してもらう。
- 発達の面からも文字や数字に関心をもつ時期だと伝え、家庭でも楽しく文字や数字に触れる機会をつくる大切さを伝える。

 ## 評価・反省

- 正月遊びや昔遊びに取り組む姿が多く見られた。こま回しやお手玉に何度も挑戦していた。かるたでは、取るスピードがどんどん速くなり、ひらがなを覚えたことがうかがえる。あっという間に覚えるので驚く。トランプでは「神経衰弱」や「ババ抜き」をすることが多い。数と数字も覚えてゲームがスムーズに進む。時々、自分のルールで進めようとする子がいるので、みんな同じルールで行うことが楽しいのだと伝えた。
- 発表会では歌と劇を披露した。みんなで考えたせりふや、力を合わせてつくった背景など、目的をもって取り組んだ成果を保護者の前で堂々と発表することができた。緊張し、恥ずかしがりながらも大きな声で言うことができ、たくましくなったなと思う。
- 友達が転んでひざを擦りむいた。周りにいた子どもが、何もせずにいたのが気になる。保育者を呼んだり、転んだ友達に寄り添ったりできるようにしたい。

1月 月案文例 ＊＊ 幼稚園 認定こども園

幼稚園・認定こども園 2月 月案 文例

卒園も間近に迫ってきました。就学への期待や不安を認めながら、主体的に活動が行えるように配慮することで、一人一人の自信につなげたいものです。

月案（幼稚園・こども園） → P156-P157 2月の月案文例

前月末の子どもの姿

- 自分たちで遊びを考えたり、共通の目的をもって遊んだりしている。
- 就学への意識が高まり、小学校に関する話題が多くなる。同じ小学校へ行く友達が少ない子が不安を感じている。
- 友達のよさを認め、苦手なことができるように励ましたり、アドバイスしたりする。
- 手洗い、うがいの習慣が身に付いている。

月のねらい

- 個人で取り組む活動や友達と行う活動など、一年のまとめの時期としての活動に取り組む。[自立][協同]
- 自分たちで生活や遊びを進め、充実感を味わう。[自立]
- 感じたことや考えたことを友達同士で伝え合ったり、保育者に話したりしながら遊びを進める。[思考][言葉]
- その場に応じた行動をとり、次の予定を考えながら見通しをもって生活する。[健康][自立]
- 就学への期待を膨らませ、文字に興味をもち園生活を進める。[自立][数・字]

週のねらい

- 友達と役割を分担し、目的に向かって意欲的に取り組む。
- 園生活を自分たちの力で進めながら、修了に向けての準備を進める。
- 修了を祝ってくれる年下の友達や保育者に感謝の気持ちをもち、言葉や製作物でその気持ちを表す。
- 自分なりの目標に向かってくり返し取り組み、満足するまで行う。
- 友達と一つのことに取り組み、やり遂げる充実感を味わう。
- 入学することや小学校生活に興味や関心をもち、話題にしたりごっこ遊びをしたりする。

内容

- 豆まき集会に参加し、由来やヒイラギ、イワシを飾ることを知る。また、自分の中から追い出したい鬼について考える。
- 節分集会で、年下の友達に優しく接したり、思いやりの気持ちをもったりする。
- 発表会に向けた劇遊びを行い、シーンについて考えたりアイデアを出したりする。
- 友達とアイデアを出し合いながら、動きやせりふを考えて劇遊びをする。
- 園庭などに咲く季節の花に気付き、においや色などに興味をもつ。
- 小学生との交流会に参加して、小学生と遊んだり小学校の教師と触れ合ったりし、一年生になることへの期待をもつ。
- 園生活の楽しかったことを、友達と一緒に思い出す。
- 係活動の仕方を4歳児に教える。
- これまでみんなで、親しんできた遊びを楽しむ。

環境構成

- ごっこ遊びをしながら一人一人のイメージが具体的な形になるよう材料を用意し、自分たちで必要な物がつくれるようにする。
- 今までの園生活を振り返ることができるよう写真を用意し、楽しい思い出について話しやすい雰囲気をつくる。
- 当番活動を4歳児に引き継ぐため、使用する道具や、やり方を確認しておく。
- カレンダーに修了までの予定を書き込み、見通しをもって活動できるようにする。
- 年下の友達と遊んだり、昼食をとったりする時間を設ける。
- 一日の予定を確認してホワイトボードに書き、計画的に動けるようにする。

「幼児期の終わりまでに育ってほしい姿」の [健康]：健康な心と体 [自立]：自立心 [協同]：協同性 [規範]：道徳性・規範意識の芽生え [社会]：社会生活との関わり [思考]：思考力の芽生え

保育者の援助

- 役割を精いっぱい行っている姿や考えたり工夫したりしている姿を認め、意欲的に取り組めるようにする。
- 発表会のビデオをみんなで鑑賞し、力を合わせてやり遂げたことや友達のよいところ、努力した自分の姿を認められるようにする。
- 一人一人の得意なこと、好きなことを生かして活動や遊びができるよう、保育者が長所を見付け、言葉で表す。
- 修了式の練習が多すぎないよう配慮し、遊びの時間も十分に確保する。
- トラブルが起きても、子どもたちで解決する力が付くように見守るが、うやむやにして終わらないように必要に応じて仲立ちする。
- 交通安全教室を通じて、小学校への通学路の交通事情や交通ルールについて再確認し、安全な道路の歩き方への意識を高める。
- 友達と考えだした遊びを見守り、遊びが発展するように道具を出すなど、友達との遊びが進むようにする。
- 散歩の際には、道路標識の意味や横断歩道の渡り方などの交通ルールについて知らせる。

 食育

- 豆まきでは、一年間を元気で過ごせるようにと願いながら、年の数と同じ数の豆を食べることを話す。
- 豆まきに使った豆が大豆であることや、大豆からつくられる食品のこと、昔から日本人が食べてきた食品であることなどを話す。
- 学校の給食についての話をし、どんなふうに行うのか、食べる時間はどのくらいかなどについて伝える。

 職員との連携

- 小学校での体験入学の内容について、園と小学校とで細かく打ち合わせを行い、子どもが就学に期待がもてる内容になるよう配慮する。
- お別れ遠足では、年下の友達や保育者との交流が十分にもてるような遊びを考える。

 小学校との連携

- 一年生の授業を見学した後、保健室や職員室など学校ならではの場所を案内してもらう。
- 5歳児クラスの保護者を対象に、小学校校長より入学や学校生活について話してもらう。

 家庭との連携

- 子どもがつくった鬼の面や升を持ち帰り、家でも豆まきができるようにする。
- 発表会の劇に使用する衣装については早めに役柄や内容を伝えて、保護者もイメージがもてるようにする。
- 早寝早起きの習慣を付ける、人の話を最後まで聞く、あいさつをするなど、就学に向けた生活習慣を身に付けることの大切さを保護者会などで話したり、おたよりで知らせたりする。
- 就学に向け、個別な配慮が必要な子の何を小学校に伝えておくかを保護者とよく話し合う。
- 修了式に向けての取り組みについて、登降園時に話し、当日への期待をもってもらう。
- 小学校までの道のりを親子で確認し、道路を安全に歩くこと、交通ルールの確認をしてもらうようにする。

 評価・反省

- 近隣の園との交流会でドッジボールを行った。最初は緊張した雰囲気だったが時間が経つと慣れ、なごやかに行うことができた。初めての園、初めての友達との出会いは新鮮だったようで、戻ってきてからも「またドッジボールをしに行きたい」という声が多くあがったのでよかった。
- 苦手なことも友達と一緒にやってみようとしたり、保育者から離れて友達と挑戦したりなど、友達との関わりが強くなった。子どもにとっての、友達の存在の大きさを感じる。
- 折り紙やスズランテープなど様々な素材や用具を使って、「これは○○なんだよ」と自分のイメージでつくったり、かいたりした。更にそれを使って友達とごっこ遊びをし、自分たちで遊びを発展させる喜びを感じていたようだ。

幼稚園・認定こども園 3月 月案 文例

園生活も最後の月。友達や保育者との思い出を振り返り、周りの人への感謝の思いも大切にしながら、卒園に向けた準備ができるようにしましょう。

前月末の子どもの姿

- 友達を誘い、自分の思いを伝えながら好きな遊びを楽しんでいる。
- ビーズやブロックなど、小さなパーツを組み合わせてつくる製作が盛んで、熱心に取り組む。
- 就学の準備についての話題が多く、学校ごっこで遊びながら文字や数字を書く。
- 発表会をやり遂げたことで自信をもち、自分たちで遊びを進める。

月のねらい

- 園生活がもうすぐ終わることを知り、一年生になることに期待をもつ。[自立]
- クラスの友達とのつながりや、一体感をもちながら一緒に遊ぶ。[協同]
- 友達と関わって遊ぶことを楽しみ、残り少なくなった園生活を思いきり楽しむ。[健康][協同]
- いろいろな遊びをして園生活を振り返り、もうすぐ卒園することを感じる。[自立][思考]

週のねらい

- ひな祭り会では祖母を招き、一緒にお茶を飲んだり歌ったりして楽しく過ごす。
- 園生活での楽しかったことを思い出し、文集やアルバムにのせる言葉を考える。
- 友達や保育者との別れを惜しみながら、修了式の準備をする。
- 園庭や公園などで身近な自然に触れ、春が来たことを実感する。
- 心も体も大きく成長したことを喜び、自信をもって修了式を迎える。
- 園生活でお世話になった人たちに感謝の気持ちを抱き、卒園製作の仕上げをする。

内容

- ひな祭り会で、お茶を飲んだり踊ったりすることを楽しむ。
- 自分のやりたい遊びを十分に楽しむ。
- 今までの経験を生かし、クラスの友達と一緒に遊ぶことを楽しむ。
- クラスのみんなで行う集団遊びを楽しむ。
- 暖かくなったことや春の訪れに気付き、サクラのつぼみを見たり春の草花遊びをしたりする。
- 修了式に参加し、園生活が終わること、もうすぐ一年生になることを実感する。
- 保育室、ロッカー、おもちゃ箱など今まで使ってきた場所をきれいにし、4月からの5歳児が気持ちよく使えるようにする。
- お別れ会で3、4歳児と一緒に遊んだり食事をしたりし、交流を深める。
- 今まで歌った歌、やりたい遊びの希望を聞き、みんなで楽しむ。
- 製作した作品をまとめ、見ながら一年を振り返る。
- 感謝の気持ちをもち、保育室や園庭をきれいに片付ける。

環境構成

- ひな祭り会ではモモの花やナノハナを飾り、ござを敷くなどして、落ち着いた雰囲気をつくる。
- 園生活の様々な場面の写真をはりだし、これまでの生活を振り返る時間をもつ。
- 残りの園生活の見通しがもてるように、カレンダーに予定を書き、少ない日々を大切に過ごす気持ちがもてるようにする。
- 保育室の壁面を卒園を祝う物にし、修了に向けての気持ちを盛り上げる。
- 親しんできた遊びができるように、子どもの希望を聞いて用意する。

保育者の援助

- 修了について話題にし、園での生活について振り返り、修了式での言葉を考えたり、最後にみんなでどんな遊びをしたいか話し合ったりして、修了までの日々が充実したものになるように配慮する。
- リレーや鬼ごっこなど、みんなで楽しめる遊びを楽しむ時間を設け、保育者も一緒に遊ぶ。
- 修了式の意味を伝えて、大事な日であることを意識して臨めるようにする。
- 持ち物や保育室の整理をし、園生活を振り返るような言葉をかける。
- 様々な人が修了をお祝いしてくれることを知らせ、感謝の気持ちがもてるようにする。
- 季節の移り変わりに気付けるような言葉をかけ、春の訪れを共に喜ぶ。
- 年下の友達と遊ぶ時間を設け、自分たちの成長を感じられるようにする。
- 一年間の自分の製作物をまとめながら、ここまでの成長を感じられるようにする。

 ## 食育

- お別れ会食の機会では、異年齢の友達と一緒に食べ、園生活の楽しさを感じられるよう配慮する。
- これまでお弁当をつくり続けてくれた保護者に、感謝の気持ちがもてるような言葉をかける。
- 最後のクッキングでは、グループで協力しながらつくれるように、事前に子どもと話し合う場を設ける。
- 小学校の給食を意識し、時間内に食べ終えられるように配慮する。

 ## 職員との連携

- お別れ会、修了式などが続くので慌ただしいが、保育者は気持ちにゆとりをもち、笑顔で過ごすことを心がける。
- 修了式の会場は巣立つ子どもをお祝いするような飾り付けをし、式がスムーズに進むように打ち合わせを綿密に行う。

 ## 小学校との連携

- これまでの連携や交流活動から見えた子どもの姿や反省を共有すると共に、園全体で保育につなげる。
- 要録を持参し、子ども一人一人の特性や配慮点などを小学校に伝える。

 ## 家庭との連携

- 折に触れて、子どもの成長した点について話題にし、園生活を振り返る機会をもつと共に、自信をもって就学を迎えてもらう。
- 園生活、園の運営への協力に対して、感謝の気持ちを伝える。
- 懇談会では、保護者が子どもの成長について話す時間をとり、みんなで喜び合えるようにする。
- 製作物を持ち帰り、家でも見て一年間の製作の記録を振り返ってもらう。できばえだけでなく、つくるときに大変だったことや楽しかったことなど、製作物にまつわる子どもの思いも聞いてもらうようにし、つくる過程が大切であることを伝える。

 ## 評価・反省

- 秋、子どもたちに「卒園までにしたいこと」を聞き、少しずつ実行してきた。まだ全部やりきっていないので、今月はできるだけ取り組んだ。ちょっと遠い公園へ散歩に行ったり、クッキーづくりをしたり、リクエスト歌合戦をしたりなど、楽しむことができた。これらのことを胸に、4月からの新しい生活を自信をもって始めてほしいと思う。
- お別れ遠足では、3、4歳児クラスと一緒に○○公園へ行った。みんなでお弁当を食べたりゲームをしたりして交流を深めることができた。
- 修了式では、担任から一人一人のよいところを言ってもらったり、言葉や歌を発表したりした。5歳児として、園生活を支えてくれた保護者や園の職員への感謝の気持ちも堂々と伝えることができた。これまでの様々な園の思い出を、これからの生活の支えにしてほしい。

こんなときどうする？ 月案 Q&A

 Q 「子どもの姿」は、数人の子どもを見て記入していけばよいのでしょうか？

A 特徴的な姿、変化してきた姿をとらえる

もちろん、全員がそうなっていなければ書けないわけではありません。3、4人の子どもでも、あるグループでもOKです。育ってきた姿、周りへ刺激になりそうな姿は積極的に書いていきます。また、流行している遊びや言葉も記しておくとよいでしょう。それを踏まえて、ねらいや援助を考えられるからです。

Q 新担任なので、4月はまだ子どもの様子も分かりません。どう計画を立てればよいのでしょうか？

A 4月はまず、保育者との絆から

月初めの子どもの様子を見てからでも、立案はOKです。その際、前年度の4月の月案を見て参考にするとよいでしょう。年度の初めにまず求められるのは、保育者との信頼関係づくりです。子どもが安心できる受け入れと楽しい遊びを計画しましょう。

 Q 「環境構成」を書く際、どうしても「こう整える…」だけになってしまいます。記入のコツは何でしょうか？

A 何のために整えるのか、意図を明確に

「内容」を経験させるための環境構成ですから、「しておくこと」を書くのではなく、「何のためにそうするのか」を示すことが大切です。「布団を敷く」ではなく、「眠りたいときに安心してすぐ眠れるように、布団を敷いておく」と書けば、意図が伝わります。

第4章

保育日誌の書き方

保育終了後に記入する「保育日誌」は、月ごとに分けて子どものエピソードを中心に紹介しています。

5歳児の保育日誌

おさえたい ③ つのポイント

1 育ちが感じられた場面を書こう

「ねらい」の姿に近づいている嬉しい場面を、なぜそうできたのか周りの状況も合わせて記すのが基本ですが、保育者の心に最も残った場面を書いてもよいでしょう。心に残るとは、それだけ心を動かされて何かを感じたということだからです。ハプニングなども書いておきます。

この保育日誌は、保育後にその日を振り返りながら記入するものです。どのような保育をして、子どもがどう考えて行動したのかが読み取れるようにしましょう。

主な活動
その日の主な出来事や遊びについて記します。後で見直した際に、こんなことがあった日だと、すぐに思い出せることが大切です。

子どもの様子
一日のうちで最も嬉しかったり困ったりした印象的な場面を、子どもの姿がリアルに浮かび上がるように書きます。子どもの事実と、保育者の関わりの事実を書きます。

4月7日(火)

主な活動
- 入園保護者会に参加する。
- 室内遊びをする(ままごと、ブロックなど)。
- 保育室の使い方、持ち物を置く場所を知る。

子どもの様子

けやき組!
- 期待していた、けやき組進級の日。あらゆる場面で期待感をもっている様子が見られた。入園保護者会では、昨年度末につくったメダルを取り出す。一人一人、自分のやるべきこともしっかり理解している様子が見られた。室内に戻り、自分の引き出しやロッカーに名札を付ける。特に混乱はなかったが、Aくん、Bくんは興奮がおさまらない。Cくんはこれまでになく意欲的に過ごし、張り切っている様子が見られた。午睡後も、前年度の5歳児たちから引き継いだ「ござ巻き」(午睡用のござを丸める)、「テーブルふき」などの仕事に、積極的に取り組んでいた。

評価・反省
- 様々な面で意欲的である反面、落ち着かず、浮き足だつ姿もある。進級の喜びを感じられるように働きかけながら、気持ちの面で、めりはりを付けて過ごしたい。

5月11日(月)

主な活動
- こどもの日の集いに参加する。

子どもの様子

初めての手伝い
- 欠席児も多かったが、初めてみんなの前で手伝いをすることを、子どもはとても楽しみにし、期待していた。みんなの前で行う体操は、左右が逆だったり、動きを覚えていないところがあったりした。みんなの前で手伝いをし、「喜ばれた」「5歳児クラスだからできる」という満足感は味わえたようで、一人一人の表情は明るかった。

Dちゃんの「物言い」が付く
- オセロゲーム(床に並べたカードをひっくり返す)を行った。日ごろからルールをきちんと守るDちゃんは、終わりの合図が鳴ってもカードをめくった数人が許せずに泣いた。園長がDちゃんの意見を「物言い」として全員に聞かせ、対応した。Dちゃんの思いは受け入れられ、ルール違反をした男児たちは、謝ることができた。

評価・反省
- 初めてということもあるので、あれもこれも完璧にと大人が思いすぎず、ねらいは楽しむということ。この経験で得た満足感や喜びを、次につなげていきたい。
- 正式な形での抗議は堂々として、すがすがしかった。

2 その育ちを支えたのは何かを考える

放っておいて子どもが育ったわけではありません。保育者が心を込めて用意した環境や温かい援助が功を奏することもあれば、友達の影響や不意のハプニングなどがきっかけになる場合もあります。何が子どもの育ちにつながるのか見抜く目を養うことが、保育力を高めることにつながります。

3 書ききれないことは、自分のノートに

園で決まっている用紙には、少ししか書けないことが多いようです。そんな場合は自分の記録ノートに、エピソードを具体的に詳しく、思いきり書きます。書いているうちに、そのときの子どもの気持ちや、自分はどう援助すればよかったのかが、見えてくることが多いものです。

6月18日（木）

主な活動	●収穫物を使って、ピザをつくる。
子どもの様子	**ピザづくり、楽しかった！** ●楽しみにしていたピザづくり。登園時刻や持ち物（エプロン、マスク、三角きん）を忘れることもなく、意欲的な姿が見られた。栄養士の話もしっかり聞き、約束事も守っていた。一人一人、粉が入っている器の中でこねた。各グループに2本ずつ麺棒が配られた。どういう順番で使うか、グループによって決め方は違ったが、一人が譲ると、他児も「いいよ」と言う。Eくんは、麺棒を最初に手にしたものの使い方が分からずにいたので、他児のすることを見てから使っていた。何をするのか見通しがもてなかったり、初めて行うことについて不安そうな表情が見られたりした。トッピングもみんな楽しみにしており、並べ方を考える子、とにかく好きな具材をたくさんのせる子などいろいろだった。中でも、チーズと栽培中のバジルは人気。ピーマンが苦手な子も、トッピングして完食していた。
評価・反省	●苦手な野菜でも楽しみながらであれば、自ら食べることができた。調理活動は、食への興味、意欲も育てるのだと思った。

7月3日（金）

●カブトムシ製作 ●プール遊び
箱で、カブトムシをつくろう ●飼育しているカブトムシが次々と成虫になり、毎日、様子を見ては、ケースの中のカブトムシがどうなっているか気になっている子どもたち。箱の製作で「立体的なカブトムシをつくってみよう」と提案すると、「やりたい！」とすぐに取りかかった。みんなで足の形や足の数、つのの形がどうなっているのか、本物のカブトムシを見て確認し、意見を出し合った。異素材同士を、テープで留めるためにはどうしたらよいのかも一緒に考えた。テープを長くすればよいのではなく、短いテープでどう留めればよいか話すと、テープを短く切って無駄にしないようにする姿が見られた。 　また、前回から細かく切ったごみがそのままになっていたり、使ったはさみが机に出しっぱなしになっていたりしたのが気になったので、そのことについても話した。終わってから、やはりそのままになっている子には「机の周りはどうかな？」と気付かせると、「そうだった！」と自分たちで片付けていた。
●それぞれのカブトムシができ、明日の色付けが楽しみである。後片付けについては、そのつど子どもたちと一緒に考え、できるようにしていきたい。

評価・反省
子どもの様子を書いた場面を、保育者はどうとらえて何を思ったか、保育者の心の内を書きます。ありのままの思いと明日への心構えを記入します。

4・5月 保育日誌

4月7日(火)

主な活動
- 入園保護者会に参加する。
- 室内遊びをする（ままごと、ブロックなど）。
- 保育室の使い方、持ち物を置く場所を知る。

子どもの様子

けやき組！
- 期待していた、けやき組進級の日。あらゆる場面で期待感をもっている様子が見られた。入園保護者会では、昨年度末につくったメダルを取り出す。一人一人、自分のやるべきこともしっかり理解している様子が見られた。室内に戻り、自分の引き出しやロッカーに名札を付ける。特に混乱はなかったが、Aくん、Bくんが興奮がおさまらない。Cくんはこれまでになく意欲的に過ごし、張り切っている様子が見られた。午睡後も、前年度の5歳児たちから引き継いだ「ござ巻き」（午睡用のござを丸める）、「テーブルふき」などの仕事に、積極的に取り組んでいた。

評価・反省
- 様々な面で意欲的である反面、落ち着かず、浮き足だつ姿もある。進級の喜びを感じられるように働きかけながら、気持ちの面で、めりはりを付けて過ごしたい。

 記入のコツ!!
5歳児になり張り切っている様子がいきいきと伝わってきます。保育を見ていない人にも伝わるように記述しましょう。

5月11日(月)

主な活動
- こどもの日の集いに参加する。

子どもの様子

初めての手伝い
- 欠席児も多かったが、初めてみんなの前で手伝いをすることを、子どもはとても楽しみにし、期待していた。みんなの前で行う体操は、左右が逆だったり、動きを覚えていないところがあったりした。みんなの前で手伝いをし、「喜ばれた」「5歳児クラスだからできる」という満足感は味わえたようで、一人一人の表情は明るかった。

Dちゃんの「物言い」が付く
- オセロゲーム（床に並べたカードをひっくり返す）を行った。日ごろからルールをきちんと守るDちゃんは、終わりの合図が鳴ってもカードをめくった数人が許せずに泣いた。園長がDちゃんの意見を「物言い」として全員に聞かせ、対応した。Dちゃんの思いは受け入れられ、ルール違反をした男児たちは、謝ることができた。

評価・反省
- 初めてということもあるので、あれもこれも完璧にと大人が思いすぎず、ねらいは楽しむということ。この経験で得た満足感や喜びを、次につなげていきたい。
- 正式な形での抗議は堂々として、すがすがしかった。

記入のコツ!!
二つのエピソードを書いた場合は、それぞれについての評価・反省を書くとよいでしょう。

6・7月 保育日誌

6月18日（木）

主な活動	●収穫物を使って、ピザをつくる。
子どもの様子	**ピザづくり、楽しかった！** ●楽しみにしていたピザづくり。登園時刻や持ち物（エプロン、マスク、三角きん）を忘れることもなく、意欲的な姿が見られた。栄養士の話もしっかり聞き、約束事も守っていた。一人一人、粉が入っている器の中でこねた。各グループに２本ずつ麺棒が配られた。どういう順番で使うか、グループによって決め方は違ったが、一人が譲ると、他児も「いいよ」と言う。Ｅくんは、麺棒を最初に手にしたものの使い方が分からずにいたので、他児のすることを見てから使っていた。何をするのか見通しがもてなかったり、初めて行うことについて不安そうな表情が見られたりした。トッピングもみんな楽しみにしており、並べ方を考える子、とにかく好きな具材をたくさんのせる子などいろいろだった。中でも、チーズと栽培中のバジルは人気。ピーマンが苦手な子も、トッピングして完食していた。
評価・反省	●苦手な野菜でも楽しみながらであれば、自ら食べることができた。調理活動は、食への興味、意欲も育てるのだと思った。

 記入のコツ!!
自分たちで育てて収穫した野菜、そして自分たちで調理した物は、特別な味がするのでしょう。食への興味や関心が広がる活動の様子が伝わります。

7月3日（金）

主な活動	●カブトムシ製作 ●プール遊び
子どもの様子	**箱で、カブトムシをつくろう** ●飼育しているカブトムシが次々と成虫になり、毎日、様子を見ては、ケースの中のカブトムシがどうなっているか気になっている子どもたち。箱の製作で「立体的なカブトムシをつくってみよう」と提案すると、「やりたい！」とすぐに取りかかった。みんなで足の形や足の数、つのの形がどうなっているのか、本物のカブトムシを見て確認し、意見を出し合った。異素材同士を、テープで留めるためにはどうしたらよいのかも一緒に考えた。テープを長くはればよいのではなく、短いテープでどう留めればよいか話すと、テープを短く切って無駄にしないようにする姿が見られた。 　また、前回から細かく切ったごみがそのままになっていたり、使ったはさみが机に出しっぱなしになっていたりしたのが気になったので、そのことについても話した。終わってから、やはりそのままになっている子には「机の周りはどうかな？」と気付かせると、「そうだった！」と自分たちで片付けていた。
評価・反省	●それぞれのカブトムシができ、明日の色付けが楽しみである。後片付けについては、そのつど子どもたちと一緒に考え、できるようにしていきたい。

 記入のコツ!!
自分たちでカブトムシの世話をしているからこその観察力が発揮されています。テープの使い方の指導も詳しく記されています。

8・9月 保育日誌

保育日誌 → P166
8・9月の保育日誌

8月20日(木)

主な活動	● なわとび ● プール遊び ● 絵の具による絵の製作

子どもの様子
心ない言葉が悲しい

● 昨日は休んでいたFくんが登園した。すると、「足を踏まれた」「踏んでない」のやり取りで言い合いになった。昼食のテーブルふき当番でも、ふきんは余っているのに、「先に取った」「取らない」と言い合いになった。ふだんよりもトラブルになることが多く、そのつど、話をよく聞くようにした。
　しかしその後、トラブルの相手であるGくんに対して、「Gはすぐ泣くね」「きっともうすぐ泣くよ」などと心ないことを言い、Gくんが涙する。Gくんがなぜ泣いたのか、Fくん自身によく考えてもらう。Fくんはすぐに「ごめんね」と言うが、謝れば終わりになるわけではない。「言葉によって、ひどく悲しくなることもあれば、元気が出ることもある」ということを、Fくんと一緒に考えた。

評価・反省
● つい「またFくんのトラブル」と思ってしまいそうになるが、状況とFくんの言い分をよく聞き、納得のいく対応を心がけた。相手の立場になって考えるように伝えたが、心に届いていればよいなと思う。

 記入のコツ!!
気になる子どもへの対応について、先入観をもたずに、まず子どもの気持ちを受け止める大切さが伝わります。

9月9日(水)

主な活動	●「プール閉じ」に参加する。

子どもの様子
賞状をもらう、努力した人

●「プール閉じ」で、最後に賞状を受け取る2人の代表者をだれにするか、話し合いをしようと着席する。担任間では、努力して目標を達成し、目覚ましい伸びを見せたCくんを代表にしようと話した。その方向で決まるように仲介しながら話し合いを進める。もう一人の代表者は、子どもたちの意見を聞きながら決めようと思いながらも、内心ではHちゃんを候補に考えていた。そういう中で話し合いを進めると、女児を中心に挙手をし、代表を希望する子が名乗りをあげる。そこで、「この夏に、みんなプールでとても頑張ったけれど、その中でも特に頑張ったな、と思う人が代表になると嬉しいな」と言うと、Iちゃんが「じゃあ、CくんとHちゃんは？」と、自分も代表を希望しているにもかかわらず言う。それを聞いた他児も賛成する。それでもJちゃんは「自分がやりたい」とアピールしていたが、最終的には、友達が努力した姿を素直に認めていた。

評価・反省
● 友達の日々の姿をよく見て、考えている子どもたちのことを嬉しく思った。

記入のコツ!!
自分の希望だけでなく、友達の様子も客観的にとらえられるようになった育ちを感じます。子どもの言葉も、そのまま記しましょう。

10・11月 保育日誌

	10月6日(火)	11月25日(水)
主な活動	●なわとび、馬とび ●リレー 	●道路（町）づくり
子どもの様子	**なわとび、馬とび** ●園庭でなわとび、馬とびを行っている。Kちゃんはここしばらく休んでいたため、動き方が分からない。保育者がそばに付いて行うが「K、分からないもん」と気持ちが向かないため、「休んでいたから、これから覚えよう」と声をかける。するとまねをして動きだす。休んでいて分からないのと、やろうとしないのは違うことを伝えたことで、少し気持ちが向いたようである。また、Lくん、Mくんも気持ちが向かず、地面に座り、砂いじりが止まらない。じっと待つことも大切なことを伝えるが、休み明けのせいもあるのか、何度か声をかけてやっと動きだした。動きだすと、じっとしていることはなかった。 **リレーの順番決め** ●紅組、白組に分けて、リレーで走る順番を決めた。紅組は「俺、一番！」「俺、アンカー」と自分の意見ばかり。白組はNちゃんがリードして、話し合って決めていた。	**今日も朝から** ●昨日つくっていた道路（町）を広げ、今日も朝から遊びはじめる。昨日からの続きで、更にイメージが膨らみ、友達のすることを見ながらアイデアも飛び出す。昨日は模造紙4枚だったが、更に2枚広がる。昨日は箱でエレベーターをつくったり、車に紙でつくった人形を乗せたりして道路を走らせていた。 　女児たちは、道路や園をかき、園の送迎はつくったバス。「おはようございます」と園ごっこも始まる。Oくんは、段ボールを利用したタワー付きのトンネルや、観覧車を根気よくつくる。 　昼食時、「今日は泥団子ができなかったね」と声をかけると、Gくんは「でも楽しかったよ」と満足したことを話している。また、Pくんは「空もつくろうよ、太陽も」と更にイメージが膨らんでいた。食後、興味を示していなかった子も加わり、車を走らせていた。
評価・反省	●子どもが集中できる時間、タイミングを考えたい。 ●紅組の子どもたちは「俺が」「俺が」と言う子に圧倒されてしまう。チームで話し合うことを伝え、明日のリハーサルを通して、考えてくれればと思う。	●保育室がどのように変わっていくのか、楽しみである。自分でつくった物は「ぼくのだよ」と言って、他児が触ることを嫌がる子もいる。つくった物を共有することは難しいと感じた。

 記入のコツ!!
なかなか取り組もうとしない子どもへの対応が、よく分かる記述です。子どもの反応も詳しく記します。

 記入のコツ!!
クラスのみんなで一つの物に取り組む姿です。それぞれのイメージを合わせると、よりすてきな物になることが経験されています。

12・1月 保育日誌

12月22日（火）

主な活動	●大掃除 ●園庭遊び（十字架鬼、ドッジボールなど）

張り切っていた大掃除

●大掃除を始める前に、紙袋に衣類を移すこと、どこを片付けるのか、どこをぞうきんがけするのかを、全員に説明する。するとQくんは飽きてしまったのか、座っていることができないのか、立ち上がって4歳児の保育室の方へ行ってのぞいたり、気を引こうとしたりしている。しかし、説明が終わると、掃除を進んでやりはじめた。特に言葉をかけなくても、動くことができた。

Rくんは、みんながぞうきんがけを始めると、「ここ、やってあげようか？」「靴箱やるー」と進んで掃除場所を見付けていた。積み木を一つずつふいていた子が、早くできるようにふき方を工夫し（ぞうきんの上に積み木を並べ、その上にもう1枚のぞうきんを重ねてふく）、みんなでふいて早く終わらせようと張り切っていた。

【評価・反省】
●多少雑になってしまった部分もあったが、みんなで「力を合わせて頑張ろう」と言い合う姿があり、嬉しかった。

 記入のコツ!!

その日の活動が一目で分かるように、遊びの内容も書いておくとよいでしょう。後で見たときにも、思い出すきっかけになります。

1月25日（月）

主な活動	●表現遊び（歌、合奏） ●園庭遊び ●ホールでの遊び

楽器を演奏してみて

●楽器演奏をする。今まで出したことのない大太鼓を出すと、みんなやりたがる。いろいろな楽器に触れてほしいと思い、順番にできるようにする。Aくんは、以前の保育参観のときに、保護者が見ているときは楽器を演奏しようとしたが、それ以外では触れたがらないことも多い。今日はどうするかと、声をかけずに様子を見ていると、自分から「鈴をやる」と手に持った。音を鳴らすタイミングを分かりやすく伝えたこともよかったのか、タイミングを合わせて鳴らすことができた。次に楽器を変えるように働きかけると、カスタネットを選んだ。これも上手だったため、「Aくん、いいよ！」と言うと、とても嬉しそうだった。Cくんはカスタネットは手に取るが、他の楽器には手を出さない。また、Dちゃんは、自信がないのか思いきり音を出せないでいた。

【評価・反省】
●Aくんはこの調子で自信をもって、取り組みを重ねられるとよいと思う。一人一人の様子を見ながら、「できた」という経験を重ね、楽しく演奏できるように続けていきたい。

 記入のコツ!!

どんな楽器を出したのかが分かるように記します。一人一人の取り組み方の違いが伝わります。

2・3月 保育日誌

2月5日(金)

主な活動
- 劇遊び
- 楽器演奏

子どもの様子

就学前に一人一人の育ちを確認しよう

- 食事前に、このクラスの課題である食事のマナーについて、改めて子どもたちと確認し合った。食べるのにかける時間についても、意識がもてるように伝える。今日は12時12分くらいに食べはじめたため、「今日は時計の長い針が8になるまでに食べ終わろう」と話す。マナーについても話をしていたことがよかったのか、意識して食べていた。

　その中で、Cくんはいつも姿勢が崩れがちで、今日も崩れていた。「Cくん」と声をかけると、返事をしない。いつも保育者の話を聞いているかどうか分からないことも多いため、「返事をしよう」と言うが、返事はない。そのやり取りをくり返し、やっと返事をする。時間を意識する意味で「8まで」と言ったのも、他児は分かっているようだがCくんは理解していないかもしれないと思い、「8って、どこか分かる?」と確かめると、「7と9の間」と言う。「じゃあ、今は?」と聞くと「7」と答えた。

評価・反省
- Cくんは、就学に向けてフォローが必要な部分が多いように思う。残りの期間で意識していきたい。

 記入のコツ!!
なぜ姿勢が崩れるのか、なぜ返事をしないのか、その子の内面を理解する必要があります。努力したことを認めながら、自信がもてるように、対策を考えます。

3月14日(月)

主な活動
- 危機回避プログラム

子どもの様子

自分の身を守るために

- 翌々日に行く動物園の話をしている際に隣の4歳児室から変装したK先生が入ってきて、Sくんに「お母さんが病院で待っているから、車で一緒に行こう」と手をつかんで言う。Sくんは一瞬、顔を引きつらせ、「え、行かないよ」と言う。更に、K先生が「でも、お母さんが病院にいるから行こうよ」と言うと、「お迎えなの?」「違うよ」「行かないよ」と、自分でもどうしたらよいか分からないような対応をしていた。見ていた子どもも、「え?」と、いつもと違う雰囲気を察していた。そのうち、K先生だと顔を確認し、安心していたが、何が起きたのか分からないような状況になった。怖かったという様子ではないが、Sくんも「何かおかしい」と雰囲気を感じ取って、焦っていた。その後、大きい声を出して助けを求めることや、具体的な事例を出して話した。

　今日の訓練を保護者にも伝え、就学前に親子で話をしながら、安全について確認するきっかけとしてほしい。

評価・反省
- 生活の中でイメージしやすい危機を伝えた。就学後も覚えておいてほしいと思う。

記入のコツ!!
子どもにとっては驚きの体験です。自分の身を自分で守るために、必要なことを学んでいることが伝わります。

こんなときどうする？ 保育日誌 Q&A

 Q 子どもの動きを具体的に書くようにと言われますが、ポイントはどこですか？

A 映像が浮かぶように書く

　子どもの言葉、表情、しぐさ、周りの子の反応など、その場にいなかった人にもリアルに状況が伝わるような記述を目指します。すると、そこで何が経験されて何が育ったのかを読み取ることができるのです。あれもこれもと欲ばるより、一つのシーンを詳しく書くほうが、後で役に立ちます。

 Q 自分の保育を評価するのは、保育日誌での振り返りが一番いいのですか？

A 自分専用のノートに詳しく書いて、考察する

　園で形式が決まっている保育日誌は公文書であり、書く欄も狭く、考えたことすべては書けません。プライベートな自分のノートに、保育の場面を詳しく書いて自分の援助を振り返り、もっとよい援助の方法はなかったかを検討したり考察したりすることが、保育力アップにつながります。

 Q 「評価・反省」にはその日に起こったことを書いてしまいがちです。どう記入すればよいのでしょうか？

A 子どもの姿をどうとらえたのかを書く

　子どものしていたことを書くのではなく、その姿を保育者がどうとらえたのかを書きます。何が育っていて何が育っていないのか、「ねらい」の姿に近づいているのか、援助は適切だったのか、他によい方法はなかったのかを考えます。それが明日の保育につながるはずです。

第5章

ニーズ対応

小学校教育との接続／防災・安全
保健／食育／特別支援児
異年齢児保育／子育て支援

この章では多様なニーズにこたえるために、小学校教育との接続の計画や保健計画、子育て支援の指導計画など、七つを紹介します。

小学校教育との接続

おさえたい 3 つのポイント

1 幼児期にふさわしい生活から

小学校を意識すると、「これができるようにしておかなければ」と思いがち。すると、与える保育、教える保育に片寄る危険があります。あくまでも、5歳児にふさわしい生活を充実させることが優先。子どもを追い込まず、自ら活動したくなる環境を心がけましょう。

小学校教育との接続 — 小学校との連携

月ごとに、どのような連携をするかを書き出して整理します。小学校と園の行事を見据え、参加すると育ちにつながる場合は無理のない形で交流しましょう。

小学校の行事
すべてを書く必要はありません。小学校と関わりのある行事、知っていた方がよい行事などをピックアップして記入します。

保育者の活動
小学校側に働きかける内容などについて書きます。担任が行うもの、園長が行うもの、担当者が行うものなどがありますが、すべてを書きます。

	4月	5月	6月	7月	8月	9月
小学校の行事	●入学式 ●一学期始業式	●運動会	●学校公開	●一学期終業式 ●夏休み	●夏休み	●二学期始業式
保育者の活動	●小学校へあいさつに行く（運動会で校庭の使用をお願いする）。●入学式後、保護者と共にあいさつにきた卒園児と触れ合う。	●小学校より、運動会の案内を受け取る。●小学校の運動会の見学に行く。	●小学校より、学校公開の案内を受け取る。●園長、副園長、5歳児の担任が見学に行く。	●一年生との交流会のお願いに行く。●運動会の打ち合わせを行う（日程の最終調整）。	●運動会の打ち合わせを行う（練習日の日程調整など）。	●運動会の案内を持参する（校長に当日のあいさつをお願いする）。
園児の活動						●運動会を行う小学校まで歩く。●小学校校庭にて、運動会の練習。

	10月	11月	12月	1月	2月	3月
小学校の行事		●小学校を体験する授業	●作品展示会 ●二学期終業式 ●冬休み	●三学期始業式		●卒業式 ●三学期終業式 ●春休み
保育者の活動	●運動会を実施する。●体験授業のお願いに行く。	●体験授業に向けての打ち合わせを一年生の担任と行う。	●小学校より、作品展示会の案内を受け取る。●校長に来月の保護者会への出席をお願いに行く。	●指導要録・保育要録持参の日程調整を行う。●保護者会にて、小学校校長が園の保護者に向けて話をする。	●小学校にて要録の引き継ぎを行う。●就学進級祝い会の案内を持参する（校長に出席をお願いする）。	●入学式のメッセージを持参する。●年度末のごあいさつ、ならびに来年度運動会での校庭の使用をお願いする。●小学校より、入学式の案内を受け取る。●出席者を報告する。
園児の活動	●小学校校庭にて、運動会の総練習を行う。●運動会に参加する。	●小学校就学時健診を受ける（5歳児のみ）。●小学校体験授業を受ける（5歳児のみ）。	●作品展示会を見学する。			●就学進級祝い会に参加する。

園児の活動
園児がどのように関わるのかを、明記しておきます。5歳児のみ対象か、全園児対象かも分かるようにします。

2 幼児期の終わりの姿を見据えて

一年生の学校生活にギャップを感じ戸惑うことがないように「幼児期の終わりまでに育ってほしい姿」が示されています。どのような場面でそれらの力がつく経験ができるのかを考え、計画に位置付ける必要があります。子ども自身が自分の成長に気付き、小学校を楽しみにする生活を支えます。

3 小学校教員との連携

小学校教員に園での5歳児の生活を知ってもらい、こちらも一年生の様子を知ることで、長いスパンでの子どもの育ちを見通すことができます。情報交換する機会や、子ども同士が交流する場をつくり、遠い存在の小学校ではなく、親しみのある小学校を感じられるようにしましょう。

小学校教育との接続 — 小学校を体験する保育計画

小学校を訪問する日など、日案のスタイルで書く計画です。なるべく具体的に書いておくと役立ちます。実施後の評価・反省もあると、次年度に生かせるでしょう。

11月24日(木) 小学校を体験する保育計画

① ねらい	●一年生と一緒に遊ぶ中で、小学生への憧れを抱く。 ●就学する小学校に安心感や期待をもつ。
② 予想される子どもの姿（体験する内容）	●黒板の前に立ち、一人ずつ氏名を言う。 ●教室の机・椅子に座る。 ●実際に使っている筆箱や教科書を見せてもらう。 ●マス目の書いてあるプリントを座席の前方から順番に配られる様子を見る。 ●鉛筆と消しゴムを貸してもらい、自分の名前を書く。 ●手づくりおもちゃなどのプレゼントをもらい、一緒に遊ぶ。 ●校庭に出て、一年生と一緒に「手つなぎ鬼」を行う。
③ 環境構成	●小学校へ向かうまでの道を交通ルールを守って歩けるよう、道順や渡り方を確認しておく。 ●トイレや手洗い場の場所を伝え、使い方も確認しておく。 ●教室のどこに並んであいさつするのか、誰とペアになるのかが分かるように図示する。
④ 保育者の援助	●一年生や担任が話す言葉を、理解できるよう補足する。 ●保育者も一緒に参加して、和やかな雰囲気をつくる。 ●緊張している子どもには、様子を見ながら声をかける。 ●慣れない場所での活動で、けがや事故が起こらないよう安全に配慮し、物の適切な扱いを知らせる。
⑤ 事前の準備	●受け入れていただく一年生担任と電話にて、事前に3回程度の打ち合わせをする。 　・日程調整 　・体験にあたってのねらい 　・体験内容の確認 　・体験させてもらう子どもたちの特徴や配慮事項　など →配慮が必要な子には、本園を卒園した、面識のある子とのペアをお願いした。
⑥ 評価・反省	●毎年の形式にのっとった体験授業ではなく、子どもの様子などを事前に伝え合ったことで、有意義な体験となった。 ●小学生は受け入れにあたって、事前に体験授業の意図や、どの子とペアになるか、どんな対応がのぞましいかなど考え、更にプレゼントも用意してくれた。そのため、とてもスムーズに受け入れられ、園児たちは安心して楽しんでいた。 ●校庭での手つなぎオニでも、ペアを崩さずに、お兄さん、お姉さんがリードしてくれたことで、たった二時間弱だが、よい関係がもてた。 ●一年生の担任も一緒に遊んでくださったことは、園児にとっては新鮮で安心感につながったようである。 ●園に帰る際には、校門まで見送りに来て、「また遊ぼうね！」「小学校に来るの、待ってるね」などと声をかけてくれる子どもたちが多く、就学に向けての期待感につながったようだ。

① ねらい
何のためにこの活動を行うのか、明らかにしておきます。子どもを主語にして書きます。

② 予想される子どもの姿
一年生の担任と打ち合わせをした活動の内容について具体的に書きます。予定時刻を入れておいてもよいでしょう。

③ 環境構成
子どもが不安になったり迷ったりしないように、場が分かる配慮をします。図でかいておいてもいいでしょう。

④ 保育者の援助
授業は小学校の担任が行いますが、引率した保育者がチームティーチングとして行うことを書いておきます。

⑤ 事前の準備
打ち合わせの時点で、準備しておくとよいことや小学校側への確認事項、要望、注意点などを記しておきます。

⑥ 評価・反省
実施後に、その成果や問題点について記します。更に充実させるためのアイデアも加えるとよいでしょう。

小学校教育との接続 ① 小学校との連携

小学校を知る

小学校へ出かけていくのは緊張することかもしれませんが、園の取り組みを知ってもらい、小学校の生活を知るチャンスです！ 保育者も子どもも世界を広げることを楽しみましょう。

	4月	5月	6月	7月	8月	9月
小学校の行事	●入学式 ●一学期始業式	●運動会	●学校公開	●一学期終業式 ●夏休み	●夏休み	●二学期始業式
保育者の活動	●小学校へあいさつに行く（運動会で校庭の使用をお願いする）。 ●入学式後、保護者と共にあいさつにきた卒園児と触れ合う。	●小学校より、運動会の案内を受け取る。 ●小学校の運動会の見学に行く。	●小学校より、学校公開の案内を受け取る。 ●園長、副園長、5歳児の担任が見学に行く。	●一年生との交流会のお願いに行く。 ●運動会の打ち合わせを行う（日程の最終調整）。	●運動会の打ち合わせを行う（練習日の日程調整など）。	●運動会の案内を持参する（校長に当日のあいさつをお願いする）。
園児の活動						●運動会を行う小学校まで歩く。 ●小学校校庭にて、運動会の練習。

	10月	11月	12月	1月	2月	3月
小学校の行事		●小学校を体験する授業	●作品展示会 ●二学期終業式 ●冬休み	●三学期始業式		●卒業式 ●三学期終業式 ●春休み
保育者の活動	●運動会を実施する。 ●体験授業のお願いに行く。	●体験授業に向けての打ち合わせを一年生の担任と行う。	●小学校より、作品展示会の案内を受け取る。 ●校長に来月の保護者会への出席をお願いに行く。	●指導要録・保育要録持参の日程調整を行う。 ●保護者会にて、小学校校長が園の保護者に向けて話をする。	●小学校にて要録の引き継ぎを行う。 ●就学進級祝い会の案内を持参する（校長に出席をお願いする）。	●入学式のメッセージを持参する。 ●年度末のごあいさつ、ならびに来年度運動会での校庭の使用をお願いする。 ●小学校より、入学式の案内を受け取る。 ●出席者を報告する。
園児の活動	●小学校校庭にて、運動会の総練習を行う。 ●運動会に参加する。	●小学校就学時健診を受ける（5歳児のみ）。 ●小学校体験授業を受ける（5歳児のみ）。	●作品展示会を見学する。			●就学進級祝い会に参加する。

11月24日（木）小学校を体験する保育計画

ねらい	●一年生と一緒に遊ぶ中で、小学生への憧れを抱く。 ●就学する小学校に安心感や期待をもつ。
予想される子どもの姿（体験する内容）	●黒板の前に立ち、一人ずつ氏名を言う。 ●教室の机・椅子に座る。 ●実際に使っている筆箱や教科書を見せてもらう。 ●マス目の書いてあるプリントを座席の前方から順番に配られる様子を見る。 ●鉛筆と消しゴムを貸してもらい、自分の名前を書く。 ●手づくりおもちゃなどのプレゼントをもらい、一緒に遊ぶ。 ●校庭に出て、一年生と一緒に「手つなぎ鬼」を行う。 
環境構成	●小学校へ向かうまでの道を交通ルールを守って歩けるよう、道順や渡り方を確認しておく。 ●トイレや手洗い場の場所を伝え、使い方も確認しておく。 ●教室のどこに並んであいさつするのか、誰とペアになるのかが分かるように図示する。
保育者の援助	●一年生や担任が話す言葉を、理解できるよう補足する。 ●保育者も一緒に参加して、和やかな雰囲気をつくる。 ●緊張している子どもには、様子を見ながら声をかける。 ●慣れない場所での活動で、けがや事故が起こらないよう安全に配慮し、物の適切な扱いを知らせる。
事前の準備	●受け入れていただく一年生担任と電話にて、事前に3回程度の打ち合わせをする。 ・日程調整 ・体験にあたってのねらい ・体験内容の確認 ・体験させてもらう子どもたちの特徴や配慮事項　など →配慮が必要な子には、本園を卒園した、面識のある子とのペアをお願いした。
評価・反省	●毎年の形式にのっとった体験授業ではなく、子どもの様子などを事前に伝え合ったことで、有意義な体験となった。 ●小学生は受け入れにあたって、事前に体験授業の意図や、どの子とペアになるか、どんな対応がのぞましいかなど考え、更にプレゼントも用意してくれた。そのため、とてもスムーズに受け入れられ、園児たちは安心して楽しんでいた。 ●校庭での手つなぎオニでも、ペアを崩さずに、お兄さん、お姉さんがリードしてくれたことで、たった二時間弱だが、よい関係がもてた。 ●一年生の担任も一緒に遊んでくださったことは、園児にとっては新鮮で安心感につながったようである。 ●園に帰る際には、校門まで見送りに来て、「また遊ぼうね！」「小学校に来るの、待ってるね」などと声をかけてくれる子どもたちが多く、就学に向けての期待感につながったようだ。

ニーズ対応　小学校教育との接続

小学校教育との接続②　保護者との連携

就学に向けて家庭と連携しておきたいこと

進級と共に、就学まで残り一年となった5歳児。成長を喜び合いながら、保護者に向けて入学への意識の大切さを伝えるポイントを紹介します。

　子どもも小学校への期待と不安でいっぱいですが、保護者も同じ気持ちで揺れ動いているものです。「うちの子は小学校へ行って、ちゃんとやっていけるのか」といった悩みにも寄り添い、その子にどんな力がついているかを言葉で伝えると安心できるでしょう。

① 自分に自信をもとう

　園生活最後の一年、自分の好きなことや得意なことを見つけて、子どもが自分に自信がもてるように導きましょう。そのためには、「自分が好き！」「友達が好き！」という気持ちを育てることが大切です。自分の好きなところを考えていくと、友達の好きなところも見えてきます。それを言葉で伝える機会を増やせるようにします。

② 聞く力・考える力を付けよう

　"相手の話を聞いて、言葉で伝えていく"ことは小学校入学までに身に付けておきたい力の一つ。学校教育では、教員の話を聞き、自分で考えることが基本です。5歳児として様々な活動に取り組む中で、話を聞く態度や姿勢を知らせ、しっかりと聞き、理解して行動できるようにしましょう。

　また、生活面ではひと通り自分でできる力を身に付けています。更に、場面に応じて適切な行動（片付けや着替え、食事中のマナーなど）がとれるよう、自分で考えられるような言葉をかけましょう。

③ 「できた！」経験を重ねよう

　5歳児ならではの活動に加え、グループ活動や行事などを通して、みんなで共通の目標に向かい、力を合わせる経験が大切です。自分の意思を主張し合い、自分と違った感じ方を知って気持ちをコントロールするなど、友達とお互いを認め合い、育ち合う集団づくりを園でも目指します。また、"できた"という達成感や人のために何かをして喜ばれた体験をして、自信につなげます。

④ 体をたくさん動かして遊ぼう

　運動面では個人差がありますが、どの子も体を動かすことが好き、楽しいと思えるように、一人一人に合わせた目標を立てていきます。そして"頑張ったらできた！"という達成感を味わえる経験を積み重ねます。

　斜面の上り下りや鬼ごっこ、探検ごっこで身のこなしを養うなど、遊びを通して楽しみながら行うことが大切です。自分の体をイメージしたように動かせるよう、様々な動きに取り組みましょう。

⑤ 様々な体験から表現力を育もう

　自然に触れて、不思議だなと思ったり、きれいだなと感動したりする体験や、いろいろな素材を使って、かく、つくるなど表現することを楽しみながら、豊かな感性を育んでいきたいもの。

　また普段の遊びや生活を通して、異年齢児や様々な職員、地域の人との関わりを広げ、自分中心の世界から他の人を思いやる気持ちへとつなげます。

⑥ 自分で考えて行動しよう

なんでも「やりなさい」と言われて、ようやくやるようでは主体性は育ちません。「どうしたらいいと思う？」と子どもにたずねることで、自分自身で考えて行動するようになります。主体性があるとないとでは、物事の取り組み方や学びの内容が大きく異なります。失敗や判断に間違っても、責めることなく見守ることを心がけます。

⑦ 生活力を身に付けよう

小学校では、持ち物の管理や整理整頓、身だしなみを整えることなど、身の回りのことをすべて自分で行います。そのため、少しずつ習慣づけていくことが大切です。まずは園カバンの中身を自分で整理することから始めてみましょう。「だんだんできるようになってきたね」という励ましや、「自分でできたね！」と認める言葉がやる気を引き出します。

⑧ あきらめない心をもとう

小学校では、今までチャレンジしたことのない物事に取り組む場面が増えます。そのためには目標に向かって粘り強く努力することや、「こうしたい」「こうなりたい」という気持ちをもち続けることが必要です。こうした力は、子どもが一生懸命取り組む姿勢や、少しずつ上達している姿を認め、励ます中で育っていきます。

⑨ 前向きな関係をつくろう

普段の生活から、親子で家族や友達のよいところを挙げるよう心がけましょう。相手のよいところに目が向けられるようになると、周囲に関心をもって関われるようになり、人間関係がスムーズになります。また、「自分はどうだろう？」と振り返ってみることにもつながり、よりよい自分を目指すきっかけにもなります。

一年生になるまでに心がけたいこと

園と家庭で手を携えて、身に付けられるよう働きかけましょう。

1	早寝、早起き、朝ごはんの生活リズムを付ける。
2	自分のことは自分でする。
3	相手の話をしっかり聞く。
4	名前を呼ばれたら返事をする。
5	人と話すことを楽しむ。
6	自分で考えて決める。
7	あきらめないで粘り強くやってみる。
8	周りの人のよいところを見つける。
9	自分の物と人の物を区別する。
10	いろいろなことに挑戦をする。
11	困ったことは助けを求める。
12	寝る前に今日あったことを話す。

ニーズ対応 小学校教育との接続

防災・安全計画

おさえたい3つのポイント

① 子どもの命を守るために

私たちの最大の使命は、子どもの命を守ることです。何が起ころうとも、子どもの安全を最優先に行動しなくてはなりません。そのための計画は、常によりよいものとなるよう、訓練が終わったあとには見直しを重ねましょう。

防災・安全計画① 避難訓練計画

月ごとに、設定する災害や犯罪内容を「種別／想定」に書き、それに対する避難訓練で子どもに身に付けさせたい「ねらい」やどのような援助が必要かを具体的に書きます。

	4月	5月	6月
種別①	基礎訓練(園児)／机上訓練(職員)	地震	火災
想定②	火災／地震	地震	調理室より出火
ねらい	●基礎的な知識を得る。 ●放送を静かに聞く。 ●防災頭巾の使い方を知る。 ●「おかしも」の意味を知る。	●放送を聞き、保育者のところへ素早く集まる。 ●机の下へ安全に避難する。	●非常ベルの音を知る。 ●保育者のところへ静かに集まる。 ●放送の指示に従い避難する。 ●「おかしも」の確認を知る。
保育者の援助③	●集会形式で非常ベルの音を聞かせる。 ●放送による指示をよく聞くことを知らせる。 ●訓練内容及び役割分担の確認。 ●災害時備蓄品の確認。 ●非常用リュックの中身を確認。 ●非常勤・アルバイト職員への周知。	●放送を聞き、保育者のそばに集まり、机の下に避難させる。 ●ホールに集合し(2～5歳児)、防災頭巾をかぶらせる。	●「押さない、かけない、喋らない、戻らない」の約束の確認。 ●調理室から出火の際の職員の行動確認。 ●2階保育室は非常階段より避難させる。 ●各保育室より消火器を持ってくる。
時刻／避難場所④	10:00／ホール	10:00／ホール	10:00／園庭

① 種別／想定
どの危険に対する訓練なのか、具体的に想定します。想定の幅が広いほど役立ちます。

② ねらい
この訓練で、子どもが何を身に付けるのかを子どもを主語にして書きます。

③ 保育者の援助
保育者がしなければならないこと、子どもに伝えるべきことなどを具体的に書きます。

④ 時刻／避難場所
訓練の開始予定時刻を明記。また、避難場所についても具体的に記しておきます。

防災・安全計画② リスクマネジメント計画

保育のあらゆる場面で想定できるリスクについて、事前に訓練や対応するための計画です。「ヒヤリ・ハット報告」「チェックリスト報告」など未然に防ぐ対策も明記します。

	4月	5月	6月	7月	8月	9月
担当職員が行うこと①	●自衛消防組織の確認 ●避難用リュックサックの確認 ●SIDS確認 ●アレルギー食の提供方法確認	●訓練用人形・AED借用依頼 ●バックアップ園の看護師を依頼 ●起震車申し込み ●消火器の場所の周知	●AEDの使い方・人工呼吸法について学ぶ ●3園合同訓練打ち合わせ ●プール遊びマニュアル確認 ●熱中症対策の確認	●消防署へDVD借用依頼 ●引き取り訓練お知らせ(園だより) ●消火器の使い方確認	●煙中訓練申し込み ●防犯訓練(警察)依頼	●緊急時メール送信の確認
実施する訓練②	●火災(調理室) ●「おかしも」 ●避難の基本行動確認	●地震①(おやつ後) ●地震②(第1避難所へ避難)	●地震・火災(早・遅番) ●緊急時の対応(職員)	●火災(3園合同・消防署立ち会い) ●初期消火・通報訓練、起震車体験	●火災(プール時・合同保育) ●避難服着用	●地震(関東地方一帯) ●メール配信訓練 ●引き取り訓練
ヒヤリ・ハット報告③	●報告書作成 ●報告書回覧 ●職員会議にて検討					●職員会議にてケース討議
チェックリスト報告④	●事故リスク軽減のためのチェックリストにて確認			●職員会議にて気付きの報告		

	10月	11月	12月	1月	2月	3月
担当職員が行うこと	●3園合同訓練打ち合わせ ●園外での安全確認	●感染症対策マニュアル確認 ●嘔吐・下痢対応	●ヒヤリ・ハット事故発生場所・時間帯集計	●デイホームとの打ち合わせ ●保育園実践研修	●福祉作業所との打ち合わせ ●危機管理マニュ	●早・遅番マニュアル見直し、検討 ●年間避難訓練反省

① 担当職員が行うこと
その月に担当職員がしなければならない業務について記します。確認したことは、上司に報告します。

② 実施する訓練
その月に行う訓練が一目で分かるように記しておきます。種別や想定も書いておくとよいでしょう。

③ ヒヤリ・ハット報告
日常的に記しているヒヤリ・ハット事例を、職員間で共有し、改善へ取り組みます。

④ チェックリスト報告
毎月、事故防止チェックリストを見ながら、危険をチェックします。なるべく多くの職員で行うとよいでしょう。

❷ 万が一を想定する

　火事、地震、突風や竜巻、津波、不審者、ミサイル攻撃…。どのような危険が襲ってきても、落ち着いて最善の行動がとれるようにします。想定外だった、では済まされません。あらゆる可能性を考え尽くします。

❸ 見えない危険を見つけだす

　日常生活の中にも、危険は隠れています。けがをしやすい場所、アレルギーの対応、遊具の点検や水遊びの見守りなど、これまで大丈夫だったからといって今日も無事とは限りません。見える化させる努力をしましょう。

防災・安全　事故防止チェックリスト

園内はもちろん、園外においても注意するチェック項目を各年齢ごとに示します。毎月行うため、季節ならではの項目などを加えていくのもよいでしょう。

NO	項目	チェックした日① 月 日	☐
1	子どもの遊んでいる遊具や周りの安全を確認している。		☐
2	すべり台やブランコなど、固定遊具の遊び方のきまりを守るよう話している。		☐
3	玩具を持ったり、カバンをかけたりしたまま、固定遊具で遊ぶことがないように注意している。		☐
4	すべり台の上でふざけるなど、危険な遊びをしないように話している。		☐
5	揺れているブランコには近づかないように注意している。また、交代は止まってからにするよう教えている。		☐
6	シーソーは反対側に人がのると、急に上にあがることを②している。		☐
7	登り棒の登り方、降り方を指導し、下にマットを敷いたうえで必ず付き添うようにしている。		☐
8	砂場では砂の汚染や量、周りの枠について注意・点検している。		☐
9	砂場周辺は砂で滑りやすいことを注意し、指導している。		☐
10	鉄棒で遊ぶときは下にマットを敷き、必ずそばに付き添うようにしている。		☐
11	自転車やスクーターはスピードがつくと転倒、衝突しやすいことを知らせている。		☐

❶ チェックした日
チェックリストに沿って、いつ確認したのか日付を記入します。毎月行う必要があります。

❷ チェック内容
保育室、園庭、共有スペース、散歩時など保育のあらゆる場面において、安全に過ごせるようチェックする項目です。各年齢や園独自の項目を加えてもよいでしょう。

防災・安全　ヒヤリ・ハット記入シート

ヒヤリ・ハットが起きたとき、そばにいた保育者だけでなく、全職員で共有するためのシートです。一目で分かる内容報告と集計が、事故を未然に防ぐことにつながります。

NO	いつ①	だれが	どこで	どうしたか②	職員の対応③	今後気を付けること④	過去に同じケースがあった有無⑤	報告日⑥	けがの種類⑦		集計⑧	
											事故	未然
1	6/1(木)晴れ 早番(午前)昼 午後 遅番	名前：はるか 年齢：2歳 保育者：小林	園庭	遊んでいて目に砂が入った。	目を洗う。目の中に砂が残っていないかを確認する。	砂が思わぬところでとんでくることがあるため、注意するよう呼びかけていく。	有・無		擦り傷 ひっかき 打撲 切り傷 かみつき その他		未然	1歳児 2歳児 3歳児 …
2	6/2(金)晴れ 早番 午前 昼 午後 遅番	名前：はると 年齢：1歳 保育者：田村	園庭	ボールを持ったまま走り、鉄棒でおでこをぶつける。	傷がないかを確認し、15分間冷やす。こぶになっていないかを確認する。	視界がまだ狭い年齢のため、気を付けると同時に、鉄棒はくぐらないように知らせていく。	有・無	6/2	擦り傷 ひっかき 打撲 切り傷 かみつき その他		未然	
3	6/5(月)晴れ 早番(午前)昼 午後 遅番	名前：たつや 年齢：5歳 保育者：北島	園庭	2歳児とぶつかりそうになり、転んで左ひざをすりむく。	流水で洗う。止血する。	小さい子に気を付けながら遊ぶことを知らせる。	有・無	6/5	擦り傷 ひっかき 打撲 切り傷 かみつき その他		未然	合計
4	6/6(火)晴れ 早番(午前)昼 午後 遅番	名前：ともひさ 年齢：2歳 保育者：山下	散歩	タイヤ公園脇の階段で転ぶ。	全身にけがないか、頭部や口の中がれていないか、歯がゆらいでないかを確認する。	両手にウメの実を持っていたので、手に持って歩くことのないよう配慮する。	有・無	6/6	擦り傷 ひっかき 打撲 切り傷 かみつき その他		未然	室内保育室 散歩先 園庭 トイレ/テラス その他
5	6/12(月)晴れ 早番 午前 昼 午後 遅番	名前：みどり 年齢：3歳 保育者：篠塚	2歳児保育室	延長保育に入る前、2歳児保育室の流し台にあるせっけんボトルをそのまま口に入れようとする。	すぐに止めさせる。なぜ口に入れようとしたのかを子どもに確認し、せっけんの成分について話す。	せっけんボトルを口に入れようとすることもあると認識し、流し台に行ったときなど今後注意していく。	有・無	6/12	擦り傷 ひっかき 打撲 切り傷 かみつき その他		未然	合計 擦り傷 切り傷
6	6/16(金)晴れ 早番(午前)昼 午後 遅番	名前：こうた 年齢：5歳	プール	プールのふちをのぞき込み、プールの中に体かが。	声をかけて止める。なぜ危険であるかを話す。	全体にも声をかけ、プールのふちの部分には乗らないように注意し。	有・無	6/19	擦り傷 ひっかき 打撲 切り傷 かみつき その他		未然	

❶ いつ・だれが・どこで
ヒヤリ・ハットした日付、時間帯、場所、けがをした（しそうになった）子どもの名前、目撃した保育者の名前を記します。

❷ どうしたか
何が起きたのかを、具体的に書きます。

❸ 職員の対応
その際、保育者がどのような行動をとったか、具体的に記します。

❹ 今後気を付けること
その経験から何を感じ、次に同じことが起こらないために何が大切かを書きます。

❺ 過去に同じケースがあった有無
自分は経験していなくても、以前も同じようなことがあったか、丸をつけます。

❻ 報告日
いつ報告したのか日付を記入します。未然に防げた場合も報告する必要があります。

❼ けがの種類
どのようなけがか、該当するものに丸をつけます。大きなけがは別に書きます。

❽ 集計
一か月間にどのくらいの件数があったか、分かるようにしておきます。未然に防げた場合もしっかりと集計しましょう。

防災・安全計画① 避難訓練計画

必要以上に怯えさせない

非常事態が起きたという緊張感をかもし出すことは訓練でも大切ですが、むやみに怖がらせないようにします。保育者と共に行動すれば、自分の命を守れることを伝えましょう。

		4月	5月	6月
種別		基礎訓練（園児）／机上訓練（職員）	地震	火災
想定		火災／地震	地震	調理室より出火
ねらい		●基礎的な知識を得る。 ●放送を静かに聞く。 ●防災頭巾の使い方を知る。 ●「おかしも」の意味を知る。	●放送を聞き、保育者のところへ素早く集まる。 ●机の下へ安全に避難する。	●非常ベルの音を知る。 ●保育者のところへ静かに集まる。 ●放送の指示に従い避難する。 ●「おかしも」の確認を知る。
保育者の援助		●集会形式で非常ベルの音を聞かせる。 ●放送による指示をよく聞くことを知らせる。 ●訓練計画及び役割分担の確認。 ●災害時備蓄品の確認。 ●非常用リュックの中身を確認。 ●非常勤・アルバイト職員への周知。	●放送を聞き、保育者のそばに集まり、机の下に避難させる。 ●ホールに集合し（2〜5歳児）、防災頭巾をかぶらせる。	●「押さない、かけない、喋らない、戻らない」の約束の確認。 ●調理室から出火の際の職員の行動確認。 ●2階保育室は非常階段より避難させる。 ●各保育室より消火器を持ってくる。
時刻／避難場所		10:00／ホール	10:00／ホール	10:00／園庭

		10月	11月	12月
種別		火災	総合訓練／他園と合同訓練／地震	地震（予告なし）
想定		近隣より出火	地震／西側マンションより出火／散歩時	震度6／警戒宣言
ねらい		●すみやかに園庭に集まり、第2避難場所（A小学校）へ安全に避難する。	●火災予防、火の用心の話を聞いて理解する。 ●園外保育時の避難を知る。	●緊急地震速報を聞き、保育者のところにすみやかに集まる。 ●放送の指示に従い、避難する。
保育者の援助		●園庭に子どもを集め、クラスごとに小学校に避難する。 ●防災物品を準備する（寒い日は防寒具）。	●消防署員の立ち会いの下、通報訓練を行い、消火器の取り扱いの指導を受ける。 ●火災の恐ろしさを知り、避難時の注意を聞く。 ●散歩中の地震は安全を確保し、状況をきちんと把握して園に連絡を入れる。	●緊急地震速報が入り、後に大地震がくることを想定し、眠っている子どもたちを起こし、布団をかける。 ●避難と並行し、防災頭巾・上履きの準備。 ●避難経路の確保。
時刻／避難場所		9:45／A小学校	10:00／保育室・園庭	15:00／室内の安全な場所

♣ 年間目標

●非常時において、自分の命を守るための行動を身に付ける。

7月		8月	9月
地震（予告なし）	防犯訓練	火災（予告なし）	地震／引き取り訓練
地震／プール時 夏季保育中	不審者の出現	近隣より出火／朝の保育時	地震／震度6／遅番時
●プール時での避難を知る。	●不審者からの身の守り方を知る。	●「おかしも」の内容を理解する。	●防災頭巾の使い方を知る。
●プールバッグ・上履き（靴）の位置を確認。 ●水の中、裸の子どもへの対応。 ●水から上がり、バスタオルをはおらせ、園庭に避難させる。	●不審者が現れたときの子どもへの対応、どのように身を守るかを知らせる。	●当番保育者の指示に従い、避難させる。 ●少数の職員での避難、誘導。 ●肉声での伝達。 ●防災物品の確認（各クラスのリュックも含む）。	●引き取り名簿の作成。 ●保護者を確認し、名簿記入後引き渡す。 ●保護者に登降園時の経路の安全確認を促す（お知らせ配布）。 ●分散している園児の把握。 ●引き取りの保護者への対応。
10:00／園庭	2歳児〜／園庭・保育室	8:15／園庭	15:45／園庭

1月	2月	3月
火災	地震（予告なし）	地震（予告なし）／机上訓練（職員）
事務室より出火	遅番時	震度6／警戒宣言
●放送を静かに聞く。 ●防災頭巾を適切に使う。 ●「おかしも」の再確認をする。	●延長時の避難の仕方を知る。 ●机の下に入る、布団をかぶせてもらうなど、頭を守る。	●緊急地震速報を聞き、保育者のところへすみやかに集まる。
●集会形式で非常ベルの音を聞く。 ●放送による指示をよく聞くことを知らせる。 ●訓練計画及び役割分担の確認。 ●災害時備蓄品の確認。 ●非常用リュックの中身を確認する。 ●非常勤・アルバイト職員への周知。	●周囲の落下物を取り除き、避難経路の確保、防災頭巾・グッズを用意する。 ●園児の人数確認。 ●非常勤・アルバイトへの誘導・防災グッズをそろえるなどの動きを知らせる。	●緊急地震速報が入り、後に大地震がくることを想定し、園庭に避難する。 ●今年度の防災計画を反省し、改善点を出し合う。 ●避難訓練計画の反省。 ●次年度への申し送り。
10:00／ホール	17:30／保育室	11:00／園庭

ニーズ対応 防災・安全

防災・安全計画 ② リスクマネジメント計画

ここがポイント！

様々な危険から、子どもを守る

ＡＥＤの使用から感染症の対策まで、あらゆるリスクを想定しながら、子どもの安全を守ることが求められます。備えあれば憂いなしと心得ましょう。

ニーズ対応 → P182 リスクマネジメント計画

	4月	5月	6月	7月	8月	9月
担当職員が行うこと	●自衛消防組織の確認 ●避難用リュックサックの確認 ●SIDS確認 ●アレルギー食の提供方法確認	●訓練用人形・AED借用依頼 ●バックアップ園の看護師を依頼 ●起震車申し込み ●消火器の場所の周知	●AEDの使い方・人工呼吸法について学ぶ ●3園合同訓練打ち合わせ ●プール遊びマニュアル確認 ●熱中症対策の確認	●消防署へDVD借用依頼 ●引き取り訓練お知らせ（園だより） ●消火器の使い方確認	●煙中訓練申し込み ●防犯訓練（警察）依頼	●緊急時メール送信の確認
実施する訓練	●火災（調理室） ●「おかしも」 ●避難の基本行動確認	●地震①（おやつ後） ●地震②（第１避難所へ避難）	●地震・火災（早・遅番） ●緊急時の対応（職員）	●火災（3園合同・消防署立ち会い） ●初期消火・通報訓練、起震車体験	●火災（プール時・合同保育） ●避難服着用	●地震（関東地方一帯） ●メール配信訓練 ●引き取り訓練
ヒヤリ・ハット報告	●報告書作成 ●報告書の回覧 ●職員会議にて検討					●職員会議にてケース討議
チェックリスト報告	●事故リスク軽減のためのチェックリストにて確認			●職員会議にて気付きの報告		

	10月	11月	12月	1月	2月	3月
担当職員が行うこと	●3園合同訓練打ち合わせ ●園外での安全確認、役割分担	●感染症対策マニュアル確認 ●嘔吐・下痢対応方法確認 ●保育安全の日	●ヒヤリ・ハット事故発生場所・時間帯集計	●デイホームとの打ち合わせ ●保育園実践研修発表会	●福祉作業所との打ち合わせ ●危機管理マニュアル見直し	●早・遅番マニュアル見直し、検討 ●年間避難訓練反省 ●リスクマネジメント活動反省 ●来年度の引き継ぎ
実施する訓練	●地震（散歩時） ●防犯訓練（合い言葉確認）	●地震・火災（3園合同） ●煙中訓練	●地震（昼寝時）	●火災（2階沐浴室） ●非常滑り台使用	●地震・火災（デイホームより避難） ●国道への避難	●地震・火災（福祉作業所より避難）
ヒヤリ・ハット報告	●報告書作成 ●報告書の回覧 ●職員会議にて検討				●来年度に向けて報告書からの検討	
チェックリスト報告	●事故リスク軽減のためのチェックリストにて確認	●職員会議にて気付きの報告		●来年度に向けてリストの検討		

事故防止チェックリスト

チェックした日　月　日

1	子どもの遊んでいる遊具や周りの安全を確認している。	☐
2	すべり台やブランコなど、固定遊具の遊び方のきまりを守るよう話している。	☐
3	玩具を持ったり、カバンをかけたりしたまま、固定遊具で遊ぶことがないように注意している。	☐
4	すべり台の上でふざけるなど、危険な遊びをしないように話している。	☐
5	揺れているブランコには近づかないように注意している。また、交代は止まってからにするよう教えている。	☐
6	シーソーは反対側に人がのると、急に上にあがることを教えている。	☐
7	登り棒の登り方、降り方を指導し、下にマットを敷いたうえで必ず付き添うようにしている。	☐
8	砂場では砂の汚染や量、周りの枠について注意・点検している。	☐
9	砂場周辺は砂で滑りやすいことを注意し、指導している。	☐
10	鉄棒で遊ぶときは下にマットを敷き、必ずそばに付き添うようにしている。	☐
11	自転車やスクーターはスピードがつくと転倒、衝突しやすいことを知らせている。	☐
12	園庭の状況にあった遊び方を選び、保育者は子どもの行動を常に確認できる状況である。	☐
13	子どもの足にあった靴か、体にあったサイズの衣類かを確認している。また、靴を正しくはいているか確認している。	☐
14	なわとびの安全な遊び方やロープの正しい使い方を指導している。	☐
15	フェンスや門など高くて危険なところに登らないように指導している。	☐
16	室内では衝突を起こしやすいので、人数やルールを考えて遊ばせている。	☐
17	肘内障を起こしやすい子ども、アレルギーや家庭事情など配慮を要する子どもを全職員が把握している。	☐
18	椅子を後ろに揺すったり、後ろ向きに座ったりしないよう、正しい使用法を教えている。また、椅子の運び方を指導している。	☐
19	ロッカーや棚は倒れないよう転倒防止策を講じている。	☐
20	室内は整理整頓を行い、使用した物はすぐに収納場所に片付けている。	☐
21	はさみなどは正しい使い方を伝え、使用したら必ず片付けている。	☐
22	給食の魚を食べるときは骨に注意し、食べ方を指導している。	☐
23	調理活動中に包丁・ピーラーを使用するときは、常に付き添い指導している。	☐
24	子どもが暖房器具のそばに行かないよう気をつけている。	☐
25	床が濡れていたらすぐにふきとるようにしている。	☐
26	トイレや手洗い場、室内、廊下、テラスでは走らせない。	☐
27	トイレ用の洗剤や消毒液は子どもの手の届かないところに置いている。	☐
28	水遊びをするときは、必ず保育者が付き添っている。	☐
29	飼育動物と触れ合うときは、そばについて注意している。	☐
30	火は熱いことを教え、気を付けるように指導している。	☐
31	散歩のときは人数確認している。	☐
32	道路では飛び出しに注意している。また、交通ルールなどの安全指導をしている。	☐
33	散歩のときは、動物、危険物(自動車、バイク、自転車、看板など)に触らないよう気を付けている。	☐
34	信号を渡るときは列を短くし、安全に迅速に渡るようにしている。	☐
35	手をつないで走ったり、階段の上り下りをしたりすると、転んだときに手がつきにくいことを保育者は理解し、指導している。	☐
36	散歩のとき、園が近づくと早く帰園しようとして、走ったり足早になったりすることが危険であることを、保育者は理解している。	☐
37	前を見て歩かせ、列全体のスピードを考え誘導している。	☐
38	坂道は勢いがつくことを保育者は理解し、指導している。	☐
39	年齢にあった固定遊具であるか、雨などで滑りやすくなっていないかなど点検している。	☐
40	石や砂を投げてはいけないことを指導している。	☐
41	犬などの動物は咬むことがあると子どもに教えている。	☐
42	蜂の巣がないか点検し、蜂の嫌がることをすると刺されると教えている。	☐

ニーズ対応　防災・安全

防災・安全
ヒヤリ・ハット記入シート

ヒヤリ・ハットを最大限に生かす

大切なのは、ヒヤリ・ハットを、「ああ、無事でよかった」で済まさないことです。一歩間違えれば重大な事態になったわけです。「今後、そうならないために、今何をしておくべきか」を考える機会です。

NO	いつ		だれが	どこで	どうしたか	職員の対応
1	6/1（木）天気：晴れ	早番 ⦿午前 昼　午後 遅番	名前：はるか 年齢：2歳 保育者：小林	園庭	遊んでいて目に砂が入った。	目を洗う。目の中に砂が残っていないかを確認する。
2	6/2（金）天気：晴れ	早番 ⦿午前 昼　午後 遅番	名前：はると 年齢：1歳 保育者：田村	園庭	ボールを持ったまま走り、鉄棒でおでこをぶつける。	傷がないかを確認し、15分間冷やす。こぶになっていないかを確認する。
3	6/5（月）天気：晴れ	早番 ⦿午前 昼　午後 遅番	名前：たつや 年齢：5歳 保育者：北島	園庭	2歳児とぶつかりそうになり、転んで左ひざをすりむく。	流水で洗う。止血する。
4	6/6（火）天気：晴れ	早番 ⦿午前 昼　午後 遅番	名前：ともひさ 年齢：2歳 保育者：山下	散歩	タイヤ公園脇の階段で転ぶ。	全身にけががないか、頭部や口の中が切れていないか、歯がゆらいでいないかを確認する。
5	6/12（月）天気：晴れ	早番　午前 昼　午後 ⦿遅番	名前：みどり 年齢：3歳 保育者：篠塚	2歳児保育室	延長保育に入る前、2歳児保育室の流し台にあるせっけんボトルをとって口に入れようとする。	すぐに止めに入る。なぜ口に入れようとしたのかを子どもに確認し、せっけんの成分について話す。
6	6/16（金）天気：晴れ	早番 ⦿午前 昼　午後 遅番	名前：こうた 年齢：5歳 保育者：渡辺	プール	プールのふちをのぞき込み、プールの中に体をのり出す。	声をかけて止める。なぜ危険であるかを話す。
7	6/21（水）天気：晴れ	早番 ⦿午前 昼　午後 遅番	名前：せいたろう 年齢：4歳 保育者：本山	4歳児保育室	カメのたらいに指を入れる（カメの口先）。	すぐに止めに入る。かまれていないかを確認する。
8	6/22（木）天気：くもり	早番　午前 昼　午後 ⦿遅番	名前：えいた 年齢：3歳 保育者：山下	園庭	三輪車で小さな段差に乗り上げ、つんのめって下唇をぶつけて切る。	下唇を流水で洗い、冷やす。歯がゆらいでいないかを確認する。
9	6/28（水）天気：くもり	早番　午前 昼　午後 ⦿遅番	名前：さおり 年齢：3歳 保育者：篠塚	園庭・水道場	水を飲みに来たたくやが、前に並んでいたさおりの腕をかむ。	流水で洗い、冷やしながら、傷がないかを確認する。すぐに冷やし、跡にはならなかった。
10	6/30（金）天気：雨	早番 ⦿午前 昼　午後 遅番	名前：しゅんすけ 年齢：2歳 保育者：山下	2歳児保育室	ボールの上に乗ってしまい転倒。	痛いところはないかを全身を見ながら確認する。

今後気を付けること	過去に同じケースがあった有無	報告日	けがの種類		
砂が思わぬところで入ることがあるため、注意してそばに付いていく。	(有)・無	6/1	擦り傷　切り傷 ひっかき　かみつき 打撲　(その他)		未然
視界がまだ狭い年齢のため、気を付けると同時に、鉄棒はくぐらないように知らせていく。	有・(無)	6/2	擦り傷　切り傷 ひっかき　かみつき (打撲)　その他		未然
小さい子に気を付けながら遊ぶことを知らせる。	(有)・無	6/5	(擦り傷)　切り傷 ひっかき　かみつき 打撲　その他		未然
両手にウメの実を持っていたので、手に持って歩くことのないよう配慮する。	有・(無)	6/6	(擦り傷)　切り傷 ひっかき　かみつき 打撲　その他		未然
せっけんボトルを口に入れようとすることもあると認識し、流し台に行ったときなど今後注意していく。	有・(無)	6/12	擦り傷　切り傷 ひっかき　かみつき 打撲　その他		(未然)
全体にも声をかけ、プールのふちの部分には触らないように注意していく。	有・(無)	6/19	擦り傷　切り傷 ひっかき　かみつき 打撲　その他		(未然)
カメはかむことがあるので、危険であることを伝える。	有・(無)	6/21	擦り傷　切り傷 ひっかき　かみつき 打撲　その他		(未然)
三輪車をこぐスピードや場所など、危険のないように伝えていく。	(有)・無	6/23	擦り傷　切り傷 ひっかき　かみつき 打撲　(その他)		未然
たくやは思いがけず、口や手が出てしまうことがあるので、そばに付いて見ていく。	有・(無)	6/28	擦り傷　切り傷 ひっかき　(かみつき) 打撲　その他		未然
大きめなボールは、上にのってしまうことに気を付ける。身のこなしなどの練習をしていく。	(有)・無	6/30	(擦り傷)　切り傷 ひっかき　かみつき 打撲　その他		未然

集計		事故	未然
年齢	1歳児		
	2歳児		
	3歳児		
	4歳児		
	5歳児		
	その他(　　)		
	合計		
場所	室内保育室		
	散歩先		
	園庭		
	トイレ/テラス		
	その他(　　)		
	合計		
けがの種類	擦り傷		
	切り傷		
	ひっかき		
	かみつき		
	打撲		
	その他(　　)		
	未然		
	合計		
時間帯	早番		
	午前		
	昼		
	午後		
	遅番		
	合計		

ニーズ対応・防災・安全

保健計画

おさえたい 3 つのポイント

1 病気の早期発見を

検診を通して、体に異常がないかチェックします。早期に発見することが、早い回復につながるからです。無理のない検診の計画を、園医と相談しながら立てましょう。その際、予防する方法なども最新の情報を得られるようにします。地域の保健センターとも連携しましょう。

子どもたちの健康な生活を守るために、園として配慮しなければならないことや子どもたちに指導すること、検診の予定などを年間計画へ記載します。全職員で共有しましょう。

ねらい
一年を見通し、期に応じたねらいを具体的に書きます。健康に過ごすために、おさえたいことです。

行事
その期に行われる検診など、保健に関わる行事を書きます。

援助
一人一人の様子を把握しながら予防を心がけます。

職員との連携
園内で共通理解しておかなければならないことを洗い出し、意識できるようにします。

	1期（4・5月）	2期（6～8月）
ねらい	●新しい環境に慣れる。	●梅雨期を快適に過ごす。 ●暑い夏を無理なく過ごす。
行事	●身体測定1回／月 ●アタマジラミのチェック1回／月 ●春の検診（頭囲・胸囲、カウプ指数）	●歯科検診 ●プール前検診 ●プール開き
園児への保健教育	●保健だよりの配布時に健康教育を行う（年4回、4・5歳児）。	●プールに入るための体調管理について ●3～5歳児：手洗いについて ●4・5歳児：プライベートゾーンについて ●4・5歳児：歯について ●4・5歳児：頭について
援助	●個々の健康状態、発達・発育を把握し、保護者と情報交換する（バイタルサイン、生活リズム、排泄、食事、アレルギー、予防接種、虐待の有無）。	●温度、湿度に合わせた衣服の調整をする。 ●発汗による皮膚のトラブルを予防し清潔を保てるようにする。 ●正しい手洗いを教える。 ●冷房使用時の温度と外気温の差に注意する。 ●虫刺されの予防とケアをする。 ●夏の感染症を早期発見し予防に努める。 ●プールの衛生、健康管理、安全管理を行う。 ●休養、睡眠を十分に取れるよう、環境を整える。
職員との連携	●配慮が必要な子どもの対応、保健マニュアルの活用をすすめる。 ●看護師連絡会での情報を知る。 ●新人保育者の保健教育を行う（嘔吐・下痢処理、子どもの病気と観察、保護者対応などを知らせる）。	●プールでの安全面、応急処置について伝える。 ●心肺蘇生法（AEDの使い方など）について伝える。
家庭・地域との連携	●検診の結果を通知し、必要に応じてアドバイスしたり受診をすすめたりする。 ●保健だより、クラスだより、掲示板を活用して伝える。 ●保護者会で生活リズム、帽子、爪、靴について伝える。	●プール前検診の結果を知らせ、必要時には受診をすすめる。 ●休日も生活リズムを保ってもらう。 ●家庭でも皮膚を観察し、清潔に努めてもらう。 ●プール遊びのための体調観察をお願いする。

❷ 好ましい生活習慣を

清潔を保つための生活習慣を身に付けられるようにします。毎日すべきこと、季節によって気を付けることなど、子どもが自分から進んでできるような環境をつくり、促します。生活の流れの中で、当たり前にできるようになることが理想です。家庭とも連携し、習慣付けましょう。

❸ 健康は自分で守る意識を

健康は保護者や医師が守ってくれるものではなく、自分自身で守るものであることを自覚させましょう。体の各部位の働きと大切さについて、また、それらをケアする方法についても分かりやすく知らせていくことが必要です。自分の体を自分で管理する意識を育みます。

3期（9〜12月）	4期（1〜3月）
●生活リズムを整える。 ●風邪を予防する。	●寒さに負けず、体を動かして元気に遊ぶ。
●秋の検診（頭囲・胸囲の測定、カウプ指数）	
●3〜5歳児：手洗いについて ●3〜5歳児：咳エチケット・鼻のかみ方について ●5歳児：おなかについて	●うがいの仕方を教える。
●積極的に十分体を動かせる環境を用意する。 ●けが予防に努める。 ●薄着で過ごせるよう働きかける。 ●手洗い、うがいを積極的に行えるように促す。 ●暖房使用時の温度（18〜20℃）、湿度（50〜70％）を調整し、感染症にかからない環境をつくる。	●インフルエンザなどの感染症を早期発見し、予防に努める。 ●咳が出る子にはマスクの着用を伝える。
●嘔吐・下痢処理を共通理解する。	●欠席や発熱などの情報を共有する。
●カウプ指数、成長曲線が気になる子は保護者に伝える。 ●スキンケア、感染症について伝える。 ●気温や活動に応じた着替えをお願いする。 ●食品を取り扱う際は、爪を切り、エプロンや三角巾を使用することをすすめる。	●予防接種の確認をし、特に麻疹については必ず接種するようすすめる。 ●冬の規則正しい生活について伝える。 ●早寝・早起き・朝ごはんをお願いする。

園児への保健教育
子どもたちへ伝えることについて書きます。また、身に付いているか、時々確認する必要があります。

家庭・地域との連携
家庭と情報交換すべきことや、園に通っていない子どもに対する配慮なども記します。

保健計画

危険を知らせ、予防法を伝える

体に入ろうとするウイルスの存在を知らせ、自分から予防する行動を起こすようにします。目に見えないものを感じる力の育ちも、計画に位置付けていきます。

	1期（4・5月）	2期（6〜8月）
ねらい	●新しい環境に慣れる。	●梅雨期を快適に過ごす。 ●暑い夏を無理なく過ごす。
行事	●身体測定1回／月 ●アタマジラミのチェック1回／月 ●春の検診（頭囲・胸囲、カウプ指数）	●歯科検診 ●プール前検診 ●プール開き
園児への保健教育	●保健だよりの配布時に健康教育を行う（年4回、4・5歳児）。	●プールに入るための体調管理について ●3〜5歳児：手洗いについて ●4・5歳児：プライベートゾーンについて ●4・5歳児：歯について ●4・5歳児：頭について
援助	●個々の健康状態、発達・発育を把握し、保護者と情報交換する（バイタルサイン、生活リズム、排泄、食事、アレルギー、予防接種、虐待の有無）。	●温度、湿度に合わせた衣服の調整をする。 ●発汗による皮膚のトラブルを予防し清潔を保てるようにする。 ●正しい手洗いを教える。 ●冷房使用時の温度と外気温の差に注意する。 ●虫刺されの予防とケアをする。 ●夏の感染症を早期発見し予防に努める。 ●プールの衛生、健康管理、安全管理を行う。 ●休養、睡眠を十分に取れるよう、環境を整える。
職員との連携	●配慮が必要な子どもの対応、保健マニュアルの活用をすすめる。 ●看護師連絡会での情報を知る。 ●新人保育者の保健教育を行う（嘔吐・下痢処理、子どもの病気と観察、保護者対応などを知らせる）。	●プールでの安全面、応急処置について伝える。 ●心肺蘇生法（AEDの使い方など）について伝える。
家庭・地域との連携	●検診の結果を通知し、必要に応じてアドバイスしたり受診をすすめたりする。 ●保健だより、クラスだより、掲示板を活用して伝える。 ●保護者会で生活リズム、帽子、爪、靴について伝える。	●プール前検診の結果を知らせ、必要時には受診をすすめる。 ●休日も生活リズムを保ってもらう。 ●家庭でも皮膚を観察し、清潔に努めてもらう。 ●プール遊びのための体調観察をお願いする。

♣ 年間目標

- 健康で毎日を過ごす。
- 自分の体の様子を知り、進んで健康な体をつくる。
- 健康であるために必要なことを知り、自分や他者の命を大切にする。

3期（9〜12月）	4期（1〜3月）
●生活リズムを整える。 ●風邪を予防する。	●寒さに負けず、体を動かして元気に遊ぶ。
●秋の検診（頭囲・胸囲の測定、カウプ指数）	
●3〜5歳児：手洗いについて ●3〜5歳児：咳エチケット・鼻のかみ方について ●5歳児：おなかについて	●うがいの仕方を教える。
●積極的に十分体を動かせる環境を用意する。 ●けが予防に努める。 ●薄着で過ごせるよう働きかける。 ●手洗い、うがいを積極的に行えるように促す。 ●暖房使用時の温度（18〜20℃）、湿度（50〜70％）を調整し、感染症にかからない環境をつくる。	●インフルエンザなどの感染症を早期発見し、予防に努める。 ●咳が出る子にはマスクの着用を伝える。
●嘔吐・下痢処理を共通理解する。	●欠席や発熱などの情報を共有する。
●カウプ指数、成長曲線が気になる子は保護者に伝える。 ●スキンケア、感染症について伝える。 ●気温や活動に応じた着替えをお願いする。 ●食品を取り扱う際は、爪を切り、エプロンや三角巾を使用することをすすめる。	●予防接種の確認をし、特に麻疹については必ず接種するようすすめる。 ●冬の規則正しい生活について伝える。 ●早寝・早起き・朝ごはんをお願いする。

ニーズ対応 保健

食育計画

おさえたい 3 つのポイント

1 食べることは楽しいこと

みんなで食べるお弁当や給食。食べることは、人間が生きるうえで欠かすことのできない営みです。それが楽しみになるように、またおいしさを味わうすてきな時間になるように、演出することが望まれます。子どもの笑顔を思い浮かべながら、食育計画を立案しましょう。

食育計画 ①

食育の取り組みを、園児、保護者、地域への3方向に向けてそれぞれどのような援助が必要か考えます。月ごとに、前月の援助を踏まえながら明記します。

① 園児に向けて
月ごとに育みたいマナーや食の経験について書きます。月によって大きく変えるのではなく、前月の指導を継続しつつ、新たな要素を入れます。

② 保護者に向けて
園だけで食育は成立しません。家庭でも心がけてほしいことについて、保護者へ働きかける内容です。

③ 地域に向けて
地域に働きかけることにより、子どもにもよい影響があります。地域と連携する事柄を載せます。

食育計画 ②

食育を六つの項目に分け、それぞれについて「内容」と「保育者の援助」をのせています。月齢に応じた内容の進み方も、項目ごとに見渡すことができます。

① 内容
食育を六つの項目に分け、それぞれのジャンルで経験させたいことを挙げています。

② 保育者の援助
「内容」に挙げたことを、子どもが経験できるように「保育者の援助」を具体的に記します。

③ 食べ物と健康について
好き嫌いせず、いろいろな味に慣れるための取り組みです。

④ 食具の使い方について
発達に伴い、だんだんと食具が正しく使えるように導きます。

⑤ マナーについて
食に対する姿勢として育みたいことを記します。

⑥ 楽しく食べるために
食を楽しむための環境づくりや、配慮することについて記します。

⑦ バイキング
自分の食べられる量を把握し、自分で食品を選ぶ能力を育みます。

⑧ 食材・栽培について
野菜を育てたり、クッキングしたりする活動を経験できるようにします。

2 年齢に応じた食材への親しみ方

食べたことのない物は、子どもは本能で拒否します。食材を見て触れて、名前や育ち方を知ることによって、親しみがもてるものになっていきます。実際に植えて育てたり、畑でできている様子を見たり、絵本や写真で花や実り方を知らせるなど、親しみがもてる工夫をすることが大切です。

3 年齢に応じた食のマナー

食事をする際に、周りの子に嫌な思いをさせるのはマナー違反です。「どうしてみんな、嫌な気持ちになったのかな、どうすればいいのかな」と共に考えながら、よりよいふるまい方を身に付けられるようにします。知らせたいことは、計画の中に位置づけておきましょう。

食育計画 ③

食育における「園の目標」を明記し、各年齢ごとの「年間目標」「調理員との関わり」をのせています。個人の計画のベースとなる、期の「ねらい」と「保育者の援助」を明記します。

年間目標
各年齢ごとに、この一年で期待する子どもの姿について書きます。

調理員との関わり
実際に調理してくれる人と触れ合うことで、子どもたちには大きな学びがあります。積極的な関わりを促しましょう。

年間目標	調理員との関わり
●食事のマナー（あいさつ・姿勢・片付け・箸の使い方）に気付きながら楽しく食べる。 ●栽培物を通して、収穫の喜びと食べる楽しさを体験する。 ●「食べる＝自分の命を育むこと」を知らせ、食べ物への感謝の気持ちをもつ。 ●栄養をバランスよくとる大切さを知る。	●食べている様子を見てもらい、つくってくれる人に対しての感謝の気持ちがもてるようにする。 ●調理感を経験させてもらう。 ●簡単な調理のお手伝いを経験させてもらう。

	1期（4・5月）	2期（6〜8月）	3期（9〜12月）	4期（1〜3月）
ねらい	●箸の持ち方、食器に手を添える、姿勢を正すなどに気を付けて残さず、こぼさずに食べる。 ●メニューに関心をもつ。 ●自分たちで野菜を育てる。（オクラ・きゅうり） ●様々な食材に触れる（グリーンピース・ソラマメの皮むきなど）。 ●簡単な調理活動をする（ラップおにぎり）。	●体と食物の関係を理解して、苦手な食品も食べてみようとする。 ●メニューに関心をもち、メニューをいくつか覚える。 ●バランスよく食事をする。 ●野菜の収穫を喜び、食への感謝の気持ちをもって味わう。 ●時間を意識して食事をする。 ●体と食べ物の関係を理解する（三大栄養素）。 ●様々な食材に触れる（トウモロコシの皮むきなど）。	●体と食物の関係に気付き、苦手な食品でも自ら食べる。 ●調理活動を通して旬の食材に触れ親しむ。 ●一定の時間の中（30分）で食事をしようとする。 ●食後は、自分のテーブルを確認して汚れていたら台ふきんでふき、きれいにする。 ●簡単な調理活動をする（盛り付け、バターづくり）。	●好きなメニューを言えるようになる。 ●一定の時間の中で食事を済ませる。
保育者の援助	●食事の仕方や三角食べを声かけしながら進めていく。 ●箸の危険性について子どもと考え、正しく使えるようにする。 ●調理器具の使い方を教えて、安全な使用法を身に付ける。	●食事をつくる場面を見せて、栄養士・調理師への感謝を伝える。 ●小さなお盆を用意するなど、子どもが自ら手伝えるような環境を整える。 ●様々な料理を通して、食材への関心が養われるようにする。	●食事の終わる時間を視覚的に知らせ、全員が意識できるようにする。 ●もちつきなどを通して、日本の食文化を伝えていく。 ●体と食べ物の関係が分かるような絵本を用意する。	●就学に向けて子どもも緊張する時期なので、一緒に楽しみながら配膳の準備などをできるようにする。 ●クッキング保育では、全員が活動できるようなメニューを選ぶ。

ねらい
期ごとに食育の「ねらい」を立てます。保育者間で相談して決めます。

保育者の援助
「ねらい」に合わせた保育者の援助を書きます。子どもが経験できるように具体的に記します。

食育計画①

食育計画① ここがポイント！

いろいろな食べ物の育ち方を知る

家庭では食べたことのない食べ物も、まだたくさんあります。野菜はどのようにできるのか、実際に育ててみることで、体感することができます。食べ物を広く知る経験を重ねましょう。

	4月	5月	6月	7月	8月	9月
園児に向けて	●準備…4月現在の食事マナーと食事量などを把握し、食育計画を立てる。	●楽しい雰囲気の中で食事が進むようにする。	●食具のマナーを守る（食器の位置など）。 ●食具の使い方に慣れる（観察・考察・検討）。 ●野菜を育てる。	●みんなで育てた夏野菜を収穫する。 ●周りの畑を見る（散歩時）。 ●ジャガイモ掘りのイモの調理活動をする。	●残さず食べる。 ●「命をいただきます」の意味を知る。 ●収穫した野菜をみんなで食べる。触る・皮をむく。 ●野菜でスタンプをする。 ●おにぎりづくり。	●体のしくみを知る。「食べ物はどこへ行く？」 ●マナー、姿勢、食べ方を知る。 ●お月見団子づくりをする。
保護者に向けて	●準備…保護者に向けた食育計画を検討する。	●給食のサンプル、紙面による周知を行う。	●家族で一緒に食べることの大切さを知らせる。 ●「食育月間」の周知。	●買い物に行った際、いろいろな野菜の名前を子どもに伝えてもらう。 ●食品衛生について（サルモネラ菌、大腸菌）話す。	●食べ物を話題にしてもらう。 ●水分補給について話す。 ●食事のリズムを意識し、できるだけ子どもと一緒に食事をする。 ●献立レシピの紹介。	●おなかがすくリズムを、体得できるようにする。 ●朝食の大切さを知らせる。
地域に向けて	●準備…地域に向けた食育計画を検討する。	●園外の掲示板を利用して、園の食育計画を掲示する。	●「食育月間」の周知。 ●水分補給の大切さについて話す。	●朝食の大切さについて話す。	●食品衛生について（サルモネラ菌、大腸菌）話す。	●アレルギー食品の紹介。

ねらい

●食を通じて健康な心と体を育て、自ら健康で安全な生活を送る力を養う。

10月	11月	12月	1月	2月	3月
●みんなで楽しくクッキングする。 ●食具の使い方に慣れる（中間観察・考察）。 ●みんなと一緒に食事を楽しむ。 ●旬の食材から季節を感じる。 ●食事のマナーについて知る。	●苦手な食べ物をどう調理したら好きになるか話す。 ●においをかいで献立を当てる（カレー粉、酢）。 ●ｍｙおにぎりづくりをする。	●一つ一つ味わいながら食べる。 ●食べ物と体の関係について知る。 ●カルシウムについて知る。	●日本の伝統行事の食事について知る。	●食に感謝する気持ちを育てる。 ●食具の使い方を知る（年間まとめ・考察）。	●一年間を振り返って、食事がどう変わったのか伝える。 ●給食でセルフバイキングを経験する。 ●クッキーづくりをする。
●家族で一緒に食べることの大切さを知らせる。 ●食前、食後のお手伝いにつながる話をする。	●食べたい物、好きな物が増えるように伝える。 ●食品衛生について（ノロウイルス）話す。	●年末子ども会のメニューの紹介。 ●親子クッキングについて知らせる。	●おせち料理の話を話題にする。	●毎日3食を食べることの幸せについて話す。	●子どもたちの好きなメニューベスト3と、そのレシピの紹介。
●家族で一緒に食べることの大切さを知らせる。	●食品衛生について（ノロウイルス）話す。	●年末子ども会の取り組みを行う。 ●年末子ども会のメニュー紹介。	●おせち料理とそのいわれの紹介。	●冬野菜を使ったメニューの紹介。	●子どもと一緒に簡単なクッキーづくりをする。

ニーズ対応 食育

食育計画②

食育計画②　ここがポイント！

上手にできたら、かっこいい！

　一人で食べることも、歯磨きができることも、上手にできたら「かっこいい！」と、すかさずほめたいものです。自信をもちながら、楽しく食に関われるようにしましょう。

CD-ROM　ニーズ対応　→　P194-P195 食育計画2

		食べ物と健康について	食具の使い方について (スプーン、フォーク、箸などの持ち方・時期)	マナーについて (手洗い、あいさつ、座り方など)
5歳	内容	●いろいろな食べ物を食べてみる。	●箸や食器を正しく持って食べる。 ●食器の置き方を知る。 ●メニューによって食具を使い分ける。	●正しい姿勢で食べる。 ●一定時間内に食べられるようになる。 ●食後の歯磨きの習慣が身に付く。 ●自分の食べられる量を知る。
	保育者の援助	●食べ物と健康のつながりを、絵本などを使って知らせ、いろいろな食材に興味をもてるようにする。 ●自分でバランスよく食べられるように知らせる。	●まだ箸をきちんと持てない子には、分かりやすく、そのつど知らせる。 ●食文化としての箸の使い方のマナーを知らせる（ごはんに箸を立てない、箸で皿を引き寄せないなど）。 ●箸が正しく持てない子には、絵にかいて知らせ、食事の前に確認して覚えられるようにする。 ●食具を使い分けられるように、食材やメニューを知らせる。	●食事の前に椅子の背に背中をしっかりつけることや、テーブルとおなかとの間も適度に開けることを知らせ、みんなで一緒に正しい姿勢を確認できるようにする。 ●一人一人の食べる量を見て、その子のペースを知り、食べすぎた際には知らせる。 ●きちんと歯が磨けているかを確認する。

🍚 ねらい

- 「食」に興味や関心をもち、みんなと一緒においしく食べる。

楽しく食べるために	バイキング	食材・栽培について （クッキングなど）
●友達と一緒に会話をしながら、食事をする。 ●食べたいという気持ちをもち、自分から進んで食べる。	●ふだんと違ったスタイルで食事を楽しむ。 ●自分の食べられる量を知る。	●身近な植物を栽培したり、収穫したりする。 ●収穫した物を使って、クッキングを楽しむ。
●友達と楽しく食べる中で、食事のマナーが身に付くようにする。 ●食事前の活動を十分に行い、空腹感を感じてから食事ができるように配慮する。	●異年齢児とのバイキング形式の食事会を設け、楽しめるようにする。	●栽培をし、観察をしたり世話をしたりして、食材に興味や愛情をもてるようにする。 ●クッキングなどを通して食材が変化する様子を観察し、自分でつくる楽しさを味わえるようにする。

ニーズ対応　食育

食育計画 ③

野菜づくりやクッキングを取り入れて

野菜の苗を自分で植えたり、水をやって育てたりすると、生長した際の喜びもひとしおです。苦手だった野菜が好きになるということも。また、自分で調理した物も特別な物。五感を使って食材に触れ、みんなで調理して食べるという感動体験を、計画に入れていきましょう。

年間目標

- 食事のマナー（あいさつ・姿勢・片付け・箸の使い方）に気付きながら楽しく食べる。
- 栽培物を通して、収穫の喜びと食べる楽しさを体験する。
- 「食べる＝自分の命を育むこと」を知らせ、食べ物への感謝の気持ちをもつ。
- 栄養をバランスよくとる大切さを知る。

	1期（4・5月）	2期（6〜8月）
ねらい	●箸の持ち方、食器に手を添える、姿勢を正すなどに気を付けて残さず、こぼさずに食べる。 ●メニューに関心をもつ。 ●自分たちで野菜を育てる。（オクラ・きゅうり） ●様々な食材に触れる（グリーンピース・ソラマメの皮むきなど）。 ●簡単な調理活動をする（ラップおにぎり）。	●体と食物の関係を理解して、苦手な食品も食べてみようとする。 ●メニューに関心をもち、メニューをいくつか覚える。 ●バランスよく食事をする。 ●野菜の収穫を喜び、食への感謝の気持ちをもって味わう。 ●時間を意識して食事をする。 ●体と食べ物の関係を理解する（三大栄養素）。 ●様々な食材に触れる（トウモロコシの皮むきなど）。
保育者の援助	●食事の仕方や三角食べを声かけしながら進めていく。 ●箸の危険性について子どもと考え、正しく使えるようにする。 ●調理器具の使い方を教えて、安全な使用法を身に付ける。	●食事をつくる場面を見せて、栄養士・調理師への感謝を伝える。 ●小さなお盆を用意するなど、子どもが自ら手伝えるような環境を整える。 ●様々な料理を通して、食材への関心が養われるようにする。

🍚 園の目標

- 楽しく食事をする。
- 身近な野菜を育て、収穫する喜びを味わい親しみをもつ。
- いろいろな食材について、興味や関心をもつ。

調理員との関わり

- 食べている様子を見てもらい、つくってくれる人に対しての感謝の気持ちがもてるようにする。
- 調理活動を経験させてもらう。
- 簡単な調理のお手伝いを経験させてもらう。

3期（9～12月）	4期（1～3月）
●体と食物の関係に気付き、苦手な食品でも自ら食べる。	●好きなメニューを言えるようになる。
●調理活動を通して旬の食材に触れ親しむ。	
●一定の時間の中（30分）で食事をしようとする。 ●食後は、自分のテーブルを確認して汚れていたら台ふきんでふき、きれいにする。	●一定の時間の中で食事を済ませる。
●簡単な調理活動をする（盛り付け、バターづくり）。	
●食事の終わる時間を視覚的に知らせ、全員が意識できるようにする。 ●もちつきなどを通して、日本の食文化を伝えていく。 ●体と食物の関係が分かるような絵本を用意する。	●就学に向けて子どもも緊張する時期なので、一緒に楽しみながら配膳の準備などをできるようにする。 ●クッキング保育では、全員が活動できるようなメニューを選ぶ。

ニーズ対応 食育

特別支援児の指導計画

おさえたい 3 つのポイント

1 個に応じて丁寧に見極める

その子の特徴や行動、理解の程度を、しっかりととらえることが必要になります。丁寧に関わりながら、見極めましょう。そこから、どこに力点を置いて指導するのかが導きだされます。その際、一人ではなく、複数の保育者の目で見て、話し合って見極めることが重要です。

特別支援児の指導計画 ①

行動の特徴を多角的にとらえ、年間目標を設定します。そして、一年を4期に分けて、子どもの姿をもとに期のねらいを定め、援助を書きこみます。

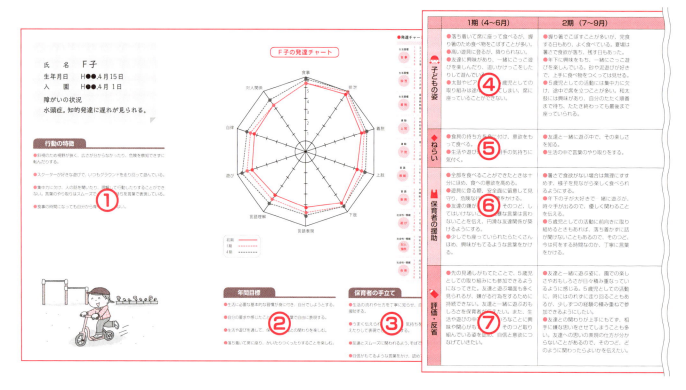

① 行動の特徴
その子の日常の様子や好きなこと、嫌がることなど、その子との関わりで注意する点が分かるように記述します。

② 年間目標
この一年で、どのような姿に成長してほしいかを考え、目標を立てます。

③ 保育者の手立て
年間目標に近づくために、保育者はどのように援助するかという方針を書きます。チームで取り組むことも含めます。

④ 子どもの姿
その期が始まる前の子どもの姿を、事実として具体的に書きます。どこまで育っていて、どんな面に困難があるのかを記します。

⑤ ねらい
④の子どもの姿に対して、その期におけるねらいを立てます。年間目標に近づくためのスモールステップと考えます。

⑥ 保育者の援助
その期のねらいに近づけるために、どのような援助を行うのかを具体的に記します。環境のつくり方を含めて書きます。

⑦ 評価・反省
その期の終わりに、援助した結果、子どもはどのように成長したのか、援助の効果はあったのかについて、考察して記します。

❷ 願いをもつと、ねらいが生まれる

その子のよさやかわいらしさを認めつつ、次にどういう面を発達させることが、その子にとって幸せなのかを考えます。素朴に、その子がこういう姿になったらいいなあという願いをもつと、そのためには、どのようなスモールステップが必要なのかを導きだすことができます。

❸ 計画と指導の結果とを見比べる

子どもの日々の生活を見つめ、指導によりどう変容してきたか、うまくいったのか空振りだったのかを事実としてしっかり書き留めます。そこから、次の手立てが生まれます。計画と記録を連動させ、計画に無理があれば修正を加えながら、その子に合ったものを目指しましょう。

特別支援児の指導計画 ❷

現在の状況を五つの項目でとらえ、それぞれについて長期の目標を設定します。保護者や保育者の率直な思いを記しておきます。

❶ 4月現在の状況
年度初めの子どもの状態をそのまま書きます。五つの側面を記します。

❷ 保護者の思い
保護者の思いをよく聞き、園でどのような生活をしてほしいと考えているのかを記します。

❸ 保育者の願い
保護者の思いを受けて、保育者としてどのように対応するのか、保育者がその子に何ができるのかを話し合って記します。

❹ 卒園時の目標
保護者の思いと保育者の願いを考え合わせ、目標として設定します。

❺ 長期目標
長い目で見て、どのような目標を立てることがその子にとって幸せかを考えます。卒園時の目標を見据えて、五つの側面を細分化します。

❻ ねらい
期ごとにねらいを立てます。より具体的なスモールステップから、ねらいを実現できるようにします。

❼ 保育者の援助
ねらいを実現するために、どのような方針で援助するのかを具体的に書きます。行う援助はたくさんあっても、特に意識することを挙げます。

❽ 評価・反省
援助を行った結果、育ちが見られたのか、効果がなかったのかを検証します。そのうえで次の方針を立てます。

特別支援児の指導計画 ①

立案のポイント

発達を見通して、毎日を楽しく

　特別な支援を要する子どもには、それぞれの特徴があります。何がどこまでできるのか、何に困難を感じているのかを見極め、どうすれば安心して生活できるのか、何に力を入れて保育すれば、その子の幸せにつながるのかを考え、計画を立てます。

　他の子に近づけようとするよりも、毎日を楽しく過ごすためには何に配慮すべきかを考えましょう。

氏　　名　　F子
生年月日　　H●●.4月15日
入　　園　　H●●.4月 1日
障がいの状況
水頭症。知的発達に遅れが見られる。

行動の特徴

● 斜視のため視野が狭く、広さが分からなかったり、危険を察知できずに転んだりする。

● スクーターが好きな遊びで、いつもグラウンドを走り回って遊んでいる。

● 集中力に欠け、人の話を聞いたり、理解して行動したりすることができない。言葉のやり取りはスムーズで、自分の気持ちを言葉で表現している。

● 食事の時間になっても自分から食べようとしない。

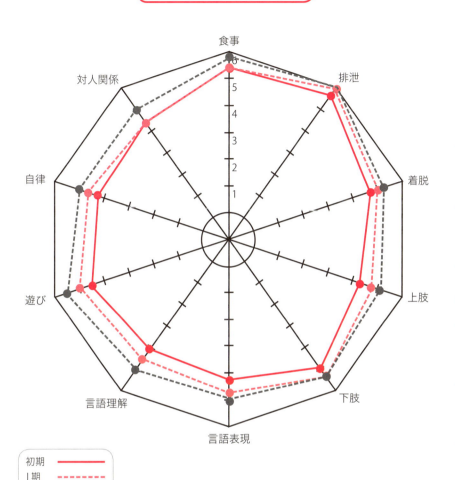

F子の発達チャート

凡例:
- 初期 ──
- Ⅰ期 - - -
- 4期 - - -

●発達チャートの見方

生活習慣　食事
1 ほとんど食べさせてもらう
2 スプーンで食べようとする
3 スプーンやフォークで食べようとする
4 スプーンですくって食べる
5 ほぼこぼさずに一人で食べる
6 箸を使って食べる

生活習慣　排泄
1 オムツ使用
2 オムツ使用
3 排泄した後で知らせる
4 大便を教える
5 排尿の前に教える
6 排尿・排便が自立する

生活習慣　着脱
1 着替えさせてもらう
2 着替えさせてもらう
3 簡単なものは脱ぐ
4 簡単なものは着る
5 簡単なものは着脱する
6 自分で着脱する

運動　上肢
1 手を出して物をつかむ
2 物をつまむ、放す
3 物を押す、引っ張る
4 重ねる、並べる
5 両手でぶら下がる
6 両手の協応がスムーズになる

運動　下肢
1 寝返る、強く蹴る
2 つかまり立ちや伝い歩きをする
3 一人歩きをする
4 小走りする
5 手すりなしで階段を登る
6 段差のあるところから両足でとび降りる

言語　理解
1 人や玩具などに向かって声を出す
2 大人のまねをして発言や動作をする
3 有意味語が多くなる
4 二語文を話す
5 日常生活で必要なことを言葉で表現する
6 生活に必要な言葉をほぼ取得し表現する

言語　表現
1 声の調子で感情を聞き分ける
2 簡単な言葉に反応し動作する
3 動きを表す言葉や物の名称が分かる
4 大人の指示を理解し行動する
5 日常生活の言葉をほぼ理解する
6 生活に必要な内容を理解する

社会性・情緒　遊び
1 そばにあるものを何でもいじる
2 一人遊びをする
3 平行遊びをする
4 見立てや模倣遊びが盛んになる
5 ごっこ遊びをする
6 気の合う子2～3人で関わって遊ぶ

社会性・情緒　対人関係
1 快・不快を表現する
2 制止されると泣いて怒る
3 大人の顔色を見ていたずらをする
4 欲求を抑えて我慢することもある
5 思いどおりにならなくても我慢する
6 理由が理解できると我慢できる

社会性・情緒　自律
1 母親の姿が見えなくなると探す
2 好きな人の後を追う
3 友達の中に交じって一人で遊ぶ
4 友達のいるところへ自分から行く
5 大人が仲立ちとなって友達と遊ぶ
6 友達と関わって遊ぶことを好む

年間目標

- 生活に必要な基本的な習慣が身に付き、自分でしようとする。
- 自分の要求や感じたことなどを、言葉で自由に表現する。
- 生活や遊びを通して、保育者や友達との関わりを楽しむ。
- 落ち着いて席に座り、かいたりつくったりすることを楽しむ。

保育者の手立て

- 生活の流れや仕方を丁寧に知らせ、自分自身でできるように援助する。
- うまく伝えられない場合は、気持ちを代弁したり、言葉を添えたりして表現できるようにする。
- 友達とスムーズに関われるよう、そばで見守りながら援助する。
- 自信がもてるような言葉をかけ、認めていく。

ニーズ対応　特別支援児

F子の年間指導計画

	1期（4〜6月）	2期（7〜9月）
子どもの姿	●落ち着いて席に座って食べるが、握り箸のため食べ物をこぼすことが多い。 ●高い遊具に登るが、降りられない。 ●友達に興味があり、一緒にごっこ遊びを楽しんだり、追いかけっこをしたりして遊んでいる。 ●太鼓やピアノなど、5歳児としての取り組みは途中で飽きてしまい、席に座っていることができない。	●握り箸でこぼすことが多いが、完食する日もあり、よく食べている。夏場は暑さで食欲が落ち、残す日もあった。 ●年下に興味をもち、一緒にごっこ遊びを楽しんでいる。砂や泥遊びが好きで、上手に食べ物をつくっては見せる。 ●5歳児としての活動には集中力に欠け、途中で席を立つことが多い。和太鼓には興味があり、自分のたたく順番まで待ち、たたき終わっても最後まで座っていられる。
ねらい	●食具の持ち方を身に付け、意欲をもって食べる。 ●生活や遊びの中で、相手の気持ちに気付く。	●友達と一緒に遊ぶ中で、その楽しさを知る。 ●生活の中で言葉のやり取りをする。
保育者の援助	●全部を食べることができたときは十分にほめ、食への意欲を高める。 ●遊具に登る際、安全面に留意して見守り、危険な行動は言葉をかける。 ●友達の嫌がる行為は、そのつど、してはいけないこと、乱暴な言葉は言わないことを伝え、円滑な友達関係が築けるようにする。 ●少しでも座っていられたらたくさんほめ、興味がもてるような言葉をかける。	●暑さで食欲がない場合は無理にすすめず、様子を見ながら楽しく食べられるようにする。 ●年下の子が大好きで一緒に遊ぶが、時々手が出るので、優しく関わることを伝える。 ●5歳児としての活動に前向きに取り組めるときもあれば、落ち着かずに話が聞けないこともあるので、そのつど、今は何をする時間なのか、丁寧に言葉をかける。
評価・反省	●先の見通しがもてたことで、5歳児としての取り組みにも参加できるようになってきた。友達と遊ぶ場面も多く見られるが、嫌がる行為をするために持続できない。友達と一緒に遊ぶおもしろさを保育者が伝えたい。また、生活や遊びの中で、いろいろなことに興味や関心がもてるよう、そのつど取り組んでいる姿を認め、自信と意欲につなげていきたい。	●友達と一緒に遊ぶ姿に、園での楽しさやおもしろさが日々積み重なっているように感じる。5歳児としての活動に、時にはのれずに走り回ることもあるが、少しずつの経験の積み重ねで参加できるようにしたい。 ●友達との関わりが上手にもてず、相手に嫌な思いをさせてしまうことも多い。友達への思いの表現の仕方が分からないことがあるので、そのつど、どのように関わったらよいかを伝えたい。

記入のコツ!!
何に興味をもち、どんな活動をしているのか、具体的に記してあります。

保育のヒント
していいこと、いけないことは、その場ですぐに知らせます。相手の思いを知らせるチャンスでもあります。

3期（10～12月）	4期（1～3月）
●食事は、メニューによって減らしたり、完食したりしている。 ●高い遊具が苦手だったが、登ったり降りたりして遊んでいる。 ●言葉のやり取りはスムーズだが、わざと乱暴な言葉を使い、自分に注目してほしいという思いが強い。 ●運動会やお遊戯会などは、活動内容や自分が取り組むべき活動を理解し、意欲的に参加した。できたことが嬉しく、大きな声で喜んでいた。	●食欲旺盛で、おかわりする姿も見られる。握り箸だが、一人で完食している。 ●同年齢の友達には甘えて手伝ってもらうことが多い。年下の子には自分から声をかけて仲よく遊んでいるかと思うと、突然嫌がる行動に出ることもある。 ●5歳児の活動にも意欲的に参加するが、時々は疲れて友達に八つ当たりすることがある。
●友達との関わりの中で、相手の思いを知る。 ●体を動かす楽しさを知る。	●進級することに期待をもつ。 ●約束事が分かる。
●食事中に時々年下の子に嫌がる行為をするので、食事のマナーを伝え、楽しく食事がとれるようにする。 ●高い遊具に登れたことを一緒に喜び、大きな自信につながるようにする。 ●乱暴な言葉を使うと周囲の人を不快にさせることを、丁寧に伝える。 ●<mark>全体への指示が伝わらないので、一対一での関わりを大切にする。</mark>できたときにはたくさんほめ、充実感や安心感が味わえるようにする。	●完食できたことを認めてほめることで、次の食事への意欲につなげる。 ●年下の子、同年齢とでは受け止めが変わるので、接し方を伝える。 ●やってみたい気持ちが強くなりすぎ、周囲が見えなくなるので、一対一で丁寧に関わって話す。 ●見通しをもった行動がまだできないので、次は何をするのかを細かく具体的に伝え、緊張感をもたずに取り組めるようにする。
●5歳児としての活動が増える中、時には本児のバランスが崩れ、大きな声で泣き叫び、活動に参加できない場面もある。気持ちの変化に寄り添い、課題が達成できるように臨機応変に進めたい。 ●運動機能が発達し、活動の幅が広がってきた。下肢の成長が著しく、転倒も少なくなった。登ったり降りたり走ったりがスムーズにできたことが、次への挑戦になっているようだ。安全面に配慮しながら見守り、時には援助していきたい。	●卒園に向けての取り組みが増える中、疲れてしまったり飽きてしまったりすることが多かった。本児のペースに合わせて丁寧に関わることで、友達と一緒に取り組むことができた。 ●ごっこ遊びが大好きで、食べ物を嬉しそうにつくったり食べたりしている姿は、一番リラックスしていて笑顔が絶えない。<mark>言葉の理解も大きな成長を見せている。その時々で課題を立て、小学校に行っても本児なりの成長を期待したい。</mark>

保育のヒント

全体に対しての指示は、自分に言われた気がしないので、個別に伝える必要があります。納得できるように丁寧に話します。

記入のコツ!!

成長が見られて嬉しい点をしっかり書いておきます。どんな援助がよかったのかも記しておくことで、今後の指導にもつながります。

ニーズ対応 特別支援児

特別支援児の指導計画 ②

立案のポイント

一人一人に応じて丁寧に

特別な支援を必要とする子どもの個人の計画です。保護者と面談し、どのような思いをもち、どのように育ってほしいと願っているのか、しっかり話を聞きます。そして、保育者の願いを重ね合わせ、子どもにとって無理のない指導計画を立てていきます。どこに配慮が必要なのか、他の保育者が読んでも分かるように記述しておきましょう。

氏　名　　F男
生年月日　　H●●.10月4日
入　園　　H●●.4月11日

障がいの状況
目を合わせようとせず、時にはパニックを起こす。

4月現在の状況

生活習慣	●絵表示や文字を見て、活動を進めることができる。 ●決まった生活習慣は、身に付きやすい。 ●変更のある場合は動揺も見られるが、話をすると納得できることが多い。
情緒	●ほめられると、嬉しそうな表情で喜ぶ。 ●失くし物をした際、友達に指摘を受けた際などは泣く。 ●失くし物が見つかるまで、気持ちを切りかえるには、個別の対応が必要である。
対人関係	●自分のやりたい遊びがあると、周りの幼児に気付かず、順番を待つ、交替をするなどができないことがある。 ●自分の遊びのイメージがある（ままごとの皿の並べ方など）ので、友達の遊びを壊したり、相手が気になり遊びに集中できなかったりする。
言葉・認識	●文字が読めるため、登園時に一日の流れの絵や文字を見て確認し、安心できる。 ●表現することはできるが、聞いて理解することが難しい場合がある。 ●一斉製作などの場合、全体への指示が伝わりにくいため、個別での援助が必要である。
運動機能	●体を動かすことが好きで、友達と追いかけっこを楽しんでいる。 ●のりの量の調節ができないなど、細かい作業が苦手である。

保護者の思い
- 保育者と一緒にいろいろな経験をして、楽しく園に通ってほしい。
- 不安なことにも泣かずに、保育者や友達と一緒に関わることで、解決できることがあると気付いてほしい。

保育者の願い
- 園生活を楽しみにし、安心して生活してほしい。
- 遊びや活動の中で、友達と関わる楽しさを感じてほしい。
- 自分なりに気持ちの切りかえができてほしい。

卒園時の目標
- 自分なりに気持ちの切りかえができるようになり、安心して生活する。
- 友達とのやり取りを楽しみながら、遊びを進める。

長期目標

	●困ったときに、どうしたらよいのかなどの対処方法を知り、安心して生活する。 ●視覚的な援助と、くり返しの経験で、基本的な生活習慣を身に付ける。
	●いつもと違ったことや困ったことなど、自分が予想していなかったことが起きたときの対処方法を考え、何度も経験する中から、少しずつ自分で気持ちを切りかえられるようになる。
	●保育者(大人)との信頼関係を築き、安心して自分の思いを表現する。 ●同じ場にいる友達と遊びのイメージを共有して遊ぶ楽しさを感じ、相手の気持ちに気付けるようになる。
	●自分の思いや感情をたくさん表現し、それを受け入れてもらえる経験を重ねる。 ●一斉指示を、自分にも言われていることだと意識して聞けるようになる。
	●指先を使う作業(のりの活動、折り紙など)などをくり返して経験し、細かな作業ができるようになる。

F男の期の指導計画

4〜9月

	ねらい	保育者の援助	評価・反省
生活習慣	●登園時や昼食時の流れが分かり、自分のことは自分でやってみようとする。	●絵表示や文字で活動の流れを示し、自分で進められるようにする。●いつもと違う流れになった際は個別に話し、参加できるようにする。	●絵表示を見ながら、活動を自分の中でパターン化し、進めることができた。●途中から変更になったことは、くり返し声をかけることでパターン化した。
情緒	●自分の予想していたことと違うことが起きた際に、気持ちを切りかえる方法を知る。	●困っている気持ちを受け入れる。どうしたら解決できるか、自分で、または保育者と一緒に解決することで、一つずつ対処法を知らせていく。	●気持ちに共感しても、場を変えても、なかなか本児の気持ちは切りかわりにくい。本児の不安が解決されることで、次の活動に移れる。
対人関係	●保育者としっかり信頼関係を築き、安心して生活する。●同じ場にいる友達や一緒の遊びをしている友達に、興味や関心をもつ。	●保育者との関係に安心感がもてるように、関係を築く。●自分の好きな遊びを楽しむ中で、友達に興味がもてるようにする。	●友達に声をかけられず、一人の世界で楽しむことが多かったが、水を使った砂遊びでは、遊びのおもしろさから保育者を介しての友達との関わりが見られた。
言葉・認識	●一斉指示が自分にも向けられている話であることを意識し、聞けるようになる。	●保育者の近くのグループや、話を聞きやすい座席にする。●名前を呼んだり、話題をふったりし、興味をもって聞けるようにする。	●気をそらしたときは、名前を呼ぶと保育者のほうを向くことができる。●パターン化された一斉指示は理解できるが、いつもと違う指示は難しい。
運動機能	●製作活動の中で、のりの量の調整の仕方、折り紙の折り方など、焦らず丁寧に行う。	●本児に合った言葉のかけ方を探り、本児がピンとくる指示を使う。	●のりは、一度たくさん付けてから、紙の上にたまったのりを戻す方法が伝わりやすかった。

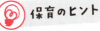 保育のヒント
視覚に訴える物を利用して導きます。子どもも確認できることで、安心するでしょう。

保育のヒント
友達と顔を見合わせて、にっこりできるような場面をつくりたいものです。友達のしていることに目を向けられるように、声をかけてみましょう。

 記入のコツ!!
どうすれば意識を向けられるかが明確に記されています。このような記述が増えると、保育がしやすくなります。

10〜3月

ねらい	保育者の援助	評価・反省
●登園時や昼食時の活動など、パターン化された活動を進んで行う。 ●次の日の予定を聞き、安心して登園する。	●進んでしている姿を認め、自信をもてるようにする。 ●前日に、次の日の活動について話し、安心して登園できるようにする。	●活動のパターン化は、進んで行うことができる反面、それが終わるとどこかへ行ってしまうので、その後も見通せるように、次の活動を伝えるようにしたい。
●自分の予想と違うことが起きても、気持ちを切りかえる。	●悲しい気持ちに共感すると、より落ち込んでしまうので、「勘違いしちゃったね」など楽しい雰囲気で話し、本児が深く考え込まないようにする。	●保育者の言葉によって、「そうも思える」と気持ちの切りかえができるようになり、嬉しい。
●同じ場にいる友達や、同じ遊びをしている友達と関わり、遊びの楽しさに気付く。	●「○○ちゃんに入れてって言ってみようか」などと、友達と一緒に遊ぶための言葉、友達を誘うときの言葉などを具体的に伝える。	●思いどおりに遊びが展開しないと、遊びを中断してしまうことがあるので、声をかけながら、続けられるようにしていきたい。
●一斉指示が自分にも向けられている話であることを意識して、聞く。 ●文字や絵を見て、指示を理解する。	●引き続き名前を呼び、興味をもって聞けるようにする。 ●パターン化されていない指示は、文字や絵を使いながら話す。	●名前を呼ぶと自分にも向けられていると分かるので、集団行動もできるようになってきた。
●細かい作業に焦らず、取り組む。	●焦らずに作業できるように、ゆったりした雰囲気で行う。	●紙をはったり、切ったりすることが好きなので、今後も造形製作などを伸ばしていきたい。

 保育のヒント

あらかじめ知っていることで、不安なく登園できることに結び付きます。有効な援助です。

記入のコツ!!

共感することばかりが援助ではないことに気付かされます。その子に合った援助を見つけだし、記入しておきましょう。

ニーズ対応 特別支援児

異年齢児保育の指導計画

おさえたい ③ つのポイント

1 どの年齢にも大切にしたいことを

育てたいこと、そのために経験させたいことは、環境や活動の中に潜在しています。それは3歳児でも5歳児でも、自ら関わって取り組むことで身に付いていきます。年齢や個人により、その深まりには差がありますが、感動や経験は、育ちによい影響を与えてくれます。

子ども同士が関わり合って育つ異年齢児保育。この中で子どもは社会性を身に付け、生活習慣の自立を獲得していきます。ここでは年間計画を紹介します。

年間目標
異年齢児クラスの一年間の目標です。3月までにその姿に近づくように育てていく、という方向性を示しています。

ねらい
年間目標に近づくために期ごとにねらいを立てます。このような姿に育ってほしい、という願いでもあります。

内容
「ねらい」の姿に近づくためには、どのような経験が必要かを考えて書きます。この期の間にその経験ができる保育をします。

環境構成と保育者の援助
「内容」に挙げた経験をさせるために、どのような環境と援助が必要かを考えて、具体的に記述します。年齢ごとの援助もあるとよいでしょう。

食育
「食育」のための具体的な援助について記載します。

♣ **年間目標**
●安全な環境のもと、気持ちを受け止められ、安心して過ごす。

	1期（4〜6月）
◆ ねらい	●新しい環境の中で、欲求を受け止められ、安心した生活を送る。 ●保育者や異年齢児に親しみをもちながら、好きな遊びを楽しむ。 ●新しい生活の仕方を知り、自分のことは自分でしようとする。
★ 内容	●保育者や年上の子の手伝いにより、基本的な生活の仕方を知り、自分でしようとする。 ●安全な遊具の使い方を知り、戸外で体を十分に動かして遊ぶ。 ●保育者や異年齢の友達に親しみをもち、一緒に遊ぶ。 ●春の自然の中で異年齢の友達と花見をしたり、散歩を楽しんだりする。 ●5歳児の夏野菜やイネの苗植えを通して、春を感じたり、興味をもったりする。 ●絵本や紙芝居を読んでもらい、言葉のやり取りを楽しむ。
環境構成と保育者の援助	●一人一人の気持ちを受け止め、安心して楽しく過ごせるように丁寧に関わる。 ●自分の持ち物を始末、整理しやすいように、各自のマークで自分の物や場所が分かるようにしておく。 ●園庭や道具の点検を行い、安全に遊べるようにしておく。 ●保育者も、子どもたちと一緒に体を動かして遊ぶ楽しさを共有する。 ●道路を歩くときは、交通ルールを伝えながら、4、5歳児が3歳児と手をつないで歩けるようにする。 ●絵本や図鑑を用意し、異年齢の友達同士で十分に伝え合う場をつくる。 ●4、5歳児の手伝いや、それをまねした3歳児が、表現する楽しさを味わえるようにする。
食育	●保育者や異年齢の友達と一緒に、楽しく食事ができる雰囲気をつくる。

2 異年齢児が関わる場面を想像して

様々な活動の中で、異年齢児たちがどのように関わるかを予想し、お互いによい経験ができるように設定する必要があります。出しておく用具の数を調整したり、コーナーの広さを考えたりします。具体的なことを計画的に書いておくと、チームで保育する際に役に立ちます。

3 年齢ごとの援助を考えて

同じ活動でも、年齢によって援助は違うはずです。「3歳児には〜」「4歳児には〜」という記述があるほうが、より丁寧な計画だといえます。また、5歳児がいつも年下の子の世話をするというような位置づけにならないよう、思いきり力を発揮する場面も用意しましょう。

- 異年齢児との関わりを広げていく中で、互いを認め合い、友達関係を深める。
- 生活経験を通して自己を十分に発揮し、意欲的に活動に取り組む。

2期（7〜9月）	3期（10〜12月）	4期（1〜3月）
●梅雨期から夏季にかけて健康に留意し、快適な環境のもとで生活する。 ●嬉しいことや困ったことなど、自分の思いを言葉にする。 ●異年齢児との関わりを広げ、一緒に遊ぶことを楽しむ。	●気温の変化に応じ、健康に過ごす。 ●異年齢児との関わりを深め、共通の目的をもって活動することを楽しむ。 ●身近な自然環境に興味をもちながら、のびのびと体を動かして遊ぶ。	●冬の健康習慣を身に付け、寒さに負けず元気に過ごす。 ●生活に必要な習慣や態度が身に付き、自信をもって行動する。 ●保育者や異年齢児と、大きくなったことや、進級、就学を共に喜ぶ。
●夏の生活の仕方を知り、休息を十分に取ったり、水分補給をしたりする。 ●プールや砂、泥、水遊びなど、夏ならではの遊びを、異年齢の友達と一緒に十分に楽しむ。 ●異年齢の友達と遊ぶ中で、年下の子に優しくしたり、年上の子に甘えたりして、互いの存在や気持ちを知る。 ●夏野菜の生長や収穫を、異年齢の友達と喜び合う。 ●草花や小さな生き物に触れて遊ぶ。 ●夏祭りに参加することで、地域の人たちとの交流を楽しんだり、仲間意識をもったりする。	●気温の変化に応じて室内の温度や換気に配慮し、衣服の調節をしながら快適に過ごせるようにする。 ●異年齢の友達と気持ちを伝え合いながら、共通の遊びを楽しむ。 ●5歳児のイネの収穫や脱穀、イモ掘り、散歩を通して秋の自然に興味をもつ。 ●運動会や発表会の行事を経験する中で、達成感や充実感を味わう。 ●異年齢の友達と関わる中で、いろいろな行事に興味や関心をもち、言葉やせりふを模倣して楽しむ。 ●秋の自然物を使って楽しんだり、製作したりする。	●健康状態に異常を感じた際には自分から訴える。 ●冬の生活の仕方が身に付き、自分から進んで健康に注意しようとする。 ●寒さに負けず、異年齢の友達と元気に体を動かして遊ぶ。 ●3、4歳児は、5歳児との思い出を話し、「ありがとう」の感謝の気持ちをもって、お楽しみ会やお別れ遠足に参加する。 ●ごっこ遊びや伝承遊びを通して、言葉のやり取りを楽しむ。
●室内外の温度差に留意し、休息や水分補給、汗の始末などを適切に行えるようにしておく。 ●プール遊びや水遊びが十分に楽しめるように、必要な道具を用意する。 ●異年齢の友達との関わり方や遊び方について、保育者も一緒に遊ぶ中で知らせる。 ●夏野菜の収穫を異年齢の友達と喜び合うことで、食への関心ももてるように言葉をかける。 ●観察ケースや虫取り網を置き、また絵本や図鑑を用意し、いつでも見られるようにしておく。	●気温差の大きい時期なので、厚着にならないように気付かせて見守る。 ●年上の子がリーダーになり、異年齢の友達と遊ぶためのルールや役割が考えられるように保育者が仲立ちする。 ●5歳児の脱穀の手伝いを通して、食への興味や関心を広げる。 ●身近な自然と触れ合う中で、子どもの発見や驚きを大切に受け止め、共感する。 ●自然物を使って遊ぶ中で、数や大きさ、形に興味がもてるような言葉をかける。	●生活習慣が身に付いているか、見守りながら確認する。 ●保育者が一緒に行いながら、手洗い、うがいの大切さを知らせる。 ●子どもたちの成長を認め、進級、就学への喜びを、異年齢の友達と共有する。 ●5歳児に教えてもらった当番活動をする子どもの意欲を認め、自信につなげる。 ●一緒に遊びながら、ごっこ遊び、伝承遊びに興味をもたせ、会話を広げる。
●夏野菜の生長や収穫に興味をもてるように、保育者と世話をする。	●いろいろな食べ物に興味や関心をもち、苦手な物でも少しずつ食べられるようにする。	●食事のマナーを身に付け、感謝しながら食べることの大切さを感じられるようにする。

異年齢児保育の指導計画
3・4・5歳児混合

 年間目標 ●安全な環境のもと、気持ちを受け止められ、安心して過ごす。

	1期（4～6月）
◆ ねらい	●新しい環境の中で、欲求を受け止められ、安心した生活を送る。 ●保育者や異年齢児に親しみをもちながら、好きな遊びを楽しむ。 ●新しい生活の仕方を知り、自分のことは自分でしようとする。
★ 内容	●保育者や年上の子の手伝いにより、基本的な生活の仕方を知り、自分でしようとする。 ●安全な遊具の使い方を知り、戸外で体を十分に動かして遊ぶ。 ●保育者や異年齢の友達に親しみをもち、一緒に遊ぶ。 ●春の自然の中で異年齢の友達と花見をしたり、散歩を楽しんだりする。 ●5歳児の夏野菜やイネの苗植えを通して、春を感じたり、興味をもったりする。 ●絵本や紙芝居を読んでもらい、言葉のやり取りを楽しむ。
環境構成と保育者の援助	●一人一人の気持ちを受け止め、安心して楽しく過ごせるように丁寧に関わる。 ●自分の持ち物を始末、整理しやすいように、各自のマークで自分の物や場所が分かるようにしておく。 ●園庭や道具の点検を行い、安全に遊べるようにしておく。 ●保育者も、子どもたちと一緒に体を動かして遊ぶ楽しさを共有する。 ●道路を歩くときは、交通ルールを伝えながら、4、5歳児が3歳児と手をつないで歩けるようにする。 ●絵本や図鑑を用意し、異年齢の友達同士で十分に伝え合う場をつくる。 ●4、5歳児の手伝いや、それをまねした3歳児が、表現する楽しさを味わえるようにする。
食育	●保育者や異年齢の友達と一緒に、楽しく食事ができる雰囲気をつくる。

ニーズ対応 → P210-P211 異年齢児保育

ここがポイント！

発達の違いに留意した計画を

　発達の度合いが違う年齢の子どもが、共に生活しているクラスの指導計画です。すべての子どもの育ちの方向性が見える計画になるように留意しましょう。

　年上の子、年下の子に対する配慮は、分けて書くようにします。年齢の違う子たちが共に暮らすよさを生かし、きょうだいがたくさんいるような助け合いの気持ち、刺激を受けたりまねて学んだりする雰囲気を大切にしましょう。

- 異年齢児との関わりを広げていく中で、互いを認め合い、友達関係を深める。
- 生活経験を通して自己を十分に発揮し、意欲的に活動に取り組む。

2期（7～9月）	3期（10～12月）	4期（1～3月）
● 梅雨期から夏季にかけて健康に留意し、快適な環境のもとで生活する。 ● 嬉しいことや困ったことなど、自分の思いを言葉にする。 ● 異年齢児との関わりを広げ、一緒に遊ぶことを楽しむ。	● 気温の変化に応じ、健康に過ごす。 ● 異年齢児との関わりを深め、共通の目的をもって活動することを楽しむ。 ● 身近な自然環境に興味をもちながら、のびのびと体を動かして遊ぶ。	● 冬の健康習慣を身に付け、寒さに負けず元気に過ごす。 ● 生活に必要な習慣や態度が身に付き、自信をもって行動する。 ● 保育者や異年齢児と、大きくなったことや、進級、就学を共に喜ぶ。
● 夏の生活の仕方を知り、休息を十分に取ったり、水分補給をしたりする。 ● プールや砂、泥、水遊びなど、夏ならではの遊びを、異年齢の友達と一緒に十分に楽しむ。 ● 異年齢の友達と遊ぶ中で、年下の子に優しくしたり、年上の子に甘えたりして、互いの存在や気持ちを知る。 ● 夏野菜の生長や収穫を、異年齢の友達と喜び合う。 ● 草花や小さな生き物に触れて遊ぶ。 ● 夏祭りに参加することで、地域の人たちとの交流を楽しんだり、仲間意識をもったりする。	● 気温の変化に応じて室内の温度や換気に配慮し、衣服の調節をしながら快適に過ごせるようにする。 ● 異年齢の友達と気持ちを伝え合いながら、共通の遊びを楽しむ。 ● 5歳児のイネの収穫や脱穀、イモ掘り、散歩を通して秋の自然に興味をもつ。 ● 運動会や発表会の行事を経験する中で、達成感や充実感を味わう。 ● 異年齢の友達と関わる中で、いろいろな行事に興味や関心をもち、言葉やせりふを模倣して楽しむ。 ● 秋の自然物を使って楽しんだり、製作したりする。	● 健康状態に異常を感じた際には自分から訴える。 ● 冬の生活の仕方が身に付き、自分から進んで健康に注意しようとする。 ● 寒さに負けず、異年齢の友達と元気に体を動かして遊ぶ。 ● 3、4歳児は、5歳児との思い出を話し、「ありがとう」の感謝の気持ちをもって、お楽しみ会やお別れ遠足に参加する。 ● ごっこ遊びや伝承遊びを通して、言葉のやり取りを楽しむ。
● 室内外の温度差に留意し、休息や水分補給、汗の始末などを適切に行えるようにしておく。 ● プール遊びや水遊びが十分に楽しめるように、必要な道具を用意する。 ● 異年齢の友達との関わり方や遊び方について、保育者も一緒に遊ぶ中で知らせる。 ● 夏野菜の収穫を異年齢の友達と喜び合うことで、食への関心がもてるように言葉をかける。 ● 観察ケースや虫取り網を置き、また絵本や図鑑を用意し、いつでも見られるようにしておく。	● 気温差の大きい時期なので、厚着にならないように気付かせて見守る。 ● 年上の子がリーダーになり、異年齢の友達と遊ぶためのルールや役割が考えられるように保育者が仲立ちする。 ● 5歳児の脱穀の手伝いを通して、食への興味や関心を広げる。 ● 身近な自然と触れ合う中で、子どもの発見や驚きを大切に受け止め、共感する。 ● 自然物を使って遊ぶ中で、数や大きさ、形に興味がもてるような言葉をかける。	● 生活習慣が身に付いているか、見守りながら確認する。 ● 保育者が一緒に行いながら、手洗い、うがいの大切さを知らせる。 ● 子どもたちの成長を認め、進級、就学への喜びを、異年齢の友達と共有する。 ● 5歳児に教えてもらった当番活動をする子どもの意欲を認め、自信につなげる。 ● 一緒に遊びながら、ごっこ遊び、伝承遊びに興味をもたせ、会話を広げる。
● 夏野菜の生長や収穫に興味をもてるように、保育者と世話をする。	● いろいろな食べ物に興味や関心をもち、苦手な物でも少しずつ食べられるようにする。	● 食事のマナーを身に付け、感謝しながら食べることの大切さを感じられるようにする。

ニーズ対応　異年齢児保育

子育て支援の指導計画

おさえたい 3 つのポイント

1 在園児も園外の子も幸せに

子どもが幸せであるためには、子育てをしている人が幸せでなければなりません。辛い思いをしているなら、相談できる場を用意しましょう。子育ての喜びを伝えながら、子どもを育てるパートナーとして、必要な支援を考えていきましょう。

子育て支援の指導計画 ❶ 在園向け

保護者の悩みを想定し、どのように対応したら保護者と子どもが幸せになるかを考え、支援の内容を具体的に書きます。

行事
期ごとに保護者に関わる行事をピックアップします。子どもの育ちを感じることができるよう配慮します。

	1期（4・5月）	2期（6～8月）	3期（9～12月）	4期（1～3月）
行事	●保護者会 ●こどもの日の集い ●保育参観	●水遊び、沐浴開始 ●プール遊び ●保育参観 ●夏祭り（七夕） ●笹送り	●バス遠足 ●運動会 ●秋祭り ●保育参観 ●個人面談 ●年末子ども会（劇の発表会）	●節分 ●保護者会 ●ひな祭り ●祝い会 ●お別れ会 ●卒園式
保育者の支援	●保護者会などで園の運営方針や目標に対して理解を促すとともに、子どもの成長を知らせ、園との信頼関係を築く。また、就学前の一年間の過ごし方について見通しがもてるようにする。 ●育ちの記録（母子健康手帳）、クラスだより、連絡帳などで、子どもたちの成長を伝え、保育者への理解・協力を得られるようにする。 ●クラスだよりや壁新聞などで、子どもの様子や成長を知らせ、共に喜び合えるような信頼関係を築く。 ●子どもを肯定的にとらえる視点を保護者ももてるよう、折に触れ子どもの姿を、肯定的な表現で伝えていく。また、保護者に対してもスモールステップで育児に対して認めたり共感したりする。	●保育参観を行い、子どもの様子や保育者との関わりを見てもらい、子育ての楽しさやヒントを伝えるような内容を計画する。 ●配慮が必要な子どもの就学相談を行い、専門機関からの情報提供なども行う。	●保育参観を通して、我が子と他児の成長を感じてもらい、子育ての共有を味わえるようにする。 ●個人面談では、じっくりと話をする機会を大切にし、就学前までの個々の見通しを保護者と共に考える機会にする。	●就学に向けて、小学校と連携をとり、保護者にも情報を伝えることで不安を軽減する。 ●子どもの成長を伝え、安心して就学を迎えられるようにする。 ●園生活を通じて培われた人間関係は保護者にとっても子どもにとっても大切なものであることを確かめ合う。 ●卒園や就学を保護者と共に祝う。 ●配慮が必要な子どもの家庭は、就学後のフォローができる機関との橋渡しを考える。

保育者の支援
保護者が安心して子育てができるように、情報を提供したり相談にのったりします。特にその時期に必要な支援について説明します。

❷ 保護者それぞれへの支援

　ひとり親、外国籍家庭、育児不安、親の障害など、保護者が様々な困難を抱えている場合があります。状況を理解し、個別の支援を計画的に行いましょう。秘密は厳守することも伝えます。安心して心を開いてもらえるよう、相手の身になって話を聞きます。

❸ 地域との連携を大切に

　子育て広場を設けたり、公民館を利用できるようにしたりすることは、社会とつながるチャンスがなかった人々の世界を広げることになります。新しい出会いやネットワークがつくられるように働きかけましょう。保護者の視野が広がります。

子育て支援の指導計画❷ 地域向け

初めて訪れた親子にとっても居場所となるような空間と、役に立つ情報を提供できるように、活動や援助の方針を記します。

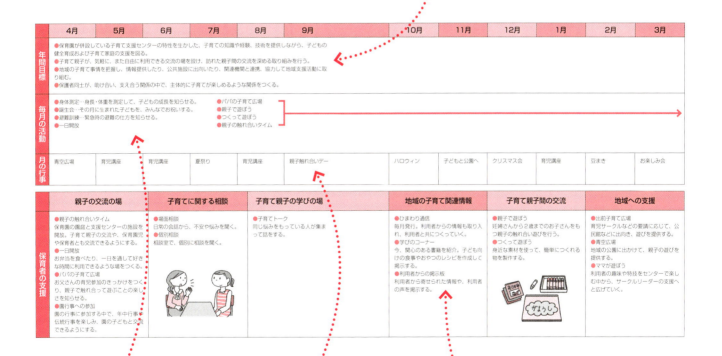

年間目標
年を通して、訪れた親子に対して、どのような支援をしていくのかを具体的に書きます。

毎月の活動
一年間に、どのような活動を催し、どのような遊びの場を提供するのかを書いておきます。

月の行事
毎月する活動の他に、その月ならではの行事を記入します。月によって偏りがないように調整します。

保育者の支援
保護者が安心して子育てできるように、情報を提供したり相談にのったりします。特に必要な支援について説明します。

子育て支援の指導計画① 在園向け

就学前の不安などを見据えて

就学は大きな喜びであるとともに、うちの子は適応していけるのかという不安があるものです。自信をもって生活している姿を伝えながら、今後の育ちに見通しがもてるようにします。

	1期（4・5月）	2期（6～8月）
行事	●保護者会 ●こどもの日の集い ●保育参観	●水遊び、沐浴開始 ●プール遊び ●保育参観 ●夏祭り（七夕） ●笹送り
保育者の支援	●保護者会などで園の運営方針や目標に対して理解を促すとともに、子どもの成長を知らせ、園との信頼関係を築く。また、就学前の一年間の過ごし方について見通しがもてるようにする。 ●育ちの記録（母子健康手帳）、クラスだより、連絡帳などで、子どもたちの成長を伝え、保育者への理解・協力を得られるようにする。 ●クラスだよりや壁新聞などで、子どもの様子や成長を知らせ、共に喜び合えるような信頼関係を築く。 ●子どもを肯定的にとらえる視点を保護者ももてるよう、折に触れ子どもの姿を、肯定的な表現で伝えていく。また、保護者に対してもスモールステップで育児に対して認めたり共感したりする。	●保育参観を行い、子どもの様子や保育者との関わりを見てもらい、子育ての楽しさやヒントを伝えるような内容を計画する。 ●配慮が必要な子どもの就学相談を行い、専門機関からの情報提供なども行う。

🔻 年間目標

- 保護者が子どもの成長に気付き、子育ての喜びを感じられるようにする。

3期（9〜12月）	4期（1〜3月）
●バス遠足 ●運動会 ●秋祭り ●保育参観 ●個人面談 ●年末子ども会（劇の発表会）	●節分 ●保護者会 ●ひな祭り ●祝い会 ●お別れ会 ●卒園式
	●就学に向けて、小学校と連携をとり、保護者にも情報を伝えることで不安を軽減する。 ●子どもの成長を伝え、安心して就学を迎えられるようにする。
●保育参観を通して、我が子と他児の成長を感じてもらい、子育ての共有を味わえるようにする。	●園生活を通じて培われた人間関係は保護者にとっても子どもにとっても大切なものであることを確かめ合う。 ●卒園や就学を保護者と共に祝う。
●個人面談では、じっくりと話をする機会を大切にし、就学前までの個々の見通しを保護者と共に考える機会にする。	●配慮が必要な子どもの家庭は、就学後のフォローができる機関との橋渡しを考える。

ニーズ対応 … 子育て支援

子育て支援の指導計画 ② 地域向け

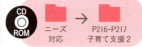

気軽に参加してもらえるように

「開設時間中はいつでも自由に来てください」という気持ちを示しつつ、人と人をつないでいきます。楽しい活動を提示し、参加してよかったという思いをもてるようにしましょう。

	4月	5月	6月	7月	8月	9月
年間目標	●保育園が併設している子育て支援センターの特性を生かした、子育ての知識や経験、技術を提供しながら、子どもの健全育成および子育て家庭の支援を図る。 ●子育て親子が、気軽に、また自由に利用できる交流の場を設け、訪れた親子間の交流を深める取り組みを行う。 ●地域の子育て事情を把握し、情報提供したり、公共施設に出向いたり、関連機関と連携、協力して地域支援活動に取り組む。 ●保護者同士が、助け合い、支え合う関係の中で、主体的に子育てが楽しめるような関係をつくる。					
毎月の活動	●身体測定…身長・体重を測定して、子どもの成長を知らせる。 ●誕生会…その月に生まれた子どもを、みんなでお祝いする。 ●避難訓練…緊急時の避難の仕方を知らせる。 ●一日開放			●パパの子育て広場 ●親子で遊ぼう ●つくって遊ぼう ●親子の触れ合いタイム		
月の行事	青空広場	育児講座	育児講座	夏祭り	育児講座	親子触れ合いデー

	親子の交流の場	子育てに関する相談	子育て親子の学びの場
保育者の支援	●親子の触れ合いタイム 保育園の園庭と支援センターの施設を開放。子育て親子の交流や、保育園児や保育者とも交流できるようにする。 ●一日開放 お弁当を食べたり、一日を通して好きな時間に利用できるような場をつくる。 ●パパの子育て広場 お父さんの育児参加のきっかけをつくり、親子で触れ合って遊ぶことの楽しさを知らせる。 ●園行事への参加 園の行事に参加する中で、年中行事や伝統行事を楽しみ、園の子どもと交流できるようにする。	●場面相談 日常の会話から、不安や悩みを聞く。 ●個別相談 相談室で、個別に相談を聞く。	●子育てトーク 同じ悩みをもっている人が集まって話をする。

10月	11月	12月	1月	2月	3月
ハロウィン	子どもと公園へ	クリスマス会	育児講座	豆まき	お楽しみ会

地域の子育て関連情報	子育て親子間の交流	地域への支援
●ひまわり通信 毎月発行。利用者からの情報も取り入れ、利用者と共につくっていく。 ●学びのコーナー 今、関心のある書籍を紹介。子ども向けの食事やおやつのレシピを作成して掲示する。 ●利用者からの掲示板 利用者から寄せられた情報や、利用者の声を掲示する。	●親子で遊ぼう 妊婦さんから2歳までのお子さんをもつ親子の触れ合い遊びを行う。 ●つくって遊ぼう 身近な素材を使って、簡単につくれる物を製作する。	●出前子育て広場 育児サークルなどの要請に応じて、公民館などに出向き、遊びを提供する。 ●青空広場 地域の公園に出かけて、親子の遊びを提供する。 ●ママが遊ぼう 利用者の趣味や特技をセンターで楽しむ中から、サークルリーダーの支援へと広げていく。

ニーズ対応 子育て支援

こんなときどうする？
ニーズ対応 Q&A

食育

Q クッキングや栽培をしないときの記入の仕方が分かりません。

A 食事中の話題や、食べ物関連の遊びも

　クッキングや栽培だけが、食育ではありません。給食やお弁当の際、どんなことを話題にするのか、箸や食器の扱い方はどう伝えるのかなど、書くことはたくさんあります。また、カレーライスの手遊びや野菜の出てくる紙芝居など、生活の様々な場面が食育につながることを意識しましょう。

防災・安全

Q いつ避難訓練をするのかは決めていますが、それだけでは不十分でしょうか？

A 振り返りから、次の実践へ

　避難訓練は、実施して終わりではありません。実際に行ってみて、子どもの動きや様子はどうだったのか、保育者の対応は適切だったのかを振り返り、次の計画に生かす必要があります。PDCAサイクルを意識し命を守るための改善を、常に考えます。

子育て支援

Q どうしても計画が、保護者中心になってしまいます。よいのでしょうか？

A 保護者も子どもも、どちらも大切

　保護者中心になっていると感じるなら、子どもに対する配慮を進んで書きましょう。それは子どもにとってよいことか、これで子どもが幸せかという視点を常にもっている必要があります。保育者は、もの言えぬ子どもの代弁者です。両者にとってよい支援ができるようにしましょう。

保健

Q 保健計画を立てるうえで、子どもの健康をどのような視点で見ればいいのでしょうか？

A 健康を維持するための方策も考える

　いつも力いっぱい活動できているかを見ていきましょう。病気の有無だけでなく、予防の活動も入ります。清潔を保つことや生活習慣も大切な要素となるのです。大人が守るだけでなく、子ども自身が生活の中で心がける姿勢を育てていく必要があります。

CD-ROMの使い方

付属のCD-ROMには、本誌で紹介している文例が、Word形式とテキスト形式のデータとして収録されています。CD-ROMをお使いになる前に、まず下記の動作環境や注意点をご確認ください。

●CD-ROM内のデータについて

CD-ROMを開くと章別にフォルダ分けされており、章フォルダを開いていくと、掲載ページ別のフォルダがあります。このフォルダの中に、そのページで紹介している文例のデータが入っています。

●CD-ROMに収録されているデータの見方

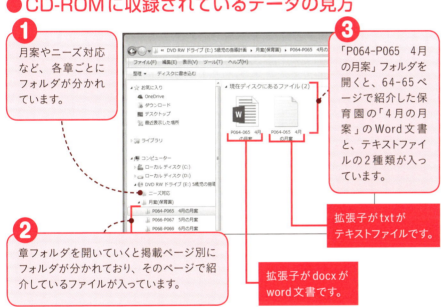

① 月案やニーズ対応など、各章ごとにフォルダが分かれています。

② 章フォルダを開いていくと掲載ページ別にフォルダが分かれており、そのページで紹介しているファイルが入っています。

③ 「P064-P065 4月の月案」フォルダを開くと、64-65ページで紹介した保育園の「4月の月案」のWord文書と、テキストファイルの2種類が入っています。

拡張子がdocxがword文書です。

拡張子がtxtがテキストファイルです。

Wordの内容を自分の園に合った指導計画に作り変えよう

●Wordの文章をコピーして、園の表に貼って使う

（※「Microsoft Word」をお持ちでない方は、同梱されているテキストファイルを使えば、同様に文章だけコピーして自分の園の表に貼り付けることができます。）
→ **P.220**

●CD-ROMのWordファイルをそのまま使って、園の表をつくる
→ **P.222**

CD-ROMをお使いになる前に

■動作環境
対応OS ：Microsoft Windows 7／10
ドライブ ：CD-ROMドライブ
アプリケーション：Microsoft Word 2010／2013／2016
（「Microsoft Word」をお持ちでない方は、同梱のテキストファイルを使えば、文章を自由にコピーして利用できます。）

■使用上の注意
●付属CD-ROMに収録されたコンテンツは、WindowsおよびWordの使い方を理解されている方を対象に制作されております。パソコンの基本操作については、それぞれの解説書をお読みください。
●本誌では、Windows 10上でMicrosoft Office 2016を使った操作手順を紹介しています。お使いのパソコンの動作環境によって、操作方法や画面表示が異なる場合があります。
●お使いのパソコンの環境によっては、レイアウトなどが崩れて表示される場合がありますので、ご了承ください。
●作成した書類を印刷するには、お使いのパソコンに対応したプリンタが必要です。

■付属CD-ROMに関する使用許諾
●本誌掲載の文例、および付属CD-ROMに収録されたデータは、営利目的ではご利用できません。ご購入された個人または法人・団体が私的な目的（指導計画などの園内の書類）で使用する場合のみ、ご利用できます。
●付属CD-ROMのデータを使用したことにより生じた損害、障害、その他いかなる事態にも、弊社は一切責任を負いません。

はじめに CD-ROMに入ったWordファイルを開く

1 CD-ROMを挿入する

付属CD-ROMを、パソコンのCD-ROMドライブに挿入します。すると自動再生ダイアログが表示されるので、「フォルダーを開いてファイルを表示」をクリックします。

2 目的のフォルダを開く

CD-ROMの内容が開き、各章の名前が付いたフォルダが一覧表示されます。ここでは「月案(保育園)」フォルダをダブルクリックして開きます。次に「P064-P065 4月の月案」を開くと64-65ページで紹介した、「4月の月案」のWordファイルとテキストファイルがあります。

3 デスクトップにコピーする

「4月の月案」のWordファイルをクリックしたまま、ウィンドウの外にスライドし、デスクトップ上でマウスのボタンを離します。これでデスクトップ上にファイルがコピーされます。

4 Wordファイルを開く

デスクトップにコピーした、「P064-P065 4月の月案」のWordファイルをダブルクリックします。

Wordが起動して、このように「P064-P065 4月の月案」の文例が表示されます。

アドバイス
CD-ROMを挿入しても自動再生されないときは、スタートメニューをクリックし、「コンピューター」をクリックします。そしてCD-ROMドライブのアイコンをダブルクリックすると、CD-ROMの中身が表示されます。

Wordの文章をコピーして、園の表に貼って使う

1 Wordの文章をコピーする

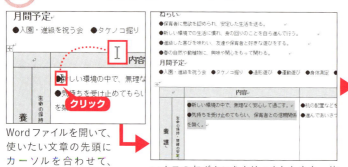

Wordファイルを開いて、使いたい文章の先頭にカーソルを合わせて、クリックします。

マウスの左ボタンをクリックしたまま、使いたい文章の終わりまでスライドします。文字列の色が変わり選択状態になります。

「ホーム」タブにある「コピー」ボタン(「貼り付け」ボタンの右隣、3つあるボタンの真ん中です)をクリックすれば、選択した文章がコピーされます。

② 自分の園の表を開く

文章をコピーしたら、続いて自分の園のファイルをダブルクリックして開きます。

文章を貼り付けたい表の位置にカーソルを合わせ、クリックして入力状態にします。

③ 園の表に貼り付ける

「ホーム」タブにある「貼り付け」ボタンをクリックします。

選択した箇所に、コピーしておいたWordの文章が入力されます。

④ 貼り付けた文章を一部書きかえる

貼り付けた文章を、自分の園の内容に合わせて修正したい場合は、まず書き直したい部分をマウスで選択します。

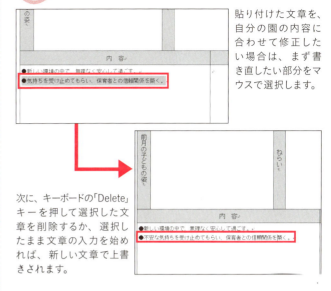

次に、キーボードの「Delete」キーを押して選択した文章を削除するか、選択したまま文章の入力を始めれば、新しい文章で上書きされます。

⑤ 名前を付けて保存する

編集したWordファイルを保存するには、「ファイル」タブを開いて「名前を付けて保存」をクリックします。また「ファイルの種類」で「Word 97-2003文書」を選択しておくと、古いソフトでも開ける形式で保存できます。

 書体や文字の大きさをかえたいときは、次の手順で行います。

❶ マウスで文章を選択

変更したい文章をマウスで選択状態にします。

❷ 好きな書体を選ぶ

「ホーム」タブのフォント欄右にある「▼」をクリックすると、変更できるフォント一覧が表示されます。好きな書体が選べます。

❸ 文字のサイズを選ぶ

フォントサイズ欄の右にある「▼」をクリックすると、文字のサイズが選べます。

左クリックして確定すれば、サイズが変更されます。

CD-ROMのWordファイルをそのまま使って、園の表をつくる

① タイトルや内容を書き直したい

Wordファイルを開いたら、書き直したい文章を選択します。タイトルを変えたい場合、タイトル部をダブルクリックすればカーソルが合うようになります。

自分の園の内容に合わせて文章を書き直しましょう。キーボードの「Delete」キーを押して選択した文章を削除するか、選択したまま文章の入力を始めれば、新しい文章で上書きされます。

② 枠を広げたい・狭めたい

Word文書内の表の枠のサイズを変更したい場合は、広げたい枠の部分にカーソルを合わせましょう。カーソルのアイコンが左のように変わります。

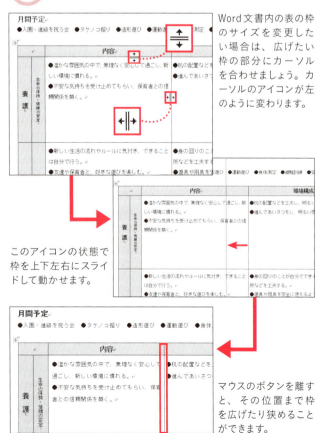

このアイコンの状態で枠を上下左右にスライドして動かせます。

マウスのボタンを離すと、その位置まで枠を広げたり狭めることができます。

③ 枠を増やしたい

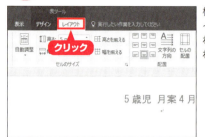

枠内をクリックすると「レイアウト」タブが表示されるようになるので、これをクリックします。

枠を増やすには、増やす箇所の枠を選択して「セルの分割」ボタンをクリックします。

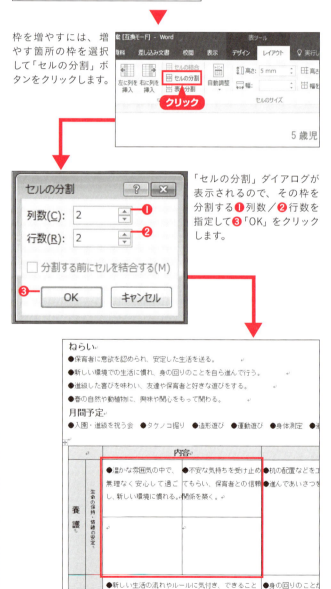

「セルの分割」ダイアログが表示されるので、その枠を分割する❶列数/❷行数を指定して❸「OK」をクリックします。

選択した枠が指定した列数/行数で分割されます。

④ 枠を減らしたい

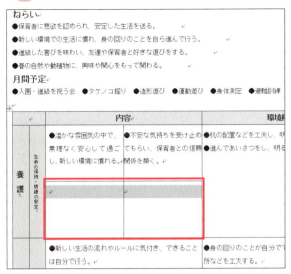

枠を結合して減らしたいときは、結合したいつながった複数の枠を、マウスで選択状態にします。

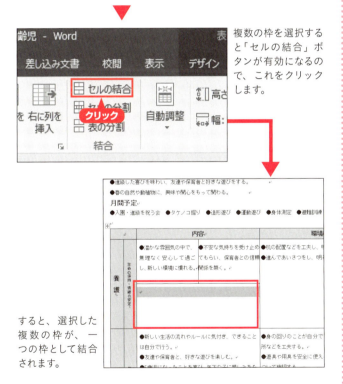

複数の枠を選択すると「セルの結合」ボタンが有効になるので、これをクリックします。

すると、選択した複数の枠が、一つの枠として結合されます。

アドバイス

選択した枠だけを移動したいときは、一緒に移動したくない枠を、次の⑤の手順で一度分割します。上下左右でつながった枠線は一緒に移動しますが、繋がっていなければ単独で動かせます。

アドバイス

間違えて違う文章を消してしまったときは、左上の「元に戻す」ボタンをクリックすれば一つ前の操作に戻せます。レイアウトが崩れてしまったときも同様です。

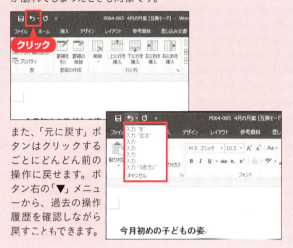

また、「元に戻す」ボタンはクリックするごとにどんどん前の操作に戻せます。ボタン右の「▼」メニューから、過去の操作履歴を確認しながら戻すこともできます。

⑤ 表を分割したい

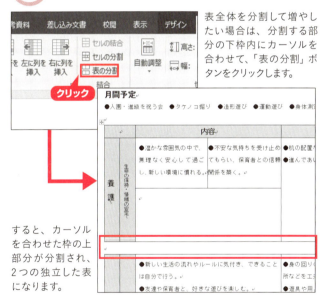

表全体を分割して増やしたい場合は、分割する部分の下枠内にカーソルを合わせて、「表の分割」ボタンをクリックします。

すると、カーソルを合わせた枠の上部分が分割され、2つの独立した表になります。

⑥ 名前を付けて保存する

221ページの説明と同様に、「ファイル」タブの「名前を付けて保存」をクリックして保存しましょう。「Word 97-2003文書」を選択すると、古いソフトでも開ける形式で保存できます。

● 編著者

横山洋子（よこやま ようこ）

千葉経済大学短期大学部こども学科教授。
富山大学大学院教育学研究科学校教育専攻修了。
国立大学附属幼稚園、公立小学校勤務ののち現職。
著書は『保育の悩みを解決！ 子どもの心にとどく指導法ハンドブック』、『子どもの育ちを伝える 幼稚園幼児指導要録の書き方＆文例集』（ナツメ社）、『根拠がわかる！ 私の保育総点検』（中央法規出版株式会社）、『U-CANの思いが伝わる＆気持ちがわかる！ 保護者対応のコツ』（株式会社ユーキャン）など多数。

カバーイラスト／佐藤香苗
本文イラスト／ナシエ
カバーデザイン／株式会社フレーズ
本文・レーベルデザイン／島村千代子
撮影／布川航太、引田早香、矢部ひとみ
本文DTP・データ作成／株式会社明昌堂
CD-ROM作成／株式会社ライラック
編集協力／株式会社スリーシーズン、植松まり、
　　　　　株式会社鷗来堂
編集担当／原 智宏（ナツメ出版企画株式会社）

● 執筆・協力

＊年間指導計画／月案
千葉県千葉市　みつわ台保育園　園長　御園愛子
千葉県千葉市　あやめ台幼稚園　園長・植草学園大学非常勤講師　神野茂美

＊保育日誌／食育計画
東京都世田谷区立上祖師谷南保育園

＊小学校教育との接続／防災・安全計画
東京都世田谷区立豪徳寺保育園　園長　柄木田えみ

＊小学校教育との接続／防災・安全計画／保健計画／食育計画／子育て支援
東京都世田谷区立上北沢保育園　園長　大里貴代美／杉本裕子／苅部 愛

＊小学校教育との接続
東京都世田谷区立代田保育園　副園長　伊藤智香子

＊特別支援児
千葉県千葉市　みつわ台保育園　園長　御園愛子
千葉県浦安市立日の出幼稚園

＊異年齢児保育／子育て支援
千葉県千葉市　みつわ台保育園　園長　御園愛子

＊協力
東京都世田谷区 子ども・若者部 保育課
千葉県浦安市立猫実保育園　園長　三代川紀子

＊環境構成（P44〜45）協力園
A 池尻保育園（東京都）
B 鎌ヶ谷ふじ第二幼稚園（千葉県）
C 上祖師谷南保育園（東京都）
D ふきのとう保育園（東京都）
E まどか幼稚園（東京都）
F 武庫愛の園幼稚園（兵庫県）

CD-ROM付き 記入に役立つ！ 5歳児の指導計画

2015年4月6日　初版発行
2018年3月8日　第2版発行
2021年6月20日　第2版第6刷発行

編著者　横山洋子（よこやまようこ）
発行者　田村正隆
　　　　　　　　　　　　©Yokoyama Yoko, 2015, 2018

発行所　株式会社ナツメ社
　　　　東京都千代田区神田神保町1-52　ナツメ社ビル1F（〒101-0051）
　　　　電話　03-3291-1257（代表）　FAX　03-3291-5761
　　　　振替　00130-1-58661
制　作　ナツメ出版企画株式会社
　　　　東京都千代田区神田神保町1-52　ナツメ社ビル3F（〒101-0051）
　　　　電話　03-3295-3921（代表）
印刷所　図書印刷株式会社

ISBN978-4-8163-6374-0　　　　　　　　　　　　Printed in Japan

＜価格はカバーに表示してあります＞＜乱丁・落丁本はお取り替えします＞
本書の一部または全部を著作権法で定められている範囲を超え、ナツメ出版企画株式会社に無断で複写、複製、転載、データファイル化することを禁じます。

ナツメ社Webサイト
https://www.natsume.co.jp
書籍の最新情報（正誤情報を含む）はナツメ社Webサイトをご覧ください。

本書に関するお問い合わせは、書名・発行日・該当ページを明記の上、下記のいずれかの方法にてお送りください。電話でのお問い合わせはお受けしておりません。

・ナツメ社webサイトの問い合わせフォーム
　https://www.natsume.co.jp/contact
・FAX（03-3291-1305）
・郵送（左記、ナツメ出版企画株式会社宛て）
なお、回答までに日にちをいただく場合があります。正誤のお問い合わせ以外の書籍内容に関する解説・個別の相談は行っておりません。あらかじめご了承ください。